疏通我国货币政策传导渠道研究

李洪侠 著

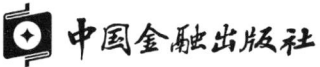

责任编辑：吕　楠
责任校对：孙　蕊
责任印制：程　颖

图书在版编目（CIP）数据

疏通我国货币政策传导渠道研究 / 李洪侠著 . —北京：中国金融出版社，2019.11

ISBN 978 - 7 - 5220 - 0219 - 4

Ⅰ.①疏…　Ⅱ.①李…　Ⅲ.①货币政策—研究—中国　Ⅳ.①F822.0

中国版本图书馆 CIP 数据核字（2019）第 167932 号

疏通我国货币政策传导渠道研究
Shutong Woguo Huobi Zhengce Chuandao Qudao Yanjiu

出版
发行　中国金融出版社

社址　北京市丰台区益泽路 2 号
市场开发部　（010）63266347，63805472，63439533（传真）
网 上 书 店　http：//www.chinafph.com
　　　　　　（010）63286832，63365686（传真）
读者服务部　（010）66070833，62568380
邮编　100071
经销　新华书店
印刷　保利达印务有限公司
尺寸　169 毫米×239 毫米
印张　15.75
字数　294 千
版次　2019 年 11 月第 1 版
印次　2019 年 11 月第 1 次印刷
定价　50.00 元
ISBN 978 - 7 - 5220 - 0219 - 4
如出现印装错误本社负责调换　联系电话（010）63263947

"国信智库·博士后丛书"序

"国信智库·博士后丛书"是由国家信息中心博士后科研工作站组织出版的博士后研究成果。国家信息中心是在国家发展和改革委员会的直接领导下，以开发信息资源、服务科学决策为使命，集信息技术、研究、管理于一体的事业单位，是直接服务国家重大战略研究与政策制定的重要智库。国家信息中心博士后科研工作站是原国家人事部2003年正式批准设立，在理论经济学、应用经济学、管理科学与工程、社会学、网络空间安全、战略学和心理学七个学科，具有单独招收博士后研究人员资格的科研工作站。目前博士后指导教师30多人，为博士后开展跨学科、跨领域的项目研究提供全方位的指导。

博士后站一直秉持"明确目标，突出特色，紧密围绕经济社会发展前沿问题开展研究和培养人才"的建站思路，致力于经济建设和信息化发展领域的理论和应用研究、政府决策咨询的高层次人才培养，形成了独具特色的博士后培养模式。建站以来，在人力资源和社会保障部以及全国博士后管理委员会的领导下，在国家发展改革委人事司和各位博士后导师的指导支持下，累计招收博士后研究人员100多人，在国家经济建设和信息化发展中发挥日益重要的作用。

博士后在站期间直接参与重大研究和决策咨询，取得诸多重要成绩，形成一系列重要成果。建站以来，除了每位博士后出站报告外，博士后站共承担国家重大科技专项、国家社会科学基金、国家自然科学基金、部委研究项目等百余项。博士后通过实地调研撰写的研究报告中，多篇获得中央和国务院领导的肯定批示，并成为决策的参考。中宣部，全国哲学社会科学规划办公室等部门曾发函予以表彰。同时，博士后站定期举办的学术论坛，成为学术交流、成果提升的重要平台。

  为促进博士后研究成果的转化应用,发挥研究成果的社会效应,现集中整理本站博士后的优秀研究成果,编辑出版"国信智库·博士后丛书"。我们提倡创新、严谨、有影响力的研究,收录的研究作品均为博士后站研究人员的原创成果。我们热切期待,社会各界特别是政策制定人士和学术界的朋友,能够关心支持本丛书,并不吝赐教,使我们的工作不断完善。

摘　要

党的十九大指出，健全货币政策和宏观审慎政策双支柱调控框架，深化利率和汇率市场化改革。党的十九届四中全会进一步指出，健全以国家发展规划为战略导向，以财政政策和货币政策为主要手段，就业、产业、投资、消费、区域等政策协同发力的宏观调控制度体系。建设现代中央银行制度，完善基础货币投放机制，健全基准利率和市场化利率体系。这无疑是新时代货币政策工作的根本遵循。同时，2017年7月召开的第五次全国金融工作会议，提出了金融工作要"回归本源，服从服务于经济社会发展；优化结构，完善金融市场、金融机构、金融产品体系；强化监管，提高防范化解金融风险能力；市场导向，发挥市场在金融资源配置中的决定性作用"的四项原则以及"服务实体经济、防控金融风险、深化金融改革"的三项任务，为金融发展和疏通货币政策传导渠道做出了具体要求。

2008年国际金融危机以后，一方面，经济进入新常态，GDP增速趋势性回落，CPI和PPI持续低位运行的同时房价总体攀升，经济运行的诸多新特征要求加强宏观调控。另一方面，危机后实施的宽松货币政策带来负面效果，部分金融机构通过表外、非标业务监管套利，导致资金空转或者脱实向虚，实体企业融资成本提高，期限错配严重，杠杆率放大，金融风险上升，这些现象与利率市场化改革、互联网金融创新、金融脱媒等形势叠加，使得商业银行资产和利润增速出现剪刀差，人民币贬值压力增加，导致传统货币政策工具的效果不够理想。因此，如何疏通货币政策传导渠道，更好发挥货币政策调控作用，成为社会各界关注的焦点。

完善的货币政策传导机制，运作原理和过程与钟表等精密机械异曲同工：一个有限的外力，通过近乎零摩擦力的齿轮等复杂机械装置，最大限度传导到终端,同时实现整个装置持续稳健运行等多个目标。不同的是,物理概念、机械运行和精确程度与经济概念、市场运行、政策结果有所区别。货币政策传导机制关键要根据货币政策供求环境变化,创新调控工具,优化调控目标,提高货币市场、债券市场、信贷市场利率以及商品和服务价格的市场化程度,同时开展国有企业、垄断行业等实体领域改革,强化预算约束优化营商环境,提高各类市场主体对价格信号的敏感度。

本研究基于货币政策传导理论、货币需求理论、资产价格与货币政策理论、汇率决定理论、信贷配给理论、金融监管理论等文献,结合我国货币政策和经济实际,从利率渠道、汇率渠道、资产价格渠道、信贷渠道和货币政策创新工具等角度进行了梳理和研究。研究发现主要是:疏通货币政策传导渠道,关键是加快经济和金融的市场化改革,发挥市场在经济和金融资源配置中的决定性作用,提高资源配置效率,实现价格型货币政策作用最大化;同时,需要发挥政府的基础性作用和互补性作用,为经济金融发展提供基本准入、基本制度、基本秩序、基础设施,如适合中国国情的货币政策工具和目标、严格规范的监管框架、资本市场对内对外开放、资本项目有限开放等,以弥补市场失灵,补齐货币政策政策传导短板。

从利率渠道看,央行缺乏市场化政策利率,货币市场利率体系有待完善,债券市场定价参考作用不足,要提高利率形成和传导的市场化程度,健全同业存单(NCD)市场数量、期限和价格形成机制,提高货币市场利率向信贷市场传导效率,理顺利率期限结构,加强银行利率风险管理,增加活跃度较低债券的发行数量,提高发行频率,通过改革提高国有企业等主体的市场化程度,完善利率走廊机制,更好发挥利率在货币政策传导过程中的作用。

从汇率渠道看,在货币政策影响汇率的环节,利率政策效果弱于准备金政策效果;在汇率影响经济的环节,人民币兑美元汇率变化对经济的作用,要弱于人民币有效汇率的变化对经济的影响。其中原因包括:部分市场主体对利率不够敏感,而准备金则在顶端影响流动性,不同汇率包含的信息不同等。疏通汇率渠道传导,要在保持总体稳定的前提下,逐步增强人民币汇率弹性；近期暂不开放资本项目，在经济实力进一步增强，资本流动预期相对稳定，资本流动调控能力进一步提高的基础上，适时放开资本项目；建设完善的远期、即期和在岸、离岸外汇市场，完善市场化的汇率风险规避产品和机制，打通商品价格、资产价格和利率影响汇率以及汇率影响贸易、投资和经济的通道；稳步推进国企改革，优化营商环境，人民币国际化进程等配套改革，提供人民币汇率稳定的基本面。

从资产价格渠道看，股票市场规模相对较小且波动较大，货币市场和股票市场分割且发展不均衡，利率管制造成金融资产间利率结构不合理，货币市场的利率与金融机构、企业和居民之间的利率不能联动，影响股票市场传导货币政策效果；债券发行期限结构不合理，债券市场的流动性不足，衍生工具市场不发达，某些金融机构的市场准入受限等，弱化或扭曲了货币政策通过债券市场传导，而且商业银行产品定价的市场化程度较低，也使市场利率向存贷款利率和实体经济的传导受阻。我国货币政策的重要参考是CPI，而非房价，且两者无线性关系，因此虽然货币政策在房地产市场反为较为充分，但并不意味政策意图实现较好。完善资产价格渠道货币政策传导，需要完善股票市场发展和监管制度，促进股票市场健康发展，培育股票市场不断壮大；完善国债发行结构和品种，适当增加2年及2年以内国债发行量和发行次数，提高国债二级市场流动性，进一步发展国债期货和衍生工具市场；应尝试将房价纳入货币政策目标，构架房地产市场健康发展的长效机制，遏制房地产投机行为。

从信贷渠道看，金融危机后，金融机构一度加剧理财空转、票据空转、同业空转、信贷空转等资金脱实向虚的行为，增加融资成本，削弱了货币政策传导效果；央行货币超发，重机构和牌照监管、轻行为和功能监管的思路，以及部分监管指标过时，不同所有制金融机构价格敏感度不同等，影响货币政策效果；资本市场分流货币资金，国有企业等部分企业债务率偏高，房地产集中大量资金等，也都影响货币政策效果。建议优化改革货币发行和金融业监管体制，加强监管协调，强化功能和行为监管，严格规范资管、同业、理财、委外等影子银行和交叉金融业务，将金融表外业务控制在合理范围；运用大数据、云计算等技术，加快债转股、投贷联动、资产证券化等金融创新；完善贷款定价机制，建立完善的利率引导贷款投向的新机制；加快实体经济市场化改革，将有限资金投放到更需要的领域。

此外，近两年的货币政策创新，实质上是适应形势变化，对我国货币政策工具进行的完善，目的在于逐步建立价格型货币政策框架。应该说，总体效果较好，但背后的不足也基本上体现在利率市场化程度不高，金融市场衔接互动欠缺，实体经济的市场主体对价格和利率不够敏感等。因此，解决对策也基本与上述几个主要渠道重合。

目 录

第一章　研究背景、意义和方法 ·································· 1

第二章　理论和框架：货币政策传导理论述评 ················ 11
　　第一节　西方货币政策传导理论 ···························· 11
　　第二节　理论述评 ··· 23
　　第三节　经验借鉴和本书分析框架 ························· 29

第三章　利率渠道：现状、问题和对策 ························ 43
　　第一节　利率渠道理想传导过程 ···························· 43
　　第二节　我国利率体系概况、改革和创新 ················ 45
　　第三节　货币政策利率渠道传导效果判断 ················ 65
　　第四节　我国利率渠道的重要环节和问题 ················ 76
　　第五节　疏通我国货币政策利率传导渠道 ················ 81

第四章　汇率渠道：现状、问题和对策 ························ 85
　　第一节　汇率渠道理想传导过程 ···························· 85
　　第二节　我国汇率制度和汇率传导指标 ··················· 91
　　第三节　汇率传导货币政策的路径和效果 ················ 100
　　第四节　疏通我国货币政策汇率传导渠道 ················ 115

第五章　资产价格渠道：现状、问题和对策 ·················· 120
　　第一节　资产价格渠道理想传导过程 ······················ 120
　　第二节　我国主要资产市场和价格指标 ··················· 122
　　第三节　资产价格渠道的关键环节和问题 ················ 141
　　第四节　疏通我国货币政策资产价格传导渠道 ·········· 168

第六章　信贷渠道：现状、问题和对策 ························ 173
　　第一节　信贷渠道理想传导过程 ···························· 173

第二节　我国信贷渠道情况和主要指标 …………………… 177
　　第三节　信贷渠道传导效果判断 …………………………… 189
　　第四节　信贷渠道政策传导障碍及原因 …………………… 195
　　第五节　疏通我国货币政策信贷传导渠道 ………………… 209

第七章　货币政策创新及其效果 ………………………………… 213
　　第一节　货币政策工具创新的情况 ………………………… 213
　　第二节　货币政策创新的效果 ……………………………… 224
　　第三节　货币政策创新的建议 ……………………………… 226

第八章　结　论 …………………………………………………… 230

参考文献 …………………………………………………………… 236

后　记 ……………………………………………………………… 241

第一章 研究背景、意义和方法

2008年国际金融危机的发生，使新古典主义和新凯恩斯主义面临空前挑战，尤其是两者关于货币政策的理论。危机发生前，新古典主义未能及时研判、有效预防。危机发生后，在新凯恩斯主义框架下，主要经济体纷纷采取超常规货币政策，作用于金融机构资产负债表和金融资产市场价格，但救助效果不一且产生较大负面效应。综观各国危机救助政策，货币政策传导机制不畅，是一个比较普遍的问题。就我国现状而言，面对周期性、体制性、结构性问题，危机救助、金融改革、经济新常态、现代化建设等任务叠加，对货币政策有效性和传导机制提出更高要求。

一、选题背景

以凯恩斯学派为代表的经济学理论认为，货币当局实施货币政策，控制货币供给的数量、期限和利率，通过金融机构、金融市场、市场主体、利率、价格等灵敏有效的货币政策传导机制[①]，影响总需求，进而影响经济增长和物价波动。这也成为各国政府应对经济危机，甚至熨平经济波动的理论依据和现实选择。对疏通货币政策传导渠道进行深入系统研究，主要背景有以下三个。

（一）国际金融危机以来，我国货币政策传导面临"三高三低"问题

一是货币增速高，经济增速低。金融危机前，M_2信用货币数量与经济增速和物价关系相对稳定。2001—2008年，现价GDP年均增长16.3%，M_2年均增长17%，如果考虑到货币传导过程中的漏损、货币化进程等因素，两者相差不多。但金融危机后两者之间差距明显拉大，2008—2017年，现价GDP

[①] 货币政策传导机制有多种理解角度，如资产负债表角度认为，央行的交易行为改变央行资产负债表，然后影响商业银行资产负债表，间接影响公众收入支出表，最终实现货币政策目标。在传导过程中，准备金是连接央行和商业银行资产负债表的桥梁，是央行货币政策操作的标的，央行的货币政策操作直接体现为流动性管理（孙国峰，2017）。再如货币政策目标角度认为，货币政策传导就是从操作目标到中介目标，再到最终目标的过程，整个过程涉及多个市场、多个主体和多个价格。本书突出政策建议，因而主要从货币政策目标角度展开研究。

和 M_2 年均分别增长 11.1% 和 15%，差距由此前的 0.7 个百分点扩大到 3.9 个百分点（见图 1-1）。这说明，信用货币的扩张带动经济增长能力下降，或者货币扩张超过了经济增长的需要。

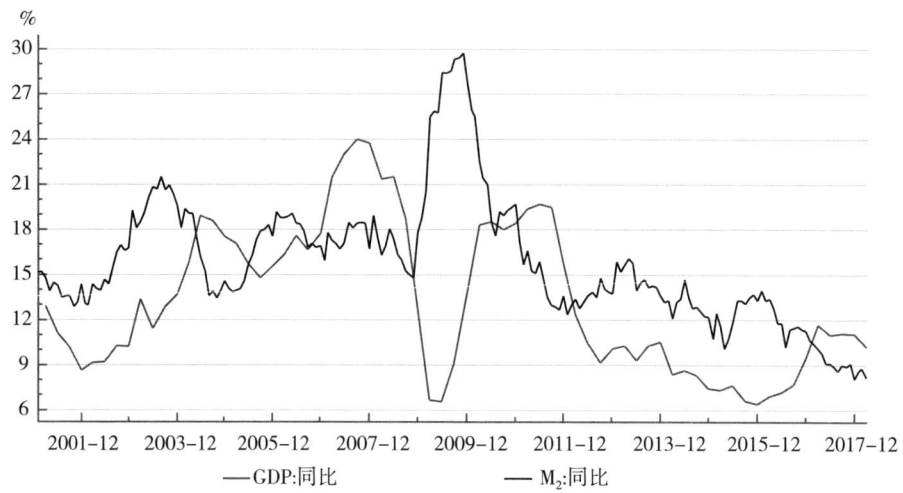

数据来源：Wind，民生银行。

图 1-1 2001—2017 年名义 GDP 增速和 M_2 增速对比情况

二是房价增速高，物价增速低。用新建商品住房销售额与销售面积之比代替住房价格，用消费者价格指数（CPI）代表物价。金融危机前，房价和物价涨幅差距就已不小，2001—2008 年，住房价格年均增长 7.6%，物价年均增长 2.4%，两者相差 5.2 个百分点。金融危机后，房价和物价涨幅差距继续扩大，2008—2017 年，两者分别增长 9.1% 和 2.6%，差距扩大至 6.5 个百分点（见图 1-2）。这说明，货币的流向和政策的传导是不均衡的，不同领域对资金的吸引能力不同，这个差异也是影响货币政策传导的重要因素之一。

三是银行资产增速高，基础货币增速低。因为数据可得性问题，这里仅比较 2005 年以来银行资产和基础货币增速情况。金融危机以前，2005—2008 年，银行资产年均增长 19.6%，基础货币年均增长 26.3%。2008—2017 年，银行资产和基础货币分别年均增长 16.3% 和 10.7%。危机前后，金融资产增速从慢于基础货币，到快于基础货币。尤其值得一提的是，银行理财年均增长 49.5%，成为银行资产负债表扩张的主要动力之一（见图 1-3）。这说明，货币增发没有带来经济增长和物价上涨，但却导致银行资产负债表的快速扩张。与此同时，商业银行资产增速持续较高，而利润增速明显下滑，两者"剪刀差"一度扩大，银行"增产不增收"现象突出（见图 1-4）。

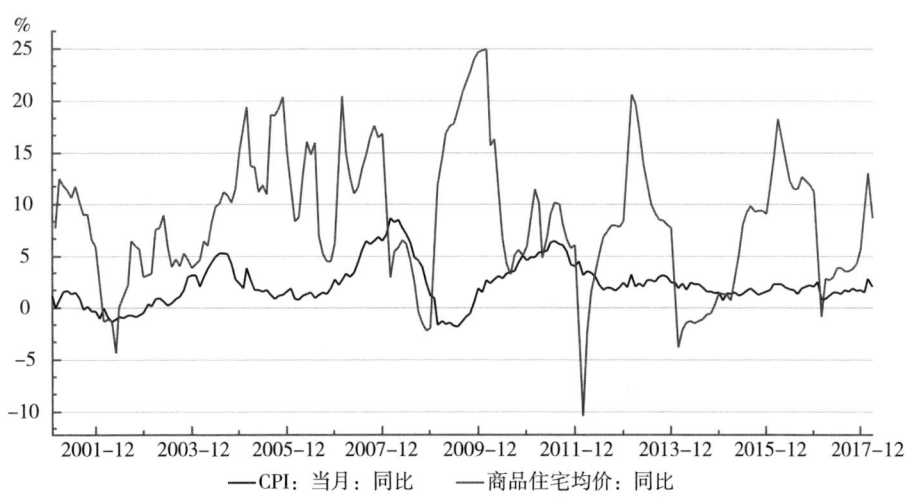

数据来源:Wind,民生银行。

图1-2 2001—2017年房价和物价涨幅对比情况

数据来源:Wind,民生银行。

图1-3 2001—2017年基础货币和银行资产、理财对比情况

上述"三高三低"问题,某种程度上对货币数量论方程式(MV = PT)形成挑战,即基础货币增速稳定的同时,信用货币快速增长,没有带来相应的经济增长,也没有导致通货膨胀,那么一个无可回避的问题就是:钱到底从哪里来,又流向哪里去?

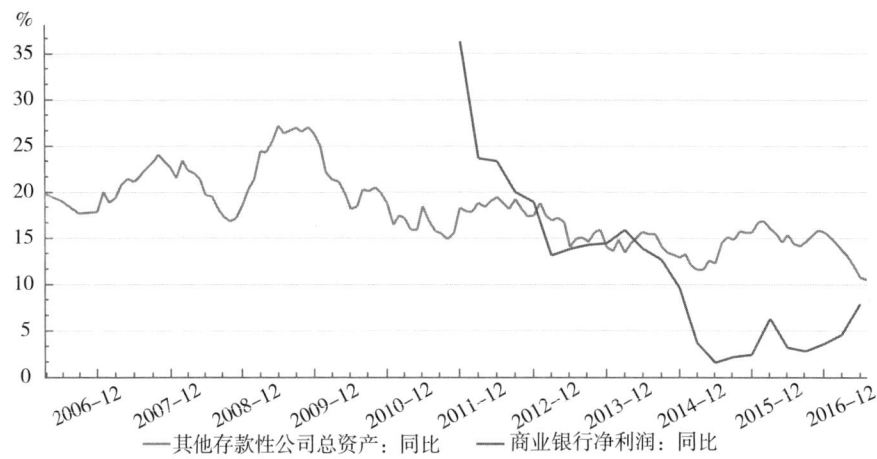

数据来源：Wind，民生银行。

图 1-4 近年来我国商业银行资产和利润变化情况比较

（二）金融危机以来，我国货币供求格局发生深刻变化，货币政策面临转型

改革开放特别是 1984 年我国建立中央银行制度以后 14 年里，我国货币政策主要采用信贷规模控制、现金发行①、再贷款、外汇市场操作等直接调控工具，辅之以少量准备金和利率等间接调控工具。1998 年我国明确了采用货币供应量为目标的货币政策框架②，取消了银行贷款规模限制，改革存款准备金制度，加大公开市场操作力度，转向运用利率、公开市场操作（OMO）等间接货币政策工具。③ 金融危机以后，运行了十多年的货币供求格局发生变化，带动货币政策转型。

一是货币供给发生根本变化。金融危机以前，基础货币供应主要靠外汇占款被动投放，M_2 和 GDP、CPI 等相关性比较高。当时的货币政策工具主要是：通过存款准备金率、OMO 等直接控制基础货币、M_2 和市场流动性，在此基础上调节存贷款基准利率、再贴现率等价格。金融危机特别是 2011 年以后，经常账户顺差占 GDP 比重首次回落并始终处于国际认可的 4% 以下合理区间，跨境资本双向流动，国际收支趋于平衡，2012 年资本和金融账户（不

---

① 徐忠认为，现金发行和现金规模管理是当时货币信贷调控政策的主要方式，参见徐忠．经济高质量发展阶段的货币调控方式转型 [R]．中国金融四十人论坛，2018.

② 1994 年 9 月开始，人民银行正式将货币供应量作为监控目标，并对货币供应量按流动性进行分层，1996 年正式将货币供应量确定为中国货币政策中介目标，并将现金发行转为监测指标。

③ 裴平、熊鹏认为，1998 年以取消信贷规模管理并重启人民币公开市场业务为标志，我国货币政策正式实现由直接控制向数量为主的间接调控模式转型，逐步形成和完善公开市场操作、准备金、再贷款、利率等构成的现代货币政策工具体系。

含储备资产）首次出现自1999年以来的小幅逆差，汇率双向波动并在基本均衡水平上保持稳定，外汇占款下降，被动超发货币局面改变，要求央行探索主动发行货币的政策机制（见图1-5）。① 与此同时，为落实供给侧结构性改革、适应经济新常态，货币政策承担更多结构调整任务。上述变化，要求货币政策工具加快创新：2013年以来货币政策工具不断丰富，2018年第一季度末，中期借贷便利（MLF）余额3万亿元左右，抵押补充贷款（PSL）4.5万亿元以上，两者月合计8万亿元，占基础货币的比重接近1/4，已成为近年来央行补充流动性的主要工具（见图1-6）。

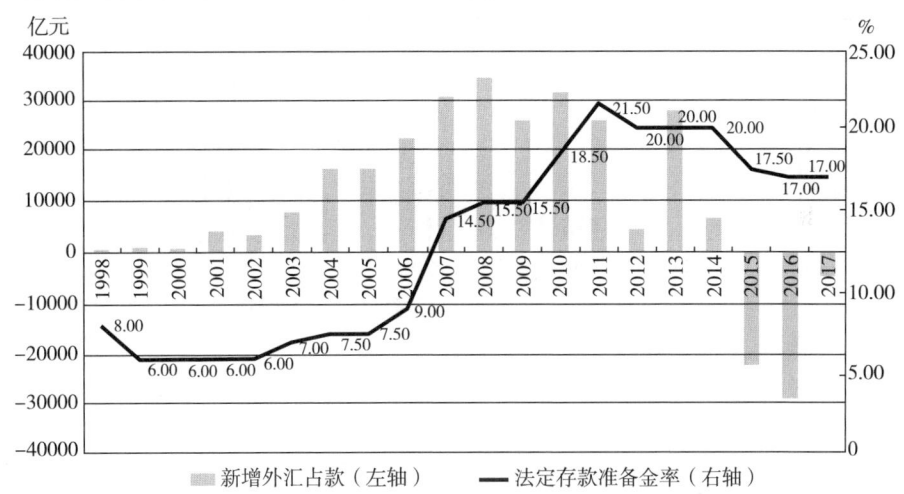

图1-5 我国外汇占款和法定存款准备金率变化情况

二是货币需求不确定性明显提升。过去，货币需求相对稳定，我国货币政策长期以数量调控为主。金融危机以来，受经济增速换挡、结构调整加快、利率汇率市场化改革持续推进、商业银行业务创新、资本市场波动和资本流动加剧、金融科技加快应用、市场预期波动加大等因素影响，货币需求不确定性增强。特别是，随着利率市场化改革的加速推进和基本完成，我国金融市场创新和脱媒迅猛发展，不同金融产品之间和不同层次货币之间界线日益模糊，货币需求越来越不稳定，M_2与产出、物价关系的稳定性越来越差，货币数量的可测性、可控性及与实体经济的相关性明显下降，传统数量为主的

---

① 2000年以来，外汇占款成为最主要的基础货币投放方式。外汇储备从2008年初的1.59万亿美元增加到2014年6月的最高点3.99万亿美元，直至2016年第四季度资本和金融账户始终保持逆差，后下降至2017年初低于3万亿美元。增加再贷款、创新货币政策工具能对冲外汇占款减少，保持基础货币基本稳定。为此，2012年中国人民银行停止央票发行并重启逆回购操作，2013年以来开展了包括SLO、SLF、MLF、PSL等在内的短期流动性管理工具创新和中长期基础货币投放机制完善工作，改进存贷款比和准备金考核，调整再贷款分类体系，完善央行抵押品框架，将公开市场操作由每周两次扩展到每日操作，有效确保了市场流动性基本稳定，增强了市场利率引导能力。

货币调控已难以适应当前货币政策的需要。国际经验表明,货币需求不稳定的转型期,控制货币供应量的货币政策,可能人为造成市场大幅波动。因此,很多经济体这个阶段的货币政策,都从 M_2 为主的数量型向政策利率为主的价格型转变(见表1-1)。

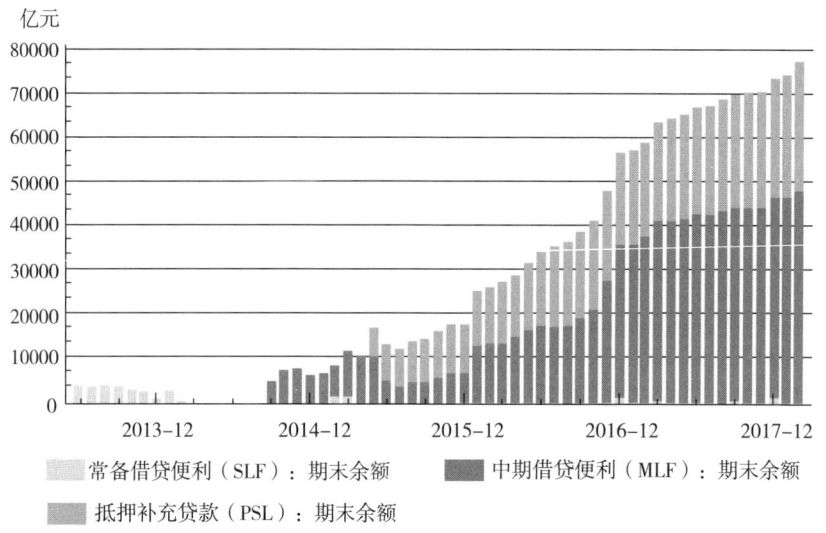

数据来源:Wind。

图1-6 近年来我国货币政策工具创新情况

表1-1 部分经济体货币政策转型情况①

经济体	转型后的中介目标	向盯住利率的货币政策框架转型时段
美国	联邦基金利率	20世纪80年代
德国	再融资利率	20世纪80年代
日本	隔夜拆借利率	20世纪80年代
韩国	隔夜利率	20世纪90年代
印度	回购利率	20世纪90年代
中国台湾	贴现率	20世纪90年代
澳大利亚	隔夜利率	20世纪80年代
加拿大	隔夜利率	20世纪80年代

---

① 马骏,纪敏等. 新货币政策框架下的利率传导机制 [M]. 北京:中国金融出版社,2016.

从经济理论看，货币政策选择数量还是价格作为工具和目标，取决于经济扰动的性质。当不确定性（随机冲击）主要来自商品市场，那么货币供应量作为中介目标较为合适；若不确定性主要来自货币市场，那么利率作为中介目标较为合适。经典的 IS－LM 模型表明，随着金融创新和金融深化，数量型指标的指示意义弱化，在货币需求函数稳定性下降的情况下，继续以数量作为目标可能加剧价格波动，进而影响产出稳定。综合理论和实践，国际和国内经验，我国货币政策加快从 M_2 为代表的数量型为主向政策利率为代表的价格型为主转变，为此进行的货币政策工具创新，需及时跟进效果评估，这也是货币政策传导渠道研究的意义所在。

（三）决策层高度关注货币政策传导问题

2012 年以来，货币政策传导问题受到决策层高度关注。中央政治局会议、中央经济工作会议、国务院常务会议先后多次对此做出部署。最近的 6 年政府工作报告中，有 4 年对货币政策传导机制和传导渠道提出要求（见表 1－2）。人民银行的货币政策执行报告更是每期必谈这一主题，而且不断跟进评估和细化措施。2018 年"两会"后，新任国务院副总理刘鹤在"一行两会"调研中再次强调：要保持货币政策稳健中性，疏通货币政策传导机制，保持流动性合理稳定。可见，疏通货币政策传导渠道和机制，既是货币政策科学化、精细化的要求，也已成为新时期宏观调控和经济转型升级全局中的一个重要问题。

表 1－2　　　　　　　近年来决策层关注货币政策传导问题情况

会议	时间	具体提法
中央政治局会议	2015 年 4 月 30 日	稳健的货币政策要把握好度，注意疏通货币政策向实体经济的传导渠道。
	2016 年 7 月 26 日	要引导货币信贷和社会融资合理增长，着力疏通货币政策传导渠道，优化信贷结构，支持实体经济发展。
中央经济工作会议	2016 年 12 月 16 日	货币政策要保持稳健中性，适应货币供应方式新变化，调节好货币闸门，努力畅通货币政策传导渠道和机制，维护流动性基本稳定。

续表

会议	时间	具体提法
国务院常务会议	2014年5月30日	深化金融改革,用调结构的办法,适时适度预调微调,疏通金融服务实体经济的"血脉"。
	2014年7月23日	综合考虑我国宏微观经济金融形势,完善市场利率形成和传导机制。
	2015年11月4日	继续发挥存贷款基准利率的参考和指引作用,用好短期回购利率、再贷款、中期借贷便利等工具,理顺政策利率向债券、信贷等市场利率传导渠道,形成市场收益率曲线。
	2018年7月23日	稳健的货币政策要松紧适度。保持适度的社会融资规模和流动性合理充裕,疏通货币信贷政策传导机制,落实好已出台的各项措施。
政府工作报告	2013年3月	完善货币政策传导机制,加强金融监管与货币政策的协调,不断优化监管标准和监管方式。
	2016年3月	要统筹运用公开市场操作、利率、准备金率、再贷款等各类货币政策工具,保持流动性合理充裕,疏通传导机制,降低融资成本,加强对实体经济特别是小微企业、"三农"等支持。
	2017年3月	要综合运用货币政策工具,维护流动性基本稳定,合理引导市场利率水平,疏通传导机制,促进金融资源更多流向实体经济,特别是支持"三农"和小微企业。
	2018年3月	疏通货币政策传导渠道,用好差别化准备金、差异化信贷等政策,引导资金更多投向小微企业、"三农"和贫困地区,更好服务实体经济。

二、选题意义

理想的货币政策传导过程,就是央行运用数量、价格、期限等货币政策操作,最大限度影响经济主体行为选择,最终影响经济增长和物价。在这个过程中,应该让需要金融服务的实体企业各得其所,各类金融市场均衡发展,各类金融机构和市场主体之间通过价格信号顺畅调剂余缺,既为实体经济提供低成本融资,也为金融市场直接联动、避险和定价提供依据和工具。为此,疏通货币政策传导渠道和机制显得至关重要。

货币政策传导不畅的原因包括多个方面。实体经济方面,经济急剧转型过程中,传统行业产能过剩,企业经营大面积亏损,新兴行业尚在酝酿探索、成长壮大的过程中,税费成本、行业垄断、国企软约束等制度成本较高,改革面临利益冲突、社会稳定等多重制约难以快速推进，资本运作带来的快速增值影响科技进步推进速度，导致经济竞争力下降。金融运行方面，银行主导的金融结构中，机构准入限制影响机构覆盖面，利率和汇率市场化改革尚未完全完成，大量市场主体的市场化程度不高，各期限的利率市场尚不健全，金融市场之间存在较大套利空间；债券市场发展滞后，债券利率和金融市场其他利率尚未形成完善的联动；居民投资渠道仍然较窄，房地产等个别行业畸形增长，吸引大量资金脱实向虚。

疏通货币政策传导，在理论上，涉及货币供给、货币需求、信用创造、货币政策工具和目标、货币政策规则、货币内生性和外生性、货币中性论等诸多理论分支。中国货币政策和经济金融情况相对复杂，研究中国货币政策传导机制，有利于进一步验证、丰富和完善现有理论。在实践上，金融危机以后中国经济发展面临的增速下滑、结构调整等很多问题和货币政策传导机制有关。如何更好发挥政策作用，尽快促进经济走上新的发展路径，是包括货币当局在内的社会各界面临的重要问题。探索疏通货币政策传导机制，对于丰富完善适合我国需要的金融工具，调整政策目标，完善金融市场，推进利率等市场化改革等，都具有十分重要的意义。

疏通货币政策传导，既关系实体经济也关系货币金融领域，既关系利率汇率等价格也关系货币和贷款等总量，既关系银行等金融机构也关系货币、债券等金融市场。某种程度上是观察和调控中国经济运行的一个关键环节。疏通货币政策传导渠道和机制，需要各类主体、各个市场、各种价格协同改革。同时，货币政策传导渠道和机制的完善，也对整个经济宏观运行和微观主体的行为都提出了很多要求。

三、研究方法

比较的方法：本书通过横向、纵向的"古今中外"比较的方法，在每个货币政策的传导渠道中，都考察了改革的过往历史，现在制度的现状及面临困境，对比了发达国家的制度和历程，结合我国实际情况和现实需求，坚持问题导向，做出深入分析研究，得出相对可靠的结论。

定量的方法：货币政策传导机制改革的理想状态就是，使政策传导像精密仪器一样，外力作用下，所有的部件、齿轮自动运行。这就需要更加精确、量化的分析和建议。因此，本书查阅和分析了大量数据，既有数据的简单比较分析，也有长期的趋势性分析，还有运用现代分析方法的统计分析，有助于提升研究的科学性和精准性。

归纳的方法：本书重视理论的依据和前瞻，也重视中国现实的改革和问题。通过大量案例展示、数据分析和过往的经验、教训，总结归纳了疏通货币政策的问题、思路和建议等，既提高了建议的可应用性和可操作性，也对理论完善有积极意义。

系统的方法：应该说，货币政策传导机制牵涉到实体经济和货币金融，是一个比较复杂的系统。仅仅研究哪个点都可能顾此失彼，挂一漏万。因此，本书始终坚持系统的分析方法，将每个货币政策传导渠道的分析都置于经济、金融大环境中，置于历史现实的大背景中，置于改革发展的大前提下，力争得出更加切合实际的分析结论。

第二章 理论和框架：货币政策传导理论述评

研究货币政策传导问题，涉及货币领域自身的货币供求，货币与实体经济相联系的货币政策有效性，以及货币政策传导等多种理论。相当一段时间里，货币政策影响实体经济变化的过程及传导机制，一度也被视为货币理论的"黑箱"（Bernanke 和 Gertler，1995），直到 20 世纪 70 年代才逐渐引起人们研究的兴趣（Mish-kin，1995），并涌现出大量理论和经验研究。[①] 货币供给理论先后出现了凯恩斯外生货币供给理论、新剑桥学派货币供给理论、新古典综合学派的货币供给理论、货币学派的货币供给理论等学派。货币数量论在经历了"物价水平和货币价值由货币数量决定"的早期货币数量论和"MV=PT"为核心思想的传统货币数量论以后，又出现了凯恩斯货币数量论、现代货币数量论等理论。货币政策有效性的研究主要集中在，货币是否中性、货币是否有内生性、货币政策有效性测度等方面。尽管这些研究成果相互争论激烈，莫衷一是，但从不同角度为货币政策传导渠道的研究提供了良好基础。现有的货币政策传导理论主要包括，传导渠道理论，政策工具和政策目标理论，货币政策效果评价理论等。

第一节 西方货币政策传导理论

货币政策传导指的是中央银行的政策冲击通过引起经济过程中各中介变量的反应，进而影响实际经济变量发生变化的方式与途径。西方货币政策传导理论发展大体经历三个时期：一是 20 世纪初到 30 年代以前，古典经济学以萨伊定律为前提，认为供给会创造需求，资本主义经济总能达到充分就业均衡，不可能发生经济危机和失业，因此政府没必要采取财政、货币政策调节经济。二是 20 世纪 30 年代初至 70 年代末期，在凯恩斯主义和货币主义争论融合基础上，货币传导理论快速发展，但都认为货币政策主要通过货币途径（包括利率途径、汇率途径以及资产价格）传导，即"货币观"。三是 20

---

① 姚余栋，李宏瑾. 中国货币政策传导信贷渠道的经验研究：总量融资结构的新证据[J]. 世界经济，2013（3）.

世纪 80 年代至今,货币政策的信贷传导理论迅速发展,即"信用观",在与货币途径之间的争论中趋于成熟。经过长期发展,综观理论界研究成果,货币政策传导主要包括:利率、汇率、资产价格、信贷等渠道。

一、传导渠道理论

(一) 利率渠道传导货币政策的机制

凯恩斯 (J. M. Keynes, 1936) 认为, 货币供应量的变化打破了资产市场的均衡,通过市场机制作用,利率变化使资产市场重新恢复均衡;同时,利率变动通过资本成本效应导致投资变化,再通过乘数效应使社会总支出发生更大变化,最终影响产出和价格。凯恩斯最初认为这一过程仅通过公司投资变动来实现,后将居民在住房和耐用消费品的开支也纳入投资。因此,下式 I 也适用于居民部分消费支出。IS – LM 模型中宽松货币政策传导过程是:

$$M\uparrow \to r\downarrow \to I\uparrow \to Y\uparrow$$

Taylor (1995) 强调短期利率和长期利率的差异,认为扩张货币政策时,短期利率下降,由于存在黏性价格和理性预期,长期利率也会下降。当价格变动小于名义利率变动幅度时,实际利率下降,企业投资和居民耐用消费支出上升,最终的总支出上升。

$$M\uparrow \to Sr\downarrow \to Lr\downarrow \to I\uparrow \to Y\uparrow$$

Friedman (1968) 指出,利率渠道作用的前提是,货币供给变动所产生的四个效应[①]中,流动性效应至少在短期内大于其他三个效应。此后的货币主义还专门分析了名义利率为零的情况下货币政策有效性。认为名义利率为零,货币扩张可提高预期价格,使通货膨胀预期上升,真实利率下降,进而刺激开支。这一机制解释了大萧条时美国没有陷入流动性陷阱,及扩张性货币政策能够阻止总产出快速下降的原因 (蒋敏, 2000)。

$$M\uparrow \to P\downarrow \to \pi\uparrow \to ir\downarrow \to I\uparrow \to Y\uparrow$$

利率传导渠道研究多、争议大。首先是现实中代表性利率的选择问题。Bernanke & Blinder (1992) 认为,联邦基金利率是货币政策的很好显示器,优于其他利率和货币总量指标。Friedman & Kuttner (1992) 则认为,联邦基金利率和商业票据利率的差异包含显著信息内涵。其次是关于利率传导问题,现实中用哪种短期利率、长期利率作为货币政策中介目标,以及如何区分名义利率和实际利率引起了争议。[②]

---

① 流动性效应、收入效应、物价水平效应、通货膨胀预期效应。
② 陈雨露,汪昌云. 金融学文献通论 (宏观金融卷) [M]. 北京:中国人民大学出版社, 2006.

(二) 汇率渠道传导货币政策的机制

固定汇率与货币政策传导。汇率固定而资本流动，本国货币当局无法完全控制国内货币供应，即使一国外汇储备相对充裕，开放经济中实行固定汇率制，也会受到外部投机冲击。其过程是，国内信贷超过货币需求增长时，国际储备逐渐损耗，外部投机的冲击可能导致固定汇率崩溃，从而产生货币危机。不确定状态下，每个时期中，下一阶段固定汇率崩溃的可能性由国内信贷增长导致剧烈贬值的可能性决定。投机者获利条件是，崩溃后的汇率大大高于崩溃前的固定汇率。其中，只要存在该国货币的强烈贬值预期，投机获利就可能发生。因此，开放经济中，固定汇率具有内在缺陷。如果一个国家实力较强，宏观经济稳定，具有防范外币冲击的能力，便可选择浮动汇率制度，这样可以提高货币政策的独立性和货币政策传导效果。

浮动汇率与货币政策传导。蒙代尔（Mundell，1962）构建的蒙代尔—弗莱明模型（M-F模型），在经济体规模小、总供给曲线平缓、物价短期刚性、资本流动对利差变化敏感、经常项目平衡不受资本项目影响等假设基础上，研究浮动汇率制度下的货币政策传导机制。货币供应量增加，利率水平下降，在较低利率水平上，一方面资本外流，另一方面随着收入的提高增加进口，经常账户恶化。两者共同作用下，国际收支恶化或出现赤字。固定汇率下赤字通过官方外汇储备下降来弥补。浮动汇率下，本币必然贬值。本国出口商品竞争力提升，出口增加，带动国内的投资和产出增加。

$$M\uparrow \to ir\downarrow \to E\uparrow \to NX\uparrow \to Y\uparrow$$

需要说明的是，浮动汇率下，国内微小的利率变化可能引发无限的国际资本流动，财政政策会产生无限的挤出效应，而货币政策效果明显增强。[①]

(三) 资产价格渠道传导货币政策的机制

随着资本市场的发展深化，资产价格变动使货币政策传导机制更加复杂。Greenspan（1999）指出，不能再仅仅对商品和服务的流量做粗浅分析，资产价格走势及其对家庭和企业决策的影响，还有很多重要、难度很大的问题。

从动态经济学角度，货币政策分为冲击和传导两个过程，前者引起金融资产价格变化，后者则使金融资产价格变动效应分配到经济体系中，影响微观主体的投资和消费行为。

股票价格对消费和投资的影响主要通过托宾 Q 理论、财富效应渠道、资产负债渠道。托宾（1969）将 Q 定义为公司市场价值除以其资本重置成本。

---

① 陈雨露，汪昌云. 金融学文献通论（宏观金融卷）[M]. 北京：中国人民大学出版社，2006.

如果 Q 高，公司市价相对于重置成本较高，公司将通过发行股票新购工厂、设备等，只需少量股票就可买到更多新的投资品，投资开支将会上升。相反，如果 Q 低，公司市价相对于重置成本低，厂商将不会购买新的投资品，而是购买其他较便宜的企业而获得旧的资本品，投资支出相应减少。米什金（1998）指出，其中难点在于托宾的 Q 和投资支出之间的联系，即货币政策如何影响股本价格。根据货币主义理论，当货币供给上升，人们发现超过其货币需求，从而增加开支、减少手持货币。同时将增大在股票市场上的开支，股票需求增加推升股票价格（Pe）。凯恩斯主义也认为：扩张性货币政策减少了债券相对股票的吸引力，而导致利率下降。扩张货币政策的机制如下：

$$M\uparrow \to Pe\uparrow \to q\uparrow \to I\uparrow \to Y\uparrow$$

财富效应渠道是由莫迪格里尼（Modigliani, 1957）提出的，消费支出是由消费者劳动收入和实际的毕生财资决定的，包括人力资本、真实资本、金融财富。金融财富的主要内容是普通股票。货币政策可以导致股票价格上升，持有者的金融财富（V）价值上升，增加了其毕生财资，从而消费（C）上升。

$$M\uparrow \to Pe\uparrow \to V\uparrow \to C\uparrow \to Y\uparrow$$

房地产渠道。扩张性的货币政策将提高房地产价格，房价相对其重置成本上升时，与托宾 Q 理论一样，刺激房屋的投资和产出。相应的房地产价格上升将增加拥有者的财富，提高其终身财富，进而提高消费。达到提高总需求和提高总产出的目的。

（四）信贷渠道传导货币政策的机制

20 世纪 50 年代，在 Roosa（1951）的信用可获得性理论基础上，信用渠道传导机制开始出现，该理论认可货币渠道是货币政策传导主渠道。同时强调金融市场的缺陷和信息不完善，信用渠道的作用不可忽视。70 年代末 80 年代初，新凯恩斯主义以工资黏性、价格黏性和非市场出清为前提，强调了金融结构在货币政策中的作用。Stiglitz & Weiss（1988）的均衡信贷配额理论，确立了信贷渠道理论的基础。Mazzoli（1998）指出，只要金融市场是不完善的，厂商、银行的融资结构就会影响货币政策和经济行为。信用渠道机制包括信用可获得性传导机制、银行贷款和资产负债表传导机制三种。

信用可获得性传导机制。在银行贷款市场不完善、理论管制、政府干预贷款行为和信贷市场信息不对称等因素作用下，贷款者不仅是根据利率选择借款者，而是按利率以外如借款者的财务状况、担保状况等进行贷款配给。实行紧缩型货币政策，货币当局公开市场卖出政府债券，减少货币供给。一方面，银行体系超额准备减少，流动性下降，银行不得不收缩包括贷款在内的资产业务；另一方面，央行出售政府债券，债券价格（Pb）下降，利率上升,银行持有此项资产价值降低。利率管制下,上述两种情况银行都会削减信用放款,企业投资支出和产出水平相应减少。银行主导的金融格局下,信贷传导渠道下的货币扩张政策将打折扣。传导机制如下:

$$M\downarrow \to Re\downarrow \to L\downarrow \to I\downarrow \to Y\downarrow \text{ 或}$$

$$\text{央行出售政府债券} \to Pb\downarrow \to R\uparrow \to L\downarrow \to I\downarrow \to Y\downarrow$$

银行信贷渠道传导机制。Bernanke & Blinder(1988)在三个假设基础上构建了CC-LM模型,即货币政策中性,部分借款者无法将银行贷款融资转为直接融资,商业银行无法通过调整资产负债结构(发行CD等)抵销央行准备金减少对贷款量的影响。这种情况下,紧缩型货币政策,银行体系准备金(Re)减少,银行活期存款(D)减少,在银行资产负债结构总体不变的情况下,可贷资金减少,贷款(L)随之下降,必须银行贷款者投资和产出下降。

$$M\downarrow \to D\downarrow \to L\downarrow \to I\downarrow \to Y\downarrow$$

企业资产负债表-贷款渠道。宽松货币政策使名义利率降低,资本市场上资产价格(股票)上涨,借款企业抵押品价格上升,同时使得企业利息支出减少和消费者支出增加,企业收益相应增加,净现金流和公司净值增加,公司资产负债表质量提高,逆向选择和道德风险减少,投资与产出增加。传导机制为:

货币供应量(Ms)↑→利率(i)↓→股票价格(Ps)↑→企业利息成本↓→净现金流↑→逆选择(AS)↓→道德风险(MH)↓→贷款(L)↑→投资(I)↑→产出(Y)↑。

居民资产负债表-贷款渠道。资产负债表是通过影响银行依赖型消费者起作用。消费者的资产负债状况对其评价自己是否可能陷入财务困境具有重要影响。越困难则越多持有流动性高的存款、股票和债券等资产。扩张性货币政策下,利率下降,股票价格上升,金融资产价值上升,居民资产负债表改善,银行贷款增加,消费者自估财务危机可能性较小,更愿意购买耐用品和房屋,支出和产出增加。传导机制为:

M↑→i↓→Pe↑→金融资产价值(V)↑→居民资产负债表改善→银行贷款↑→财务危机可能性(D)↓→消费者耐用品、住房开支(CA)↑→产出(Y)↑。

二、货币政策工具和目标选择

(一)货币政策工具

货币政策工具是指中央银行直接控制的、能够通过金融途径影响经济主体的行为,并最终实现货币政策目标的各种经济手段。中央银行货币政策工具分三类：一般性货币政策工具、选择性货币政策工具、其他货币政策工具。

1. 一般性货币政策工具。这是中央银行经常使用的政策工具，主要包括传统的货币政策工具"三大法宝"：再贴现、公开市场业务、法定存款准备金政策。其中，最初使用的工具是再贴现，即商业银行或其他金融机构将贴现所得的未到期票据向中央银行转让，中央银行扣除到期前的利息为商业银行提供融资的行为。中央银行通过调整再贴现率和再贴现对象，可以干预市场利率以及货币供应量。再贴现率变化影响金融机构借款成本，可调整信贷结构实现产业政策，能引导消费和投资等经济行为。

公开市场业务是中央银行与特定交易商进行有价证券和外汇等的交易，以控制基础货币和信用货币供应量，从而实现货币政策目标的一种手段。与其他货币政策工具相比，该工具的优点有：中央银行更主动，公开市场业务可以连续地、经常性地操作，富有灵活性，具有可逆性。

法定存款准备金政策是中央银行通过调整商业银行缴存在中央银行的法定存款准备金比率，影响基础货币数量和货币创造乘数，调控货币供应量的政策措施。该工具的效果主要体现在：通过调整基础货币结构，影响金融机构经营行为，进而影响信用货币供应量，向企业和居民传导央行政策意图，引导市场预期的过程。准备金率的微小变动都可能导致货币供应量的巨大波动，因其信号意义过强、力度过大，20世纪90年代以来，法定存款准备金政策在发达市场经济国家被逐渐弱化。

2. 选择性货币政策工具。这是中央银行对某些特殊市场的信用活动进行调控所采取的措施。这类工具一般不产生全局性影响，具体包括消费者信用控制、证券市场信用控制、不动产信用控制、优惠利率等。其中，消费者信用控制是中央银行对消费者就不动产以外的各种耐用消费品的销售融资予以控制的措施，影响消费者耐用品需求，以调控社会总需求。

证券市场信用控制是中央银行通过规定法定保证金比例或证券抵押贷款保证金比率，控制证券市场贷款量，限制用贷款购买有价证券的比重，抑制过度投机。

不动产信用控制是中央银行对商业银行及其他金融机构购买住房、办公楼或商业用房等不动产贷款的限制措施，目的在于限制房地产投机，抑制房地产泡沫。

优惠利率是中央银行对国家扶持的产业、部门实行贷款利率优惠，以刺激这些产业、部门的发展。

3. 其他货币政策工具。主要包括直接信用控制和间接信用控制等措施。前者指中央银行以行政命令或其他方式，直接对金融机构尤其是商业银行的信用活动进行控制。这是市场机制不完善、一般性政策工具不能发挥作用时采用的措施。具体包括：信用配额管理、利率控制、流动性比率管理、直接干预和特种存款等。

间接信用控制是中央银行采取行政手段间接影响商业银行的信用创造能力的措施。其优点是比较灵活，但其发挥作用的大小与央行在金融体系中的地位、威望等有关。具体包括：道义劝告、窗口指导、公开宣传和金融检查等。金融危机后西方国家又提出并实施"前瞻性指引"的概念，即央行事先确定并向公众宣示货币政策最终目标，以稳定市场预期、引导市场行为。

（二）货币政策目标

货币政策目标包括操作目标、中介目标和最终目标。

1. 货币政策操作目标是中央银行运用货币政策工具能够直接控制的目标变量，须符合可测性、可控性、相关性。可测性是中央银行能够及时准确收集数据，便于观测、分析、判断和预测，如利率。可控性是所选指标能够随政策工具及时改变，以传导政策效果。相关性是所选指标与邻近指标联系紧密，能按预计发生影响。货币政策工具与货币政策操作目标既有联系又有区别，联系是前者变化影响后者，区别是前者是央行直接操作的媒介，后者则是央行操作后产生的间接结果。据此，货币政策操作目标主要包括：基础货币、法定存款准备金率、货币市场利率等。

基础货币又称高能货币，包括流通中的现金和商业银行存款准备金。基础货币能够较好地满足可测性、可控性和相关性等标准，是理想的操作指标。银行存款准备金是商业银行等在中央银行的存款余额及其持有的库存现金。银行准备金可以分为法定存款准备金和超额存款准备金，通常能作为操作目标的是超额准备金。银行准备金数据时刻反映在央行账户上，央行可通过调整存款准备金率、再贴现率以及公开市场操作等控制超额准备金的规模，超额准备金的变化与信用货币供应量的变化紧密相关。货币市场利率是一种短期利率，包括同业拆借市场利率、回购协议市场利率、票据市场贴现率等。该利率反映货币市场资金供求情况，变动灵活。中央银行可引导货币市场利率，及时收集信息、分析预测，必要时进行调控，货币市场利率与经济活动相关性较高。

2. 货币政策中介目标是离货币政策工具较远而离货币政策最终目标较近的指标，同样需要满足可测性、可控性、相关性等标准。中介目标变量主要有利率和货币供应量。有些国家也将汇率、预期通货膨胀率作为中介目标。

选择利率作为中介目标，需要先根据经济金融环境和金融市场状况确定合适的利率水平，当实际利率水平偏离这一适当利率水平时，央行就要进行调节。央行可通过调整再贴现率等调节市场利率，利率变化直接影响投资支出和消费支出，从而影响总产出水平。利率作为中介目标的不足有：利率是顺经济周期的，很难区分利率的变动中的政策因素和经济形势因素；央行只能控制名义利率而很难控制实际利率；市场利率种类繁多，如何选择并没有定论。

20世纪70年代以来，西方国家开始选择货币供应量作为货币政策中介目标。货币供应量是整个社会的信用货币存量，是可用作商品和劳务交易的货币总额。货币供应量指标作为中介目标满足可测性、可控性、相关性要求。同时也有许多不足：货币供应量分为多个层次，选择哪一层次作为中介目标缺乏定论；选择货币供应量作为中介目标需要货币需求和货币流通速度相对稳定，但两者现实中很难稳定；货币供应量受多方面影响，央行只有相对控制力。

3. 货币政策最终目标是中央银行实施货币政策所要达到的最终目的。各国不同时期货币政策目标不同，一般包括四个：物价稳定、经济增长、充分就业、国际收支平衡。

物价稳定直接关系到一国社会经济的安定，是央行货币政策的首要目标。"稳定"表现在，在一个可容忍的范围内波动，短期稳定，长期上升，既要防止通货膨胀也要防止通货紧缩。经济增长目标要求国内生产总值的增长保持在适度而合理的水平。充分就业是愿意接受现有工作条件并有能力工作的人都能找到工作。国际收支平衡是本国对其他国家的全部货币收入和货币支出相抵后基本平衡，略有顺差或逆差。

四大目标之间有时矛盾，央行往往选择1~2个作为重点目标。物价稳定与充分就业短期内很难同时实现。菲利普斯曲线表明：通胀率与失业率之间此消彼长。要实现充分就业，往往需要增加货币供应量以刺激社会总需求，结果必然引起物价上升；要抑制通货膨胀，就需要减少货币供应量抑制社会总需求，结果必然提高失业率。物价稳定与经济增长同样存在矛盾，与经济增长相伴随的往往是物价上涨。物价稳定与国际收支平衡之间难以兼顾。本国物价水平高于其他国家时，本国出口减少进口增加，国际收支出现逆差，较高的通胀率会引导国外资本流入本国，弥补贸易逆差，维持国际收支基本平衡。若为物价稳定紧缩货币会导致利率上升，加剧顺差失衡，若为平衡国际收支，央行投放基础货币，则会加剧国内通胀。经济增长和国际收支平衡也很难同时实现。本国经济增长、进口增加，引起国际收支失衡。若为消除国际收支逆差，压缩国内总需求，会抑制本国增长。

三、货币政策有效性判断

研究货币政策传导的前提是：货币政策是否有效能够被判断。经济学中，货币政策有效性的研究主要集中在两个方面，一是货币是否中性，二是货币政策时滞效应如何判断。

(一) 货币中性理论

货币是否中性的问题，思想渊源可以追溯到早期货币数量论。大卫·休谟（D. Hume）1752 年在《货币论》《利息论》和《贸易平衡论》中提出，假定 T 或 y 与 V 或 K 固定不变的前提下，流通中的货币数量仅影响绝对价格水平，而不对相对价格体系产生影响。即货币中性与否的区别在于，名义货币供给量的变动是否只引起绝对价格水平变动。

新古典主义的货币中性论。20 世纪 70 年代后，新古典经济学认为，货币政策短期和长期都是无效的，即货币即使在短期也不能系统地影响实际产量。有两个理论分支：一是货币经济周期理论。Lucas（1972，1973）等认为，货币供给的冲击是引起经济波动的根源，原因在于经济当事人不能获得准确的信息，无法判断价格变化的真实情况，由此导致产量和就业量的波动。价格被假定为迅速出清，不存在预期错误，不会系统影响产量。因此，系统的货币政策无效，随机的货币政策有害。二是真实经济周期理论。Barro（1978，1981）等人不把货币冲击看作是产出变化的原因，认为实际冲击导致产量变动，进而导致货币扩张和价格上升；货币数量是产出波动的内生反映，并不影响实际产量。因为货币冲击可能对产出或其他实际变量没有影响。实际因素来自人或政府需求的随机变化或生产率的变动。

货币主义的短期货币非中性和长期货币中性论。弗里德曼把货币需求看成是总财富与各种不同财富报酬的函数。在货币供给方面，认为货币当局控制的仅包括公众手中通货量和商业银行的存款总额，而不涉及其他流动性资产。货币主义认为，利率不是好的政策工具和指示器，货币供应量才是关键政策变量。货币主义对货币影响经济的程度进行了长、短期的划分，短期内货币能影响实际经济变量，导致经济波动，货币是非中性的；长期内实际变量仅由实际因素决定，货币只能影响价格，即货币是中性的。

货币超中性论。帕廷金（1965）认为，货币中性是基于人没有"货币幻觉"假设的。在借贷经济中，工人需求取决于相对价格、利率和初始财富的真实价值。静态经济中，货币数量增加带来的短期均衡，长期内则以同步增长方式重新分配货币数量。动态经济中，稳定状态下货币是超中性的，即货币供应量增长率的变化保持长期中性（Sidrauski，1967）。

维克塞尔的货币非中性理论。维克塞尔挑战萨伊定律和传统理论，是提出货币非中性的第一人，认为货币保持中性是有条件的。他提出"自然利率"和"货币利率"概念。自然利率是借贷资本之需求与储蓄的供给正好一致时的利率，货币利率是市场上用于货币贷放的利率，取决于借贷资本的需求与储蓄的供给。两个利率一致时货币均衡同时也是经济均衡，货币仅是覆盖在经济表面上的一层面纱。但自然利率与货币利率时常背离，前者高于后者时刺激经济扩张，反之则相反。因此维克塞尔主张通过事前调整银行货币利率影响经济活动，防止经济萧条。

凯恩斯学派的货币非中性理论。凯恩斯否定了古典两分法和萨伊定律，认为货币对生产发生了实质性影响。凯恩斯摆脱了货币数量说把货币局限于物价论的框框，认为投机性货币需求通过利率影响经济波动，使货币分析与产出分析完全融为一体。希克斯采用IS–LM曲线，将货币市场置于一般均衡分析中，解决了凯恩斯关于货币传递机制矛盾。托宾利用投资者逃避风险的行为来解释灵活偏好。温特劳布、卡尔多等人完善了内生性货币供应理论，加强了货币对实物经济影响的非中性观点。值得我们注意的是，凯恩斯主义认为扩张性货币供给和紧缩性货币供给效果不同。前者在温和衰退期效果较为显著，在严重衰退期政策效果极为轻微，后者在经济过度繁荣期效果明显。

格利和肖的非中性论。格利和肖（1960）将流通货币划分为外在货币和内在货币，第一类经济模型（只有三个部门三个市场，即消费者、企业和政府三个部门，劳动力、当期产出和货币三个市场）中的外生货币，和第二类经济模型（在第一类模型中加入债券市场构成三个部门四个市场）中的内生货币，都是中性的。但内在和外在货币的某种组合，则呈现出货币非中性特点。因此，货币系统可能操纵实际货币量和消费量的组合，加强货币系统影响实体经济的能力。

新凯恩斯主义的非中性理论。新旧凯恩斯主义都假设，当经济中出现需求冲击或供给冲击时，工资和价格不能迅速实现市场出清。工资和价格调整过程中，经济处于非均衡状态。新凯恩斯主义进一步论证了工资、价格调整的刚性机制，从而为货币政策有效论奠定了坚实基础。认为货币是非中性的，因而名义货币和名义总需求的变动会造成实际产量和就业量的变动。Fisher（1977）和Taylor（1980）证明，只要名义、实际工资刚性存在，名义货币就对实际产出必然有明显影响。

简要的总结和启示。货币是否中性是货币政策是否有效的理论核心和基础，该命题一直是西方学者研究的热门。从发展历程看，维克塞尔及凯恩斯之前基本上是认为货币是中性的，货币政策无效。但凯恩斯主义在西方成为主流经济学之后，货币非中性论增加，货币政策重要性提升。但"滞胀"成为典型的宏观问题特别是20世纪60年代后，认可货币中性、否定货币政策效果的理论再次兴起。尽管新凯恩斯主义的一些假设、分析和结论更接近于现实经济，但其关于工资和价格刚性理论也受到批评质疑。总体来看，货币是否中性的问题，至今虽尚无统一结论，但在发展中国家和新兴市场经济体，或金融危机期间，各国都将货币政策作为重要的政策选项，也就是认可货币非中性的理论。

(二) 货币政策时滞理论

休谟最早提出了货币时滞问题。他认为，虽然商品价格的上涨是金银增加的必然结果，但上涨需要一些时间。休谟把货币量增加到一般物价上涨前的这段时间称为"中间状态"或"间歇期"。货币量不论是跌是涨，都不立即伴随商品价格相应变化。在形势调整到新局面出现之前总有间歇，此间金银减少会挫伤积极性，金银增加会刺激积极性。

维克塞尔认为，货币量突然变化不可能立即引起商品价格同步涨跌。变动初期商品价格很可能维持不变，只有现金持有量逐渐增多，才会导致商品需求量增加，从而引起商品价格上涨。因而，货币政策时滞的原因是货币流通速度，而货币流通速度的实际限度是货币的闲置时间。

费雪认为，当货币数量突然增加一倍以后，最初增加的影响与后来的结果是不同的，最终的结果尚未到来以前，物价常起伏不定。他把物价起伏期称为"过渡时期"，此后是"固定时期"，在这个时期物价将按比例而变动。费雪分别从这两个时期分析了交易方程式 $MV + M'V' = PT$ 中各因素间因果关系。认为货币数量论只适用于固定时期。此外费雪认为，理论上，上涨的物价不是与继续上涨的利率相联系，而是与持续的高利率相联系；下跌的物价不是与继续下跌的利率相联系，而是与持续的低利率相联系；不变的物价水平是与不变的利率相联系的。费雪认为在引入货币时滞效应后，必须分别从长期和短期来加以分析，即物价水平的变动与利率水平的变动不是同步的，而是同方向的。

20世纪30年代的经济危机后，凯恩斯认为，货币增加理论上可降低利率，提高资本边际效率，有利于投资增加和经济增长。现实中，货币供给量对经济体系的影响，需根据流动性偏好、资本边际效率、消费倾向和就业的状况而定。凯恩斯提出了这样一种货币传导机制：在流动性偏好、资本边际效率、消费倾向等因素的作用下，货币数量通过左右利率，从而间接地影响经济体系。从这一传导机制各变量的相互关系上，即货币供给量发生变动后，经过上述变量的相互作用，达到半通货膨胀或真正的通货膨胀。

20世纪70年代初西方"滞胀"问题将研究引向了货币政策时滞研究，即货币供应量变动对经济影响所需经过的不同时间阶段。弗里德曼认为，虽然通货膨胀总是一个货币现象，但是，货币增长率的变化不能立即引起物价的变化。即使将时滞估计在内，货币增长率与通货膨胀之间也不可能是1∶1的比例关系。他还批评财政货币政策：货币当局没有考虑到他们的操作与经济效应之间的时滞，往往根据当日情况决定政策操作，但货币时滞是长期且相当可变的，故以相机抉择的货币政策稳定经济的努力往往造成不稳定的后果。

简要的总结和启示。现有理论已经对形成货币效应时滞的原因、时滞的时期性和阶段性、时滞期间商品价格与货币流通速度的关系、货币量变动在不同时期的效果、货币流通速度对时滞的影响、时滞期间利率与物价的关系等方面进行研究。相应的启示有：一是货币政策时滞是影响货币政策有效性的非常重要的因素，对于提高货币政策效果具有特别重要的意义。二是分析和评价货币政策效果，要运用动态分析方法，重点分析货币政策时滞的各种影响因素，并在货币政策效果分析中剔除时滞效应。三是货币当局应在技术上提高对货币时滞的预测水平，解决由于政策时滞而造成的货币政策局限性，提高货币政策的前瞻性和有效性。

(三) 货币政策有效性衡量标准

货币政策传导机制有效性是货币政策有效性的前提和基础，因此衡量货币政策传导机制有效性的标准与货币政策有效性的标准有诸多相同之处。两者最主要的差别在于，货币政策传导机制是一个多渠道的目标实现过程。因此，衡量货币政策传导机制的有效性更加复杂，不仅要衡量货币政策最终目标的实现程度，而且要衡量货币在各种渠道传导过程中的顺畅程度，具体来看货币政策传导机制有效性衡量标准主要是两个方面：一是货币政策传导机制对于货币政策目标实现的程度有效性；二是货币政策目标实现时间有效性，即货币政策的时滞问题。

货币政策传导机制影响程度的有效性检验标准主要是以下几个方面：

（1）货币当局能否通过运用货币政策工具引导货币流向预期的部门或机构，这是货币政策传导机制有效的最基础条件，若是货币政策当局不能运用货币政策工具影响货币在经济中的流向和分布，就谈不到货币政策传导机制的问题，更谈不上有效性。

（2）货币政策是通过何种机制来影响产出和价格水平的，不同传导机制所引致的实体经济变量向预期方向波动的相对作用强度决定了货币政策传导机制的有效性强弱。因此，衡量货币政策传导机制有效性的关键是，确定单位货币政策冲击所能引起的宏观经济变量响应的方向是否与理论一致以及响应的程度如何。

（3）货币政策传导机制的稳定性也是决定货币政策传导机制有效性的标准。如果某一货币政策传导机制的作用效果仅仅是在特殊情况下或者短暂的有效，以至于货币政策当局无法掌控这一传导机制，那么也不能称之为有效的货币政策传导机制。

（4）货币政策传导的时滞长短决定货币政策传导机制时间的有效性。货币政策的实施具有一定的时效性，若某种货币政策传导的时滞过长，那么宏观经济状况也会随之改变,新的经济状况下,过去的货币政策可能已经不适用,甚至对宏观经济调控起到反向作用,加剧经济波动。

总之,货币政策是否有效,取决于央行货币政策工具实施后,政策意图能否及时以及多大程度上传导到金融机构、金融市场和实体经济,并引起相应市场主体的反应。

第二节 理论述评

实践之树常青,而理论往往是灰色的。经济理论的产生,离不开国家和时代的背景。现在较为流行的货币政策理论,多产生于西方发达市场经济国家。随着我国社会主义市场经济体制的不断完善和调控机制的日益健全,特别是要构建与现代化经济体系相适应的"市场机制有效、微观主体有活力、宏观调控有度的经济体制"①,就需要结合我国实际,丰富发展现有的货币政策传导理论。

一、货币政策传导渠道共性

虽然不同时期、不同国家货币政策传导的理论和实践各不相同,但是,剥去表面的个性差异,抓住货币价格或数量信号靠机构和市场执行传递的这个事物本质,各国货币政策传导渠道仍有诸多共同规律。

从机构主体上看,都有中央银行、商业银行、证券公司、基金公司、保险公司、非金融企业、居民家庭等。货币政策本质就是通过改变货币供给,由上述各类相关主体调整自身业务,最终实现影响实体经济的目标。中央银行要掌握多种货币政策工具,能对经济形势和货币调控政策进行全面及时监测,并对政策效果进行评估和完善。其他市场主体都要按照利润最大化原则行事,对价格信号反应敏感,不存在明显的预算软约束。当然,各国国情不同,机构主体构成上也不完全一致,比如在西方市场经济国家,特别是资本市场发达的英美等国,货币政策不仅通过商业银行传导,而且资本市场上的证券和基金等成为传导货币政策不可或缺的一环。

从市场上看,都需要货币市场、债券市场、股票市场、房地产市场、信贷市场、商品市场、出口市场等。货币政策传导机制理论是市场经济背景下发展起来的理论,我国也是在建立市场经济后才开始重视这一问题的讨论。因此,既需要相关市场主体的分析,也离不开完备的相关的市场,同时还需要一个市场化的利率、汇率、资产价格、商品定价机制和成熟的资本市场。

---

① 习近平. 决胜全面建成小康社会 夺取新时代中国特色社会主义伟大胜利——在中国共产党第十九次全国代表大会上的报告 [R]. 2017.

尽管各国金融结构差异决定，金融市场发展程度不一，但是随着市场经济的完善和金融改革的推进，各国金融市场都将日益发展和成熟。

从政策信号看，都需要灵敏反映市场需求的资金利率、债券利率、货币汇率等要素价格。没有完备的价格信号，货币政策就无法充分反映市场内部的资金供求，无法及时反映市场之间的资金套利，就容易形成市场分割，难以准确地传导货币政策意图。因此，疏通货币政策传导渠道，首先要通过改革，建立完善的价格信号机制。

货币政策目标实现不理想需要疏通政策传导渠道。货币政策自始至终就是在试图影响实体经济的投资和消费行为，进而实现经济增长、物价稳定和金融稳定。因此，无论何时何地，判断货币政策效果都离不开实体经济这个最终目标。当然，如果实体经济目标没有实现或者实现程度不够理想，又需要从中介目标和中间各传导环节去查找原因，其中既包括金融环境（市场化、诚信）、金融结构（金融主体和市场结构、金融发展的区域结构），也包括区域经济差异、所有制差异、市场主体利率敏感性等。只有找到原因，并通过改革或者政策堵住漏洞，才能疏通货币政策传导渠道。

二、货币观和信贷观各有优劣

"货币观"最早为西方经济学家发现并深入研究。传统的凯恩斯学派和货币主义学派，均认为货币政策的传导过程仅是通过"货币途径"完成的（尽管前者是"货币价格"途径，后者是"货币数量"途径）。这种"货币观"认为，金融资产只有货币和债券两种形式，银行贷款只是债券的一种，贷款和债券可以相互替代，货币政策是通过货币供应量的变动改变公众对货币与债券的持有和配置，从而影响债券市场利率，最终影响投资水平和产出。这一理论至今仍是占主流的货币政策传导理论。

货币观的局限性。"货币观"的理论前提是：金融市场为完全竞争的，不存在信息不对称，各种金融资产的供给和需求具有充分的利率弹性，能够随着市场利率信号的变化而灵敏的变化。显然，"货币观"具有较大的局限性，即这一严格的理论假设忽视了事实上的信息不完全问题和金融市场的自身结构问题。事实上，许多国家的金融市场都不可能是完全竞争的，如（1）银行业作为特许经营行业，具有一定的垄断性，市场利率并不能完全由市场决定，而是由银行之间以卡特尔方式决定；（2）市场信息不对称，在借款人对贷款的具体运用等方面，借款人比银行具有更多的信息，一般而言，借款人愿意支付的利息越高还款的可能性越小；（3）由于机会主义和道德风险的存在，银行对借款人资金运用的监督成本较高。因此，完全竞争的金融市场是一种理想的假设。由于金融市场的信息不对称性催生了金融中介机构，其作用在于：（1）通过非价格机制筛选掉不良借款人；（2）专门从事信息收集工作；

(3) 设计各种机制，激励借款人履约。因此，银行能够在货币传导过程中扮演特殊功能，所以也引起了西方学者对"信用观"的研究重视。

"信用观"是西方学者在20世纪50年代随着信息经济学的发展而提出的，但直到20世纪80年代以后这一新理论才被广泛地注意到，并引发了西方学者在20世纪80年代和90年代的新一轮争论。"信用观"认为，金融资产有货币、债券和银行贷款三种形式，银行贷款是特殊的，债券不能与之替代，货币政策是通过银行信用影响局部投资水平，进而影响产出。根据伯南克（Bernake）和盖特勒（Gertler）的研究，信用渠道传导货币政策的途径有银行借贷渠道和资产负债表渠道两种路径。

信用渠道的局限性主要表现在：一是银行信贷的依赖者问题。一般来说，信用渠道影响的对象主要是中小企业，只有他们主要依靠外部融资来经营，而大企业的自我融资能力较强，银行信用规模的扩张与收缩对这些大企业不能形成显著的影响。另外，随着金融创新和信用工具的日渐发达，出现了很多银行信用的替代物，借款人对银行贷款的依存度降低，信用渠道的作用开始减弱。二是货币当局的货币政策能否对银行的信贷行为形成直接和决定性的影响。许多学者对此提出了质疑，如 Charles S Morris & Gordon H. Sellon Jr（1995）和 Giovanni Dell. Ariccia & Pietro Garibaldi（1998）实证研究认为：第一，银行的信贷行为与货币政策的实施往往是不同步的，实施货币政策导致的市场利率变动，货币供应量的改变，往往不能引起银行贷款的相应变化。第二，银行信贷行为的真正决定因素不是货币供应量或基础货币数量，而在于货币的需求与偿付状况，即取决于两个方面的因素，新贷款的可获得率和银行旧贷款的偿还率。因此信用渠道也存在较大的局限性。

货币政策的传导是通过多种途径的，从资金需求者和资金供给者的角度看，主要包括货币渠道（利率、汇率、资产价格等）和信用渠道。不同渠道发挥传导作用的条件和效应是不同的，但"货币观"和"信用观"并不互相排斥，只是强调对贷款和债券替代程度的认识不同，各自强调了货币政策传导机制的不同方面：是存量还是流量，是资产负债表的资产方面还是负债方面。货币渠道假设经济中存在的是完全信息的市场，货币与其他资产之间存在着替代，显然其假设的条件与现实相比过于理想化。信用渠道的假设条件与现实更接近，但仍然存在较大的争议，该渠道的有效性取决于现实经济运行中金融市场的缺陷程度。

无论是货币渠道还是信用渠道，他们都主要因循着货币政策扩张（紧缩）与实际产出之间的变动关系这样一个路径方法去进行分析，只能体现货币信息，不能体现非货币信息。而全球经济一体化，世界范围内利润平均化，价格水平下降，金融创新等新出现的客观情况，要求各国货币政策不仅要体现货币信息，还要体现非货币信息，将产出和价格一起纳入考虑。显然，货币渠道和信用渠道缺乏将真实变量与名义变量统筹考虑的更宽的理论视野，因而显得有些不全面。

尽管如此，货币渠道和信用渠道的理论均表明，货币政策传导机制是货币政策有效的重要保证，它的畅通与否对实体经济有着重要影响。货币政策对实际经济的影响可能是通过多种渠道的，或以信用渠道为主，或以货币渠道为主，各渠道产生作用的程度大小可能因经济金融环境的变化而有较大的不同。但在作具体的实证分析之前，还不能判定哪种渠道是最重要的，也不否认在实际的货币政策传导中货币渠道和信用渠道存在着混合影响。从实践意义上看，对货币政策传导机制的分析还需要实证研究，以便为货币政策提供经验检验的依据。

应该说，"货币观"和"信用观"涵盖了货币政策传导的主要渠道和分析维度，为进一步丰富完善货币政策传导理论提供了基本框架。但现有理论又都不够完善，要么假设过于严格，与现实存在较大差异，影响理论的指导意义，要么理论还有待进一步实证，这些都要有待进一步研究、丰富和深化。

三、时代和国情背景决定理论内容

各种传导理论都从一个角度解释了货币政策传导过程。同时，又像批评者所称，每个理论都有自身的不足。比如，不能否认，货币政策的变化会通过利率、资产价格、汇率和信贷等多个渠道影响实体经济。但利率传导渠道理论，只关注利率，认为货币供给变动的四个效应中，流动性效应短期内大于其他三个效应。这缺乏证据，也就忽略了其他资产相对价格变化。再如，包括利率渠道、资产价格渠道和汇率渠道在内的"货币观"都假设金融市场结构合理、市场完善，信息充分为前提，各种金融资产的供求都是随市场利率信号的变化而灵敏的变化，具有充分的利率弹性。个人和企业的各种资金来源可以方便地相互替代。事实上，这即使在发达市场经济国家也很难实现。又如，资产价格渠道理论认为，货币政策能迅速准确地反映在股票市场中，是股票市场渠道发生作用的前提和关键。而 Ovoye 和 Onafowora（1994）研究却表明，只有具有完整规范股票市场的国家，股票价格和货币供给量之间才能联系紧密。毕竟这不适用于所有国家。

理论产生都有各自的时代背景。20 世纪 20~30 年代经济大危机背景下，原有的理论和方法无法促进经济复苏。凯恩斯主张通过货币政策刺激总需求，当时由于资本市场发展总体有限，理论更强调通过货币供应量控制影响利率，进而影响企业的投资和居民消费，刺激实体经济发展。到了 20 世纪 70 年代前后，美国"滞胀"出现后，原来的凯恩斯主义和货币主义都无法解释并促进经济发展，加上信息经济学的发展成熟，推动了信用传导机制的理论发展。随着金融结构的变化，尤其是资本市场的深化和发展，资产价格变动对货币

第二章　理论和框架：货币政策传导理论述评

政策影响越来越重要。所以，20世纪末21世纪初，包括美国在内的各国理论和实践界，开始更多关注并发展了资本市场渠道理论。货币政策传导渠道理论发展历程说明，未来随着金融和经济实践的发展变化，货币政策传导还将有新的变化，相关理论也将有新的发展。

现实很可能是复杂的理论组合，不同国家侧重点不同。各国国情和制度不同，理论和实践都表明，几乎没有哪个国家只运用一种工具，只严格遵守某一个理论，货币政策只沿着一个渠道传导。相反，每个国家都有多种工具、政策目标和政策渠道。国情决定各国侧重点不同，政策效果也不完全一样。

一是美国现在中央银行体系中，美联储对地区联储不能干涉太多，实行市场化利率，且有发达的货币市场与资本市场。这些决定，美国很少运用信贷等数量型工具，主要工具是公开市场业务，同时辅之以贴现率政策和存款准备金率政策。20世纪70年代以来的相当长一段时间里，美联储主要靠利率渠道和资产价格渠道传导货币政策。当然，美元的国际货币地位决定，汇率也是美国货币政策的重要传导渠道。

二是德国以物价和币值稳定为货币政策目标，采用再贴现、存款准备金和公开市场业务作为主要货币政策工具，辅以资本流动控制等。20世纪70年代中期以前，以存款准备金政策为主，此后以再融资政策为主。同时还选用基础货币供应量、银行信用量、银行流动性（各银行手头的自由流动准备金）、计算的信用最大额度等作为传导过程中的中介指标。比如，货币当局有时通过行政手段直接规定信贷机构贷款最高限额控制货币供应量，以达到币值稳定的目标。在德国，资本市场发展滞后于银行体系，房地产市场管制较多，资产价格难以成为货币政策传导的主渠道。

三是日本货币政策目标包括稳定物价、经济增长、国际收支均衡和充分就业，政策工具有官定利率、公开操作市场、存款准备金制度、窗口指导和债券、票据买卖等。20世纪70年代前，日本商业银行大都处于超贷状态，高度依赖日本银行的再贷款，因此，"窗口指导"是日本银行主要货币政策工具。20世纪70年代后，再贴现率和贷款限额成为主要工具，公开市场业务和准备金也相继得到重视和应用。货币当局还加入M_2+CD、银行贷款利率、汇率、银行同业拆借利率和票据买卖利率、都市银行贷款量等操作目标和中间目标。总体来看，日本货币政策传导机制开始行政色彩较浓，属于数量型。在金融自由化以后，日本银行运用再贷款工具时，中间通过同业拆借利率与贷款利率影响金融机构与企业融资成本，控制贷款规模。2008年金融危机以后，日本又一度实行超常规的负利率政策，刺激经济增长和物价上涨。这也从侧面说明，货币政策实践是根据经济发展需求不断丰富的，而货币政策理论则是随着货币政策实践的丰富而不断完善的。

四是英国与日本一样,以就业、增长、物价和国际收支为目标,第二次世界大战后英国先后采用准备率、公开市场业务、短期利率、特别存款、补充的特别存款、对银行的信贷要求、利率上限、租赁—购买控制等几个政策工具。在政策工具向最终目标的传导过程中,英格兰银行采用了美联储的做法,建立了接近工具(指示器)和接近目标(标的)两套中间指标,以此影响宏观经济变量。同时将银行信用和长期利率作为远期指标,以币基数、银行资产与负债和短期利率作为近期指标(指示器)。

五是加拿大货币政策以充分就业、物价稳定、对外收支适度差额、联邦政府融资的健全管理和金融市场的稳定为目标。在不同时期,各目标重要性不尽相同。为了实现这些目标,加拿大银行以货币供应增长率、信用总量、短期利率、汇率、物价等为中间目标。

综上所述,各国均把公开市场业务作为共同的货币政策工具,将货币供应量、利率作为中间目标和操作目标,以实现经济增长、物价稳定等最终目标。美国作为价格型货币政策传导的国家,主要运用法定存款准备金率、贴现率、公开市场业务三大传统货币政策工具,通过操作目标和中间目标达到最终目标。日本和德国虽同为数量型货币政策传导的国家,在中间目标上有相同目标,但在货币政策工具、操作目标上也有不同。加拿大的道义劝说工具与日本窗口指导类似。英国货币政策工具最多。上述国家大多具有比较发达的货币市场和资本市场,其所采用的货币政策工具能够顺利地透过金融市场影响货币政策各相关主体行为,从而实现货币政策目标(见表2-1)。

表2-1　　　　　　　部分国家货币政策工具和目标比较[①]

国家	货币政策工具	操作目标	中间目标	最终目标
美国	公开市场业务 调整贴现率 调整法定准备金率	准备金 联邦基金利率	货币供应量 短期利率 长期利率	经济增长 利率稳定 充分就业
德国	再贴现 存款准备金率 公开市场业务	货币量和信贷规模	广义货币供应量M_3	经济增长、物价稳定、充分就业、国际收支平衡、货币稳定

① 本表参考了贾炳汉的《货币政策传导机制有效性研究》(华中科技大学2004年博士论文),笔者做了补充完善。

续表

国家	货币政策工具	操作目标	中间目标	最终目标
日本	贷款政策 再贴现率 法定准备金率 公开市场业务 窗口指导	银行同业拆借利率 票据买卖利率 短期优惠利率 都市银行贷款量	货币供应量（M_2+CD） 贷款平均利率 贷款增量	稳定物价 经济增长 国际收支平衡
英国	公开市场业务 特别存、贷款限额和利率上限 存款准备金率 补充特别存款 租赁—购买控制	货币基数 银行资产与负债 短期利率	货币供应量 银行信用 长期利率	低通货膨胀 充分就业 国际收支平衡 经济增长
加拿大	公开市场业务 二级储备比率 银行利率 政府存款转存 道义劝说	注册银行储备 流动资产比率	银行信用 货币供应量 货币系列信息变量	充分就业 物价稳定 对外收支的适度差额

第三节 经验借鉴和本书分析框架

一、中国货币政策目标和工具的比较

他山之石，可以攻玉。在研究我国货币政策目标、工具和传导机制之前，先回顾总结发达国家的经验做法，在此基础上，结合我国阶段性发展实际，分析我国货币政策传导的基本架构，并在此基础上提出本书的分析框架。

（一）发达国家货币政策历程回顾和比较

美国货币政策中介目标经过"利率—货币供应量—利率"的调整过程。大萧条到20世纪70年代，以利率为货币政策中介目标。20世纪70年代美国陷入滞胀，弗里德曼等货币主义者指出，增加货币供给量只有流动性效应会使利率下降，收入效应和价格预期效应会使利率上升，央行无法有效控制利率。相反，货币乘数和货币流通速度相对稳定。进入20世纪80年代，美联储接受了货币主义的"单一规则"，把货币供应量作为调控经济的主要手段，把控制通货膨胀作为首要的最终目标，更加关注金融机构在货币政策中的作用，根据实际情况灵活选择操作目标，实施相机抉择的货币政策。20世纪90

年代，货币政策地位提高，利率、汇率、资产价格和信贷四种渠道同时发挥作用，密切跟踪通货膨胀目标，及时微调货币政策。金融创新降低了货币需求稳定性，货币供应量作为中介目标的可控性和可测性被削弱。利率因计量准确、易于搜集等优点，于1993年重新成为美联储政策的中介目标。

德国主要奉行货币主义观点，通过调节流通中的货币量和信贷量，来实现稳定物价的货币政策唯一目标。在货币政策中介目标方面，战后到1973年，主要是银行清偿能力，具体包括商业银行的超额储备、银行持有的国内货币市场票据、短期流动外国资产和未使用的再贴现额度，联邦银行通过控制银行清偿能力间接控制货币供应量。1973年以后，为抑制通货膨胀，联邦银行开始将货币政策中介目标从银行清偿能力转向货币存量。1974年公布了各层次货币供应量的数量范围。1988年起，又将中介目标从货币存量改为M_3，至今德国央行仍把货币增长目标作为最有价值的中介目标。德国货币政策工具主要有两类：一是公开市场操作和再贴现等影响金融机构流动性。二是最低法定存款准备金率、再贴现率等影响货币乘数的工具。德国货币政策传导机制特征主要包括：长期坚持币值稳定的目标，长期坚持数量型货币政策传导机制，能够抑制通胀，实现长期稳定的货币政策，政府和中央银行适当采取行政手段干预传导过程。

日本货政策最终目标主要侧重物价稳定和国际收支平衡。1955年后，日本主要靠技术引进，带动民间投资快速上升，进而实现经济高增长，这就需要大量外汇。只有国际收支平衡才能满足外汇需求。因此，这一时期国际收支平衡成为货币政策的主要目标。1973—1974年恶性通胀发生后，日本货币政策目标开始侧重国内物价稳定。日本货币政策中介目标主要是货币供应量、贷款增加额、贷款利率。日本经济稳定增长后，金融自由化程度提升，企业对银行依赖下降，转向通过发行股票、债券筹资，银行放款减少，货币政策中介目标开始调整，其中同业拆放利率一直为重要调节变量。20世纪70年代以后，再贴现率和贷款限额政策成为主要货币政策工具，公开市场操作和准备金政策相继得到重视。日本货币政策传导机制是：窗口指导—贷款增加额—金融体系贷款量—经济最终目标，其主要特征：一是行政色彩较浓，央行往往直接规定商业银行的贷款数量来控制投资的规模和结构。二是日本货币政策为数量型政策，主要通过贷款限额或再贷款、利率政策、存款准备金率，控制贷款总规模和货币供应量，最终实现货币政策目标。三是金融自由化后，日本放松利率管制，短期拆借市场、票据市场等银行间短期利率，加上再贷款对贷款利率的影响，同业拆借利率和贷款利率，影响金融机构和企业融资成本，实现货币政策最终目标。①

综上所述，发达国家货币政策相似点在于：（1）市场主体方面：一是央行独立性强，能独立制定执行货币政策，确保货币政策目标实现。二是商业银行市场化程度高，对央行货币政策反应敏感，能根据央行货币政策及时调整自己的行为和资产负债结构，影响货币供应量。三是企业的市场化程度较高，基本不存在预算软约束。扩大再生产时能较好平衡自我积累和借款及债券的关系，严格遵循预期收益大于利息支出的筹资条件。（2）传导主体的资产负债结构类似。一是商业银行资产负债结构中，贷款在资产中占比不大，有价证券占比较高，资金自给率高，借入资金少，有利于央行公开市场操作。二是企业资产负债结构中，银行贷款占企业资金来源不大，日本、美国和德国均在20%～40%，发行股票、债券和企业自有资金来源占绝大部分。企业不把资金全部用于生产过程，而是越来越多投到有价证券上。企业对贷款变化反应不敏感，对资本市场变化反应敏感。三是居民金融资产结构中，银行存款少，股票债券比重高，这种资产结构为居民储蓄在银行存款和有价证券间转移创造了条件。（3）政策工具和目标具有共同特征。一是货币政策以间接调控为主，传统"三大法宝"②是主要手段。二是中介目标和操作目标上，把利率放在重要位置。因为这些国家都建立了完善的市场利率体系，利率能有效反映资金供求变化。三是越来越重视货币供应量的中介目标作用。四是货币政策目标多元化。除美国、德国外，西方国家货币政策目标一般包括3～4项。③

不同点主要体现在：（1）发达国家货币政策最终目标经历不同的调整过程。美国开始是充分就业、经济增长、物价稳定和国际收支平衡。第二次世界大战后到20世纪70年代，货币政策目标侧重点是充分就业，80年代后为抑制通货膨胀。日本最终目标主要是国际收支平衡和国内物价稳定。其中1955—1973年主要是前者，20世纪70年代后主要是后者。德国以稳定物价为单一目标。（2）发达国家货币政策中介目标不同。第二次世界大战后，美国、德国、日本货币政策中介目标经历从各不相同到大体一致的过程。趋同的过程主要是各国都更加看重货币供应量作为中介目标。不同的是各国货币供应量指标范围有所区别。（3）货币政策工具不同。美国主要工具是公开市场操作，日本证券市场相对较晚，1962年公开市场业务才成为一种货币政策工具。与美国、德国相比，日本银行行政性窗口指导更具特色。特别是，经济高增长时对控制商业银行贷款量起到很大作用。德国主要是利用贴现限额

---

① 裴平，熊鹏．中国货币政策传导研究［M］北京：中国金融出版社，2009.
② 三大法宝为：存款准备金、再贴现和公开市场操作。
③ 裴平，熊鹏．中国货币政策传导研究［M］北京：中国金融出版社，2009.

和利率来调节贴现业务，并以伦巴德贷款①作为贴现政策补充。德国公债市场发展相对滞后，公开市场操作仅仅是货币政策的补充。②

（二）中国货币政策目标

计划经济年代，我国没有现代意义上的货币政策。直到 20 世纪 90 年代中期提出建立社会主义市场经济体制，我国货币政策才提上议事日程。近 30 年来，我国货币政策操作目标、中介目标和最终目标几经演变，渐趋完善。

1. 货币政策操作目标的演变。操作目标是中央银行在实施货币政策时，通过政策工具直接控制的价格、数量目标，它是可以调控中介目标，并为实现最终目标服务的政策变量。尽管中介目标相对最终目标更易控制，但有的中介目标影响因素复杂，如货币供应量（即信用货币量）要受到基础货币和货币乘数两个影响因素的决定，中央银行只能直接控制基础货币，于是基础货币的数量和利率就成为操作目标。各国中央银行操作目标并不完全一致，如美国有准备金和联邦基金利率；英国有货币基数、银行资产与负债、短期利率；日本有银行同业拆借利率、票据买卖利率、短期优惠利率和都市银行贷款量。

1993 年《国务院关于金融体制改革的决定》明确，我国货币政策操作目标是"同业拆借利率和银行备付金率"。这是借鉴西方国家做法，但由于当时我国市场尚不成熟，同业拆借利率还不能准确反映社会资金供求状况，与货币供应量之间也没有稳定的关系；利率市场化程度还不高，各种利率之间的联动关系尚不明确，同业拆借利率还不适合作为政策操作目标。同样，银行备付金率借鉴了德国以银行清偿能力为目标控制货币数量，但也不能完全代表货币数量或者流动性。事实上，当时我国主要以超额准备金或基础货币为操作目标。

2. 货币政策中介目标的演变。③从改革开放到 20 世纪 90 年代初，我国金融市场发展速度较慢，相对滞后，企业融资渠道以银行贷款为主，居民金融

---

① 伦巴德贷款是指，金融机构以有价证券作为抵押，从央行获取的贷款。欧洲一度较为普遍。这种贷款既可以满足金融机构流动性需求，又有利于提升央行贷款的安全性。我国 PSL 与此类似。

② 裴平，熊鹏. 中国货币政策传导研究 [M]. 北京：中国金融出版社，2009.

③ 我国 1996 年正式将货币供应量定为货币政策中介目标，货币量和利率谁更适合中介目标的讨论一直持续。胡海鸥（2000）提出，尽管我国目前利率市场化程度不高，但随着金融市场的发展，经济主体会根据持有货币的成本来决定货币需求，利率高时央行无法如愿增加货币供给，利率低时又无法通过减少货币供给遏制货币需求。因此应以利率为中介目标。程瑶和王芙蓉（2006）认为，市场机制作用下，利率可反映经济主体对于货币的需求，央行可用其调控人们的金融资产结构。王文平（2008）认为，利率"可以及时反映金融市场和实体经济的动态，而且也能迅速向市场传达中央银行货币政策的意图"。与货币供应量相比，利率可以直接影响信贷、投资、消费和储蓄等经济行为，作用更加直接。金融管制的放松、资本市场的发展以及资产证券化程度的提高，利率影响资本市场效果明显。此外，刘志明（2006）、李鹏（2006）、周平（2009）、万一梅（2010）等基本都认为我国应该以利率作为中介目标，不过他们在是否放弃货币供应量以及短期还是长期内用利率的意见不一致。

资产以储蓄存款为主；国有银行占主导地位；对外开放程度低，国际收支变动对货币供应量的影响较小；贷款是银行资产的主要形式。因此，我国货币政策中介目标主要是信贷规模和现金发行。

20世纪90年代以后，直接融资发展加快，国际收支状况对货币供应量的影响越来越大，银行改革的商业化取向提升，信贷规模与经济和货币供应量的相关性下降，其作为中介目标的有效性逐渐减弱。1993年11月，《中共中央关于建立社会主义市场经济体制若干问题的决定》指出："中国人民银行……从主要依靠信贷规模管理，转变为运用存款准备金率、中央银行贷款利率和公开市场业务等手段，调控货币供应量"，同年底《国务院关于金融体制改革的决定》规定中介目标为"货币供应量、信用总量"，1994年第三季度，人民银行开始向社会按季度公布货币供应量；1995年人民银行开始尝试把 M_1、M_2 作为中介目标；1996年人民银行正式将货币供应量作为货币政策中介目标，1998年1月1日取消了贷款规模控制。

3. 货币政策最终目标的演变。关于我国货币政策目标有三种观点：单一目标、双重目标和多重目标。单一目标观点主张货币政策应该是单一目标的，即物价稳定或者经济稳定增长。双重目标观点则认为，货币政策目标应兼顾发展经济和稳定物价。多重目标观点认为，我国货币政策目标须包括充分就业、国际收支均衡、经济增长和稳定物价等诸方面。实际运行中，我国货币政策一度主要盯住物价和增长双目标，但随着我国经济开放和供给侧结构性改革深入，货币政策最终目标也不断调整丰富。

1993年以前是强调发展经济的双重目标制。1985年《中共中央关于制定国民经济和社会发展第七个五年计划的建议》指出，"中国人民银行要……控制货币供应量和贷款总规模，做到既能控制通货膨胀，又能促使经济的协调发展和经济结构的合理化。"1986年《中华人民共和国银行管理暂行条例》规定，"中央银行……应当以发展经济、稳定货币、提高社会经济效益为目标。"1990年《中共中央关于制定国民经济和社会发展十年规划和"八五"计划的建议》指出，"进一步强化中央银行的宏观调控职能……促进国民经济的总量平衡和结构调整，防止通货膨胀。"发展经济作为首要目标与所处发展阶段有关。

1993年后则实行强调币值稳定的双重目标制。《国务院关于金融体制改革的决定》指出，"货币政策的最终目标是保持货币的稳定，并以此促进经济增长"。1995年《中华人民共和国中国人民银行法》以及2003年的修订都没有改变这一表述。2008年国际金融危机后，货币政策目标更趋多元，涉及低通胀，经济和金融稳定，国际收支平衡。①

2012年我国进入新常态，供给侧结构性改革成为经济发展主线，货币政策最终目标在原有基础上增加了"优化经济结构和补齐经济短板"成为货币政策新目标。我国货币政策长期实行多目标制，是受发展阶段和体制机制影响的结果。可以预见，全面建成小康社会之前，央行货币政策最终目标将一直包括：经济增长、结构优化、补齐短板、货币稳定、防范金融风险，而物价稳定目标的重要性暂时有所下降。尽管多目标之间往往出现矛盾，一定程度上会影响货币政策的效果，但货币政策仍需承担多重使命。

（三）中国货币政策工具

中央银行通过政策工具改变自身和其他金融机构资产负债表，影响资金供求和经济运行。《中国人民银行法》第二十二条规定：货币政策工具有存款准备金、基准利率、再贴现、再贷款、公开市场业务及国务院确定的其他政策工具。②

1. 法定存款准备金制度。存款准备金是金融机构为应付客户提取存款和资金清算而准备的货币资金，准备金存款与负债总额之比是存款准备金率。该制度的本意是，银行吸收的存款要留下一些应付存款人随时支取。存款准备金有法定和超额之分，前者是金融机构按中央银行规定上缴的，后者是指准备金总额减去法定存款准备金的部分。实际中，更多的是中央银行通过提高或降低存款准备金率来改变商业银行的信贷能力，影响货币供给，或者通过差异化存款准备金比率调整资金结构，优先支持某些部门或领域。存款准备金政策的调整，既可影响货币乘数，也可通过超额准备金影响基础货币，从而强烈地作用于宏观金融运行。因其对经济金融的冲击较大，在市场经济体系比较完善的发达国家中运用不多。

我国特有国情决定，存款准备金一度成为重要的政策工具。1984年存款准备金制度建立之初的目的是集中资金，是中央银行平衡收支的手段，而非货币政策工具。1989年后，我国法定准备金率为13%，同时还要保持5%~7%的备付金。此后四大国有银行法定准备金和备付金之和一直在20%左右。中央银行为促进结构调整，往往通过再贷款使大量资金回流商业银行，抵消了准备金率变动对货币乘数的影响，削弱了其调控货币供应量的功能。1998年人民银行合并存款准备金账户和备付金账户，下调准备金率5个百分点，

---

① 周小川. 国际金融危机：观察、分析与应对[M]. 北京：中国金融出版社，2012.
② 《国务院关于金融体制改革的决定》指出，货币政策工具包括：法定存款准备金率、中央银行贷款、再贴现率、公开市场操作、中央银行外汇操作、贷款限额、中央银行存贷款利率。相比而言，《人民银行法》根据需要和形势做了简化。

降低对金融机构的存贷款利率。存款准备金缴纳也由层层缴纳变为总行统一缴纳。不统一规定超额准备金或备付金比率,大大提高商业银行在存准上的自主性和资金周转效率。标志着我国存款准备金已成重要调控工具。

2. 再贴现。再贴现是中央银行通过制定和调整再贴现率影响市场利率和投资成本,进而调节货币供应量的工具。再贴现因符合市场化融资要求,在一些国家得以广泛运用。其作用渠道有,一是调整贴现率,影响商业银行的资金成本。二是影响经济主体的预期,发挥"宣告作用",因为再贴现率的升降被等同于利率水平升降。三是通过规定再贴现票据的条件,调整商业银行资产结构,影响信用行为。

1984 年,中国人民银行发布了《商业汇票承兑管理暂行办法》,先在部分城市试行商业汇票承兑和贴现业务。1988 年人民银行首次公布再贴现率,比同期金融机构贷款利率低 5%~10%。由于我国商业票据不发达,再贴现规模一直比较小,再贴现率对货币供应量的调节效果不明显。

3. 公开市场业务。主要指中央银行在金融市场上公开买卖有价证券(主要是短期政府债券,还有长期债券和央行票据等),以调节货币供应的活动。20 世纪 20 年代美联储为解决自身收入问题买卖收益债券时意外发现,这种操作具有公开性、灵活性、主动性、直接性等特点。从此,公开市场业务成为央行货币政策常用工具。公开市场业务的条件:一是中央银行具有干预和控制整个金融市场的资金实力。二是证券的种类丰富,规模较大,结构合理,便于交易。三是有规模较大效率较高的金融市场。四是有健全的金融法律制度,确保金融机构对中央银行的宏观调控信息做出相应反应。五是需要建立高效、灵活的决策交易和清算系统。

中国公开市场业务最早从外汇业务操作起步。1994 年实行银行结售汇制度,建立全国统一的银行间外汇市场。当年 4 月,中国人民银行正式进入银行间外汇市场,开展外汇公开市场业务。1996 年 4 月,人民银行试办债券公开市场业务,以财政部当年发行的短期国债为交易工具,进行了 7 天、14 天和 21 天三个期限品种的正回购交易。1997 年人民银行制定了《公开市场业务暨一级交易管理暂行规定》,确立了我国公开市场业务一级交易制度,并审批了 25 家一级交易商。当前,我国公开市场业务面临的制约有:现行的货币政策框架和传导机制有待健全;利率市场化程度不高,一定程度上抑制了公开市场的作用;货币市场发达程度尚待提升,影响公开市场业务效果传导;目前的债券结算、资金支付系统以及债券交易清算方式不能满足公开市场业务的需要(见表 2-2)。

表 2-2　　　　　　　　中国公开市场业务类型①

公开市场业务	交易品种	交易对手	对市场流动性的影响
回购交易	正回购	以实力较强商业银行为主的一级交易商②	由中央银行向一级交易商卖出有价证券，收回市场流动性
回购交易	逆回购	以实力较强商业银行为主的一级交易商	由中央银行向一级交易商买入有价证券，向市场投放流动性
现券交易	现券买断	二级市场	央行从二级市场买入债券，投放基础货币
现券交易	现券卖断	二级市场	央行从二级市场卖出债券，回笼基础货币
发行央行票据③	短期债券	以实力较强商业银行为主的一级交易商	发行时为回笼基础货币；到期时为投放基础货币
短期流动性调节工具（SLO）	7 天以内短期回购	一级交易商中符合条件的部分机构	投放/回笼流动性
国库现金定存	3/6/9 个月存款	部分商业银行	投放/回笼流动性

　　以上货币政策工具都在央行资产负债表中有所体现：央行资产负债表包括 6 大类资产和 7 大类负债。资产包括国外资产、对政府债权、对其他存款性公司债权（当前最为集中的是中央银行贷款、公开市场操作 OMO、常备借贷便利 SLF、中期借贷便利 MLF、抵押补充贷款 PSL 五类工具）、对其他金融

---

① 该表参考了杨龙光的《股票价格对货币政策实施机制的影响——基于微观运行基础的研究》（西南财经大学 2013 年博士论文），以及沐华、屈俊的《一文看懂央行的七大工具箱》（来自中国人民银行网站）等信息整理而成。

② 中国人民银行 1998 年开始建立公开市场业务一级交易商制度。一级交易商是指具备一定资格、可以直接向国库券发行部门和相关机构承销和投标国债、政策金融债等的交易商团体。一级交易商名单每年由央行公布，动态调整，一般包括资金实力雄厚的商业银行和证券公司。2017 年 3 月公布的一级交易商包括 48 家机构：中国工商银行、中国农业银行、中国银行、中国建设银行、交通银行、中国邮政储蓄银行、国家开发银行、中国进出口银行、中信银行、中国光大银行、中国民生银行、广发银行、上海浦东发展银行、兴业银行、招商银行、平安银行、华夏银行、浙商银行、恒丰银行、北京银行、上海银行、南京银行、河北银行、郑州银行、齐商银行、江苏银行、洛阳银行、徽商银行、广州银行、西安银行、大连银行、福建海峡银行、天津银行、厦门银行、盛京银行、长沙银行、哈尔滨银行、北京农村商业银行、上海农村商业银行、广州农村商业银行、广东顺德农村商业银行、汇丰银行（中国）有限公司、花旗银行（中国）有限公司、渣打银行（中国）有限公司、中信证券、中国国际金融、国泰君安证券、第一创业证券。见《关于公布 2017 年度公开市场业务一级交易商名单的通知》（公开市场业务公告〔2017〕第 1 号）。

③ 随着外汇形势的改变以及我国货币市场、债券市场的进一步发展完善，2013 年以来中央银行票据不再发行，但央票仍在中央银行的货币政策工具箱内。参见李波. 构建货币政策和宏观审慎政策双支柱调控框架 [M]. 北京：中国金融出版社，2018.

性公司债权、对非金融性部门债权、其他资产等。负债包括储备货币、不计入储备货币的金融性公司存款、发行债券、国外负债、政府存款、自有资金、其他负债。①

4. 选择性货币政策工具。包括道义劝说、信贷分配控制、利率控制和对不动产、证券、消费等领域的信用控制。主要以某个商业银行或部分商业银行的资产运用与负债经营活动为对象，结果只影响某些特殊经济领域中的信用和货币状况。这类工具主要是在管制比较突出的经济体或者经济危机期间运用较多，在当今中国并不多见。

比较发现，我国货币政策调控框架是在市场经济国家的经验基础上，结合自身实际逐步确定的。但与其他国家相比，仍有很多不同之处：首先是货币政策目标不同。成熟市场经济国家经济发展相对均衡，发展处在相对成熟稳定的阶段，货币政策的传导渠道较为畅通，货币政策目标相对单一。而我国货币政策则承担了很多目标，而且这些目标随着形势变化在不断调整。其次是，货币政策工具也是有区别的。以美国为例，中美差异有：一是中国利率政策是货币当局直接确定价格，而美国是通过公开市场操作，用货币数量变动引导货币价格（利率）变动。结果就是，中国在货币总量不变的情况下，直接定义价格，而商业银行等市场主体以盈利为目标，在表面遵守央行价格的情况下，在货币供求总量引导下从事经营甚至监管套利活动。

二是中国有贷款规模限制等直接干预贷款量这个货币政策中间环节的工具。而美国主要是通过货币发行和公开市场操作等初始环节，影响货币价格和政策传导。

三是中美之间的货币政策工具侧重点不一样。中国也有公开市场操作，但是一度频率较低，期限品种较单一，近两年随着货币政策大格局的调整，才开始增加公开市场操作频率，创新货币政策工具，而美国基本不用存款准备金等工具。

二、中国货币政策的有效性判断方法

货币政策传导可分为内部传导（即金融内部调节阶段）和外部传导（即金融作用经济阶段）两个阶段。内部传导作用主体是金融体制和金融机构，金融变量是主要经济要素。具体又细分为两个阶段，一是政策工具——操作目标阶段，即从中央银行货币政策工具到银行所持基础货币数量的变动。二是操作目标——中介目标阶段，即从中央银行基础货币量的变动到银行体系的货币供应量的变动。外部传导阶段是银行体系货币供应量变动到企业和居

---

① 李超团队. 从资产负债表角度去看中美央行缩表操作 [N]. 华泰证券研报, 2017-08-07.

民的投资消费需求（开放经济条件下还包括净出口需求）进而 GDP 的变动（见图 2-1）。

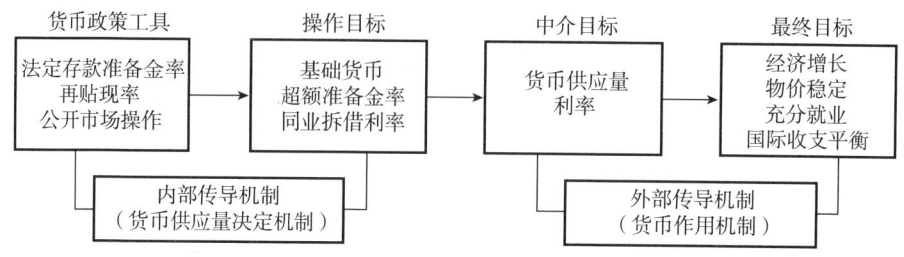

图 2-1 货币政策内外部传导流程①

与之相对应，判断货币政策有效性的方法，第一种是判断政策工具直接作用的操作目标、中介目标等是否与政策设计初衷一致。这种方法容易找出货币政策失效的关键环节和制约。第二种判断方法是判断政策工具在多大程度上实现了最终目标。应该说，货币政策只要没有按照预期影响投资和消费等实体经济，就是效果失灵或打折扣的。但要分析原因或者改进政策设计，还要以第一种判断结果为依据。

我国货币政策效果不彰反映两方面问题。一是货币政策传导机制不畅，损耗了部分货币政策效果，二是经济形势变化对货币政策提出了新的要求，现有货币政策尚不能完全满足。过去我国经济潜在增长率较高，货币政策首要目的是保持物价稳定而非经济增长。新常态下，经济潜在增速大幅回落，物价没有通胀压力，人为将货币政策的目的调整为促进经济增长。但经济新常态的核心是，经济结构的调整和发展方式的转变。因此，既要发挥作为总量工具的货币政策功能，又要在结构调整过程中保持审慎和稳健，为结构调整和转型升级营造中性适度的货币条件。② 在中国目前传导渠道下，货币政策能否实现这一目标还是未知数。

基于以上原因，部分货币政策难以准确判断效果。如法定准备金率调整会一次性大幅增加或减少流动性供给，而银行体系扩张或收缩贷款，进而增减对流动性的需求则是平缓渐进的，其中有个时滞。为消除短中期的资金供给过多过少现象，央行或者采用正回购等公开市场操作先回收再逐步释放流动性，或者通过逆回购、常备借贷便利（SLF）、中期借贷便利（MLF）补充社会短中期流动性，又或者运用再贷款、再贴现和抵押补充贷款（PSL）等工具引导金融机构支持"三农"、小微企业和棚户区改造等重点领域和薄弱环节。因此，判断调整准备金政策效果时，既要考虑到时滞，也要扣除公开市

---

① 裴平，熊鹏等. 中国货币政策传导研究 [M]. 北京：中国金融出版社，2009.
② 张晓慧. 货币政策的发展、挑战与前瞻 [D]. 中国金融，2015 (19).

场操作、SLF、MLF 和 PSL 等的影响，难度可想而知。① 一种解决办法是，纵向比较，看大体相同的环境中，类似货币政策产生的效果孰大孰小，并分析其中原因，探寻改革方案。

三、中国货币政策传导渠道分析框架

本书综合采用了定量和定性分析相结合、归纳和演绎分析相结合、横向和纵向比较相结合、理论和案例分析相结合的研究方法，梳理了大量相关研究文献，搭建了利率渠道、汇率渠道、信贷渠道和资产价格渠道的完整研究框架，总结回顾了重大改革历程，分析了货币政策传导现状和存在问题，提出了疏通货币政策传导渠道的对策建议。

货币政策传导过程可分为经济变量的传导和机构部门的传导。经济变量传导的路线是：货币政策工具→货币政策操作目标→中介目标→最终目标。机构部门传导的路线是：中央银行→金融机构（金融市场）→企业和居民个人→经济总量。这里经济总量首先应该是企业的投资和居民消费，其次才是GDP，前者和后者之间存在一个增加值率的差异，即货币政策可能刺激投资和消费，但并不必然同等程度反映到 GDP 上面。

中国处在经济和金融大调整、大变革时期，货币政策传导的市场主体多样、传导链条复杂、金融市场欠发达等，影响了货币政策效果的实现。② 货币政策因为涉及几乎所有的市场主体，只有在公开灵敏的价格机制作用下，才能真正实现"政策—效果"的传递。公开灵敏的价格机制离不开完善的金融市场，金融市场是由银行、证券、基金、保险等主体，以及货币市场、外汇市场、股票市场、债券市场等各类交易场所和交易机制构成。我国金融市场主要包括：货币市场、债券市场、票据市场、股票市场、保险市场、外汇市场、黄金市场。前三个市场是我国金融市场利率的重要组成部分，但是由于规模不同，而且改革的方向决定着未来利率体系。目前我国国有银行占主体地位，直接融资比重偏低，利率和汇率形成机制尚未完全市场化，各类市场和交易机制还不完善，无疑将影响货币政策传递的效果。

本书认为，货币政策传导的原理和过程类似钟表等精密机械运行：一个有限的外力，通过近乎零摩擦力的齿轮等复杂机械装置，最大限度传导到终端，同时实现整个装置持续稳健运行等多个目标。比如天津世纪钟重达 180 吨，仅时针、分针就重达 180 公斤，靠着 30 多个齿轮和链条，就能不舍昼夜、持续运转，一旦出现误差，机械机芯、主控制器和 GPS 控制器就能对钟表系统进行干预，使之回到准确时间（见图 2-2）。不同的是，物理概念、

---

① 通过 2015 年第二季度中国货币政策执行报告可以发现其中影响流动性的因素。
② 陈雨露，汪昌云. 金融学文献通论（宏观金融卷）[M]. 北京：中国人民大学出版社，2006.

物理运行和精确程度与经济概念、经济运行、经济结果有所不同。比如，货币政策中的"外力"是央行的存款准备金率、基准利率、公开市场操作等；"齿轮"等装置是货币市场、债券市场、信贷市场及其中的利率，以及商品和服务市场等的价格等；"摩擦力"既包括金融领域也包括实体经济领域，比如国有企业预算软约束，影响价格信号作用，再如人民币汇率形成机制市场化程度低，影响外汇政策效果等；功能目标包括物价稳定、经济增长、就业充分、国际收支平衡、金融安全等。正是经济和物理在精度等方面的一系列区别，决定了"尽管经济学家对货币政策传导机制进行了不遗余力的研究并取得了重大进展，但仍没有就货币政策如何影响经济的问题达成一致。"

图 2-2 天津世纪钟①

结合货币政策效果判断方法和我国实际情况，本书认为，货币政策传导效果主要决定于几方面因素：

一是价格信号是否健全。包括商品市场和要素市场，实体经济和金融领域，只有价格形成是市场化的而非管制的，是全面真实的而非半真半假的，才能准确反映市场供求关系，使货币政策工具操作结果灵敏地反映到政策利率上，进而引导各类金融市场利率变动，金融市场利率改变金融机构和企业

---

① 天津世纪钟高40米，重180吨。每面直径14米，面积约154平方米。时针、分针总重量180公斤。30多个钢制齿轮（类似金融市场），大量链条（各种利率）、螺钉、铆钉。由机械机芯、主控制器、GPS控制器、时针、分针组成。机芯自重98公斤，承载180公斤的时、分针常年运转（类似实体企业）；主控制器是持续走时、自动报时、转动轮定时转动、夜间发光的控制装置（类似金融机构）；GPS控制器是校时、校对机构，确保时钟长年无误差走时（类似央行调控）。

行为，最终形成整个市场和货币传导渠道全流程的行为互动，引导资源走向，传递政策意图。

二是市场主体对价格的敏感度。发挥价格信号作用，需要政府放开价格形成机制，还要有市场化的主体，能准确识别价格信号，并对价格信号做出理性反应。这就需要参与货币政策传导的市场主体是追求利润最大化且不存在预算软约束的市场主体。国有企业过多对价格不够敏感，具有垄断地位的市场主体对价格不敏感。另外，一些实体企业从事金融活动脱离监管视野，其行为选择也容易与政策意图相背离。

三是经济结构的差异。各国产业结构、需求结构、融资结构和杠杆率情况不同，不能简单比较国内外货币政策效果，甚至国内不同时期也不好比较。产业方面，三次产业的增加值率不同，就业容纳能力不同，同样力度的货币政策，对经济增长和就业的影响不同。杠杆方面，以 M_2/GDP 衡量的杠杆率较低时，金融资源对经济增长的边际效果更大，相反，杠杆率偏高后，货币政策刺激经济效果将大打折扣。融资结构方面，金融领域银行占比过高，而且，一旦银行到非银金融机构环节的货币政策传导不畅，"大而不能倒"的银行利益和经营受到货币政策变化冲击时，就会引起抵触性行为，弱化政策效果。正如周其仁所说，货币似蜜，最后还是水。资金在"引力"作用下，往往流向价格高地、政策高地、收益高地、风险洼地——收益和风险平衡后净收益较大的领域，这些领域与资金需求、经济升级和政策鼓励的方向不一定完全一致，货币政策优化经济结构的目标难以充分实现。

四是货币政策的独立性程度影响政策效果。货币政策独立，政策效果更容易在经济变量中得以体现。否则，政策被境内外投机套利资金利用，效果外溢，国内效果打折甚至扭曲。比如，在美国加息预期的背景下，中国增加信贷投放进而增加 M_2，面临国内通胀和人民币贬值双重压力，部分资本就会加速出逃，与人民币贬值形成正反馈机制，国内稳增长货币政策面临掣肘。另外，货币政策独立性也是保证货币政策目标稳定、力度合理的前提，如我国金融危机后的 2009 年，货币政策力度一度较大，此后出现资源浪费、生态破坏、产能过剩等一系列后果，与货币政策不无关系。蒙代尔不可能三角认为，固定汇率、资本项目管制和货币政策独立三者不可能同时实现，多数情况下只能三选二。我国现阶段，货币政策独立尤其重要，是必保目标。

五是不同类型的经济周期中，货币政策效果不同。当前经济处在长周期的下行阶段或者底部徘徊阶段，实体经济的投资收益率偏低，部分领域甚至为负，多个经济体不得不实行负利率，而且有经济体将促进通胀定为政策目标。国内的银行体系或者银行与其他金融机构之间的套利空间较大，资金脱实向虚的动力和趋势明显。这种情况的根本原因是，经济中的有效供给跟不上，有效需求尚未得到充分释放，市场预期低迷，投资和消费意愿受到抑制。

历史经验是,这种情况下,只有在重大科技产业革命发生,并在各领域广泛应用,引起社会生产生活方式重大变化,经济成本显著降低,经济效率大幅提升的过程中,经济才能走上复苏繁荣之路。否则货币政策效果难以十分明显。相反,过度的宽松政策,还容易引起投机行为,导致物价"鼓包"或者金融市场畸形发展,从而提升金融风险。只有在经济处在短周期的阶段中,社会尚未形成完全一致的心理预期,产业革命成果处在总体推广阶段中,金融发展基本与实体经济相匹配,这时的货币政策才能更有效果。

可见,货币政策传导不畅有货币政策自身的问题,也有整个金融领域的问题,甚至有更广范围的经济领域的现实约束。研究货币政策效果,要同时考虑到价格、市场主体的价格敏感度、经济结构、货币政策的独立程度和经济周期等因素。基于以上分析,本书将货币政策传导渠道分为四种:利率渠道、汇率渠道、资产价格渠道、信贷渠道。又可以细分为中央银行及货币政策工具、监管机构及监管举措、商业银行及非银金融机构行为、金融市场及交易机制、实体企业和居民的行为选择等。

本书从四个渠道展开,先分析各渠道传导货币政策的理想状态,再结合每条渠道中的相关改革,总结现状、发现问题,结合货币政策目标提出改进建议。货币政策创新是我国的全新尝试,在货币政策转型过程中具有重要意义,本书专门分析近年来货币政策工具创新的效果。研究逻辑框架见图2-3。

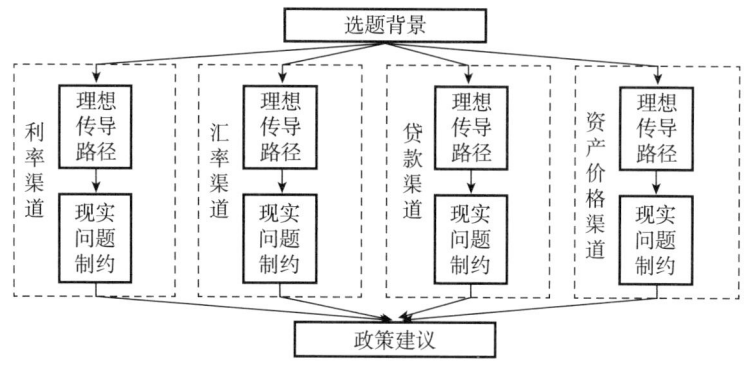

图2-3 本书逻辑框架

第三章 利率渠道：现状、问题和对策

发达经济体货币政策普遍经历了"利率—数量—利率"循环往复的过程，目前利率渠道都是重要的货币政策传导渠道。我国在向价格型调控为主的货币政策转型过程中，利率渠道作用更加突出。为此，我国持续推进利率市场化进程，2015年10月取消存款利率上限标志着利率市场化改革已经完成"放得开"，但因为"形得成"和"调得了"目标仍未完全实现，成为下一步疏通货币政策利率传导渠道的重点。

第一节 利率渠道理想传导过程

过去相当长的时间里，我国利率传导渠道主要是靠央行确定存贷款基准利率，即央行确定各个期限的终端利率的中枢，配以浮动幅度管理，倒逼货币市场和债券市场的价格形成，商业银行在此基础上适当上下浮动，形成企业和居民的投融资利率。特点是直接反映调控意图、政策传导流程短，不足是存贷款利率是终端利率，行政色彩较浓且央行往往无法掌握经济和金融体系的足够信息，制定的基准利率往往不能及时准确反映资金的市场供求关系，影响灵敏性和准确性。

金融危机后，随着货币发行环境变化和利率市场化的推进，央行逐渐淡化了存贷款基准利率的作用，开始丰富政策工具，更多运用SLF、MLF、公开市场操作等工具调节金融市场流动性，监测并保证短期利率在利率走廊内部波动，从而带动长期利率走向，最终传导到企业和居民，利率市场化程度明显提高。此时的利率渠道的运行机制是：央行通过存款准备金、再贴现、公开市场操作等货币政策工具，直接改变中央银行各项政策利率，引导货币市场利率，在金融机构套利性资产配置作用下，间接影响债券收益率，进而影响商业银行存贷款利率，即企业和居民的投资收益和融资成本，最终影响企业投资和居民消费（见图3-1）。

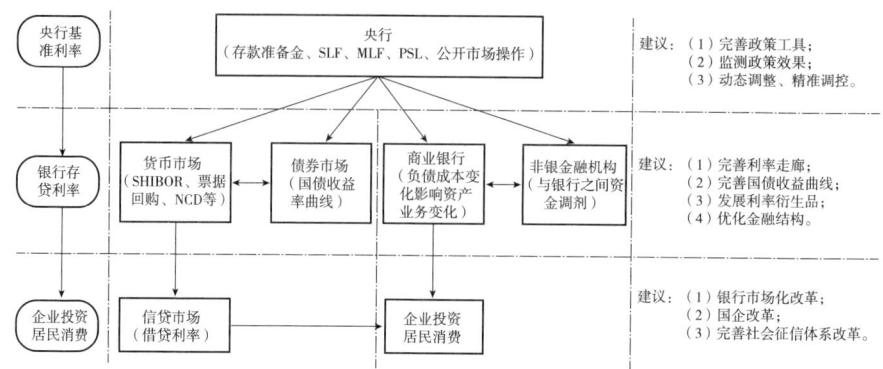

图 3-1 利率渠道整体示意

货币政策传导涉及中央银行、监管当局、商业银行和非银金融机构、企业和居民等市场主体，经过央行利率体系、货币市场、债券市场、信贷市场等市场，形成存款准备金率、再贷款和再贴现利率、票据回购利率、同业拆借利率、债券利率和存贷款利率等。从利率指标看，理想传导渠道有如下过程：一是政策利率—债券利率。即政策利率上升（如紧缩性公开市场操作）—银行体系流动性收缩—银行可投资债券资金减少—债券收益率上升；或者短期政策利率上升—做空长债—拉升中长期债券收益率。二是政策利率—贷款利率。即政策利率（短期利率）上升—债券收益率上升—银行更多配置债券—可贷资金减少—贷款利率上升。三是政策利率—存款利率。即政策利率（短期利率）上升—债券收益率上升—居民减少银行储蓄、增加债券投资—部分银行为放贷竞相吸存—存款利率上升。四是短端利率—长端利率。即金融机构通过债券市场、信贷市场等，使短端利率向中长期传导，进而影响市场主体行为和物价（见图 3-2）。

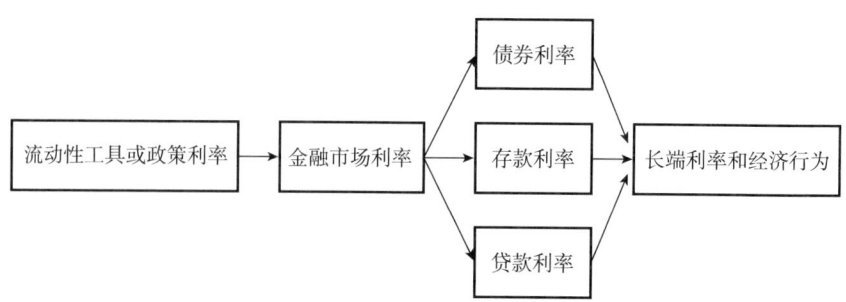

图 3-2 利率渠道关键指标示意

因此，货币政策能否通过利率变动传导到实体经济，首先取决于货币当局是否制定适合国情的货币政策目标和工具，监管是否严格规范，在此基础上，还取决于利率是不是市场化主体在完善的金融市场中形成以及不同市场之间利率是否能有效互动。同时，货币政策在多大程度上改变企业投资和居民消费行为，也与实体经济的产业结构、投资回报率、消费能力和消费倾向等有关。

第二节　我国利率体系概况、改革和创新

中国从计划经济转轨而来，金融体系中还有诸多非市场化的主体和不完善的市场，利率构成、形成机制、价格传导、调节措施等都有自身的特点。尽管经历了 20 多年市场化改革，但我国利率形成机制和不同利率之间相互影响传导尚未完全满足货币政策传导要求。

一、利率体系概况

按资金借贷环节和性质划分，我国利率体系可分为中央银行利率、金融市场利率与存贷款利率三类。中央银行利率又称为政策性利率，是指中央银行与金融机构之间借贷的利率，包括法定及超额准备金存款利率，再贷款（再贴现）利率和公开市场操作利率。中央银行设定或以市场方式确定上述利率（如公开市场操作利率），以影响基础货币总量或金融市场利率，实现调控意图。金融市场利率主要是机构之间资金的借贷利率，金融市场又细分为货币市场、债券市场等，前者主要有同业拆借利率、银行间国债回购利率、交易所国债回购利率[①]、央行票据利率；后者包括各期限的国债、地方债、金融债、企业债、市政债等的债券收益率和发行利率。应该说，金融市场利率已经具备了市场化制度框架，但具体市场欠发达，交易标的不丰富，交易主体市场化主体差别大等，一定程度影响了金融市场利率的市场化程度。存贷款利率是金融机构针对企业和居民客户的零售利率，过去由于金融机构定价能力不足、自律机制缺位，利率处于管制状态，商业银行主要执行央行确定的基准利率。2015 年 10 月后，央行存贷款基准利率已不具有强制性意义，利率反映资金供求的能力有所增强，但是由于利率市场化配套政策尚不健全，非市场化主体和金融机构刚性兑付的存在，只能说存贷款利率目前正处于市场化进程中。目前我国形成了相对完整的利率体系（见图 3-3）。

---

① 回购利率指的是，持有国债的银行将债券抵押给其他银行融入资金，并约定一定时期（多是 7 天）后以某个年化利率回购国债，这个年化利率就是国债回购利率。

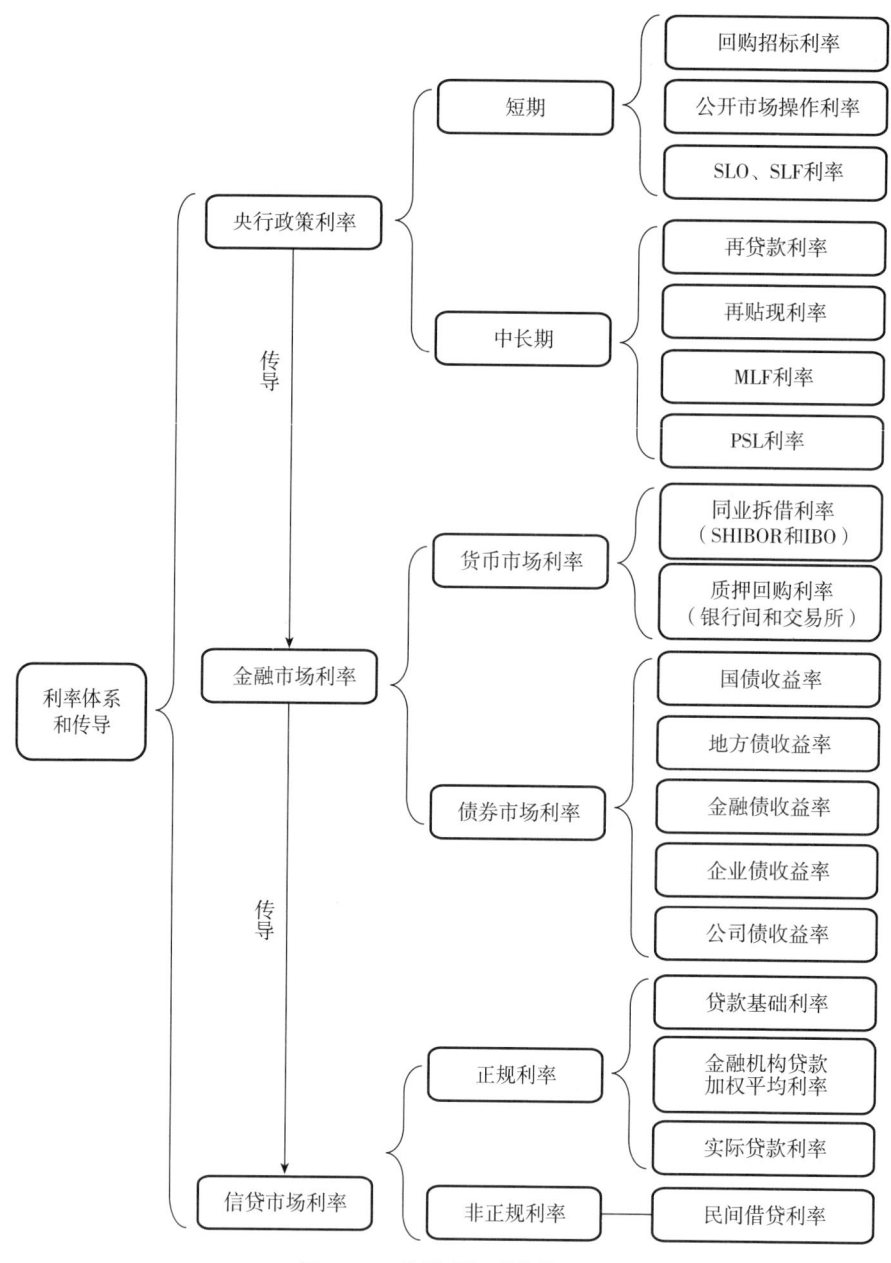

图 3-3 我国现行利率体系

按利率在金融体系中的作用分,我国利率体系分为基准利率和非基准利率。基准利率指在从央行到企业和居民的各环节中,每个环节众多利率中的少数可以作为金融机构或投资者参考标准的利率,具有较强的示范性和引导性。除央行确定的存贷款基准利率外,还包括:(1)政策性利率中的交易量大、利率波动适度、反映央行调控意图较好的政策利率,如调节短期流动性的公开市场操作利率、常备借贷便利(SLF)利率和调节基础货币的中期借贷便利(MLF)利率。(2)金融市场中的基准利率,如上海银行间同业拆放利率(SHIBOR),银行间质押式回购利率等。(3)存贷款环节的基准利率,如存贷款基础利率(LPR)①。2008年国际金融危机后,央行票据减少导致正逆回购随之减少,SHIBOR的短期基准利率作用显著扩大。中长期市场中,国债利率作用日益突出。②非基准利率则指,在基准利率基础上衍生出的、市场化程度较高的、市场影响有限的下游利率,如可转让定期存单(CD)利率、企业债利率、银行理财利率。

不同国家经济金融情况决定,其利率体系、形成机制、灵敏程度等都有所不同。发达国家利率体系包括基准利率和市场利率等。基准利率方面,英国(Libor)、美国(FFR)、日本(Tibor)、新加坡(Sibor)等以同业拆借利率为基准利率;德国(1W和2W回购利率)、法国(1W回购利率)、西班牙(10D回购利率)等以回购利率为基准利率。市场利率方面,美国主要包括商业票据利率、可转让大额存单利率,欧洲美元存款利率,银行优惠贷款利率,二级市场国债利率,企业债券利率,州及地方政府债券利率,一般抵押债券利率等。

二、利率体系改革

在建立社会主义市场经济体制目标指引下,1996年货币政策开始转型,利率市场化改革启动并按照"先放开银行间利率,后放开客户利率;先放开外币利率,后放开本币利率;先放开贷款利率,后放开存款利率;先放开大额存款利率,后放开小额存款利率"的顺序推进。在此过程中,人民银行形成了"放得开、形得成、调得了"的改革原则,一直到2015年10月,随着存款利率上限的取消,"放得开"基本实现,利率市场化改革重心转向"形得成"和"调得了"。

1. 不断扩大市场主体自主定价空间。利率市场化改革,本质是将市场均衡利率的发现和决定权由中央银行向市场主体转移。核心任务是通过不断放松利率管制,扩大市场主体的自主定价空间,优化金融资源配置。为此,1996年以来,人民银行先后放开了我国货币市场和债券市场利率、境内外币存贷款利率以及人民币贷款和存款利率。③

---

① 2019年8月后改为贷款市场报价利率,基准作用更加突出。
② 但国债利率面临银行间债券市场和交易所债券市场分割,且交易所市场代表性不足,中长期债券品种缺少等问题,影响市场间利率联动。
③ 1996年以来,人民银行累计简化、放弃了140种左右利率的管理。

率先推进货币市场和债券市场利率市场化。1996 年 1 月,全国统一同业拆借市场的建立,为放开银行间拆借利率创造了制度、技术条件。同年 6 月,人民银行明确银行间同业拆借市场利率由拆借双方根据市场资金供求自主确定,标志着我国利率市场化改革迈出了开创性的一步。在此基础上,随着 1997 年全国银行间债券市场的建立,人民银行决定同步放开银行间债券回购利率和现券交易价格。同时,积极推动债券发行利率市场化定价。银行间市场上政策性金融债和国债发行,于 1998 年和 1999 年先后采用招投标方式市场化定价。随着直接融资的发展,非金融企业债务融资工具、公司债券等公司信用类债券的发行也实现了市场化定价。债券一级市场发行利率的市场化,大大提高了二级市场债券交易的活跃程度,促进了债券市场的发展。

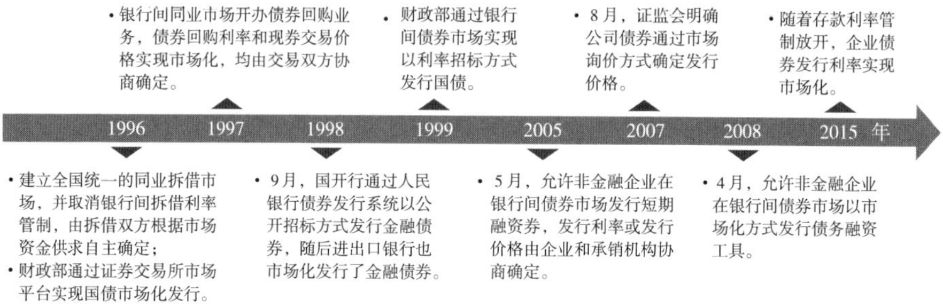

图 3-4 我国货币市场和债券市场利率市场化路径

分步放开境内外币存贷款利率。2000 年 9 月,人民银行宣布放开外币贷款利率,各项外币贷款利率及计结息方式由金融机构根据国际市场的利率变动情况及资金成本、风险差异等因素自行确定。同时放开大额外币存款利率,300 万美元及以上或等额其他外币的存款利率由金融机构与客户协商确定。2003 年 11 月,对小额外币存款利率只作上限管理;2004 年 11 月,放开 1 年期以上小额外币存款利率。截至 2015 年 5 月,除境内 1 年期(含)以内美元、欧元、港元和日元小额(300 万美元以下或等值外币)存款利率仍有上限外,其他外币存贷款利率都已市场化。

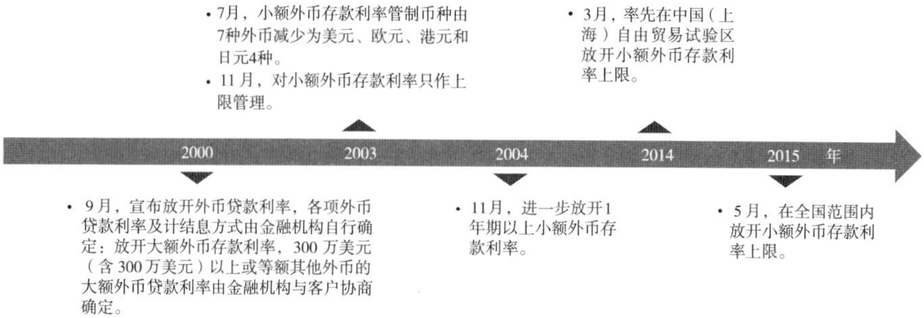

图 3-5 我国境内外币存贷款利率市场化路径

全面放开人民币贷款利率管制。1987年1月，首次允许商业银行贷款利率可以国家规定的流动资金贷款利率为基准上浮最高不超过20%。此后多次放宽贷款利率浮动区间，2004年10月29日，我国取消设定金融机构（不含城乡信用社）人民币贷款利率浮动区间上限，下限保持为贷款基准利率的0.9倍，同时将城乡信用社的贷款利率浮动区间上限扩大为基准利率的2.3倍。2012年6月和7月，人民银行又分两次将贷款利率下限逐步调整至基准利率的0.7倍。随着金融机构贷款自主定价能力的不断提升，2013年7月20日起，全面放开贷款利率管制，取消除商业性个人住房贷款以外的贷款利率下限，放开贴现利率管制，不再对农村信用社贷款利率设立上限。2019年8月20日，改革完善贷款市场报价利率（LPR），在MLF利率基础加点形成LPR利率，增加报价行和期限品种，压缩报价频率。

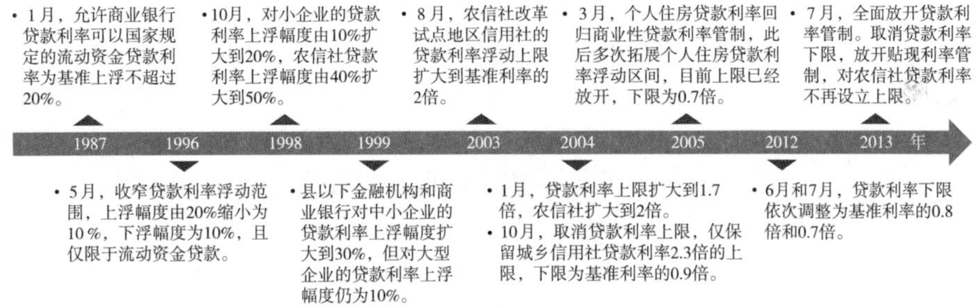

图 3-6 我国人民币贷款利率市场化路径

稳步推动人民币存款利率市场化。1999年10月，人民银行批准金融机构开办市场化定价的长期大额协议存款业务，此后不断扩大协议存款人范围，积极探索存款利率市场化途径。同时，逐步扩大金融机构存款利率浮动区间。2004年10月29日，人民银行对人民币存款利率实行上限管理，上限为存款基准利率，下限放开。2005年3月，人民银行进一步放开了金融机构同业存款利率。2012年6月，人民银行允许金融机构人民币存款利率上浮，浮动区间的上限为存款基准利率的1.1倍。此后两次放大浮动区间，2015年10月23日，央行宣布对商业银行和农村合作金融机构等不再设置存款利率浮动上限，这意味着我国利率管制已基本放开。

图 3-7 我国人民币存款利率市场化路径

2. 培育市场化利率形成机制。利率市场化,不仅要赋予市场主体更多的自主定价权,还要培育多方面基础条件,建立健全市场化利率形成机制,通过竞争形成合理均衡价格。

引导金融机构不断提高自主定价能力。在稳步推进利率市场化的同时,金融机构加强定价机制建设。目前主要金融机构均已建立了利率管理的决策、授权和执行架构,健全了市场化产品、存贷款定价及内部转移定价机制,形成了基于内部转移定价的全成本绩效评估体系,开发了支持定价的管理信息系统,自主定价水平不断提高。

构建和培育货币市场基准利率体系。基准利率作为金融产品定价的参考,对准确反映市场资金供求状况,增强金融机构自主定价能力,疏通利率政策传导渠道,维护市场竞争秩序等具有重要意义。我国货币市场发育较早,地位重要,较大程度上发挥了基准利率的参考作用。2006年9月构建并于次年初运行的上海银行间同业拆放利率(SHIBOR),是由信用等级较高的银行自主报出的人民币同业拆出利率的算术平均利率,是单利、无担保、批发性利率,包括隔夜、1周、2周、1个月、3个月、6个月、9个月及1年等八个期限品种。① 近年SHIBOR的基准地位逐步提高,为拆借及回购、票据、短期融资券、浮动利率债券及衍生产品等提供了定价参考。

3. 逐步完善中央银行利率调控体系。利率市场化后,中央银行需加强和改善利率调节和传导,稳定经济增长和物价。过去,我国央行主要靠调整存贷款基准利率实施调控,近几年,随着再贷款(再贴现)利率形成机制、存款准备金利率制度、完善公开市场操作体系等变化,中央银行利率调控体系不断完善。② 人民银行的利率调控过程主要是,根据宏观经济金融形势,适时适度调整存贷款基准利率,同时通过公开市场操作(如回购、逆回购等)、准备金率及再贷款/再贴现(如SLF、PSL)等调节商业银行流动性,引导利率走势,将央行的政策意图由短期利率传导到中长期利率,由货币市场利率传导至其他金融产品的定价,最终影响企业和居民的投资、消费行为。③

---

① 全国银行间同业拆借中心负责对SHIBOR发布和报价行进行考评。根据考评结果实行淘汰制,每年淘汰一家报价行。首批SHIBOR由16家报价行组成,2018年初为18家。每个交易日,同业拆借中心根据报价行的报价,删除最高最低各4家报价,对其余报价进行算数平均得到每个期限的SHIBOR,并于11:00通过SHIBOR官方网站发布。参见纪志宏. 金融市场创新与发展[M]. 北京:中国金融出版社,2018:177.

② 比如在2003年12月21日,我国央行改革准备金存款利率制度,分别对金融机构法定准备金存款和超额准备金存款采取不同的利率来计息,由此超额准备金存款利率客观上成为货币市场利率的下限。

③ 张晓慧. 稳步推进利率市场化改革[J]. 中国金融,2013(16).

三、利率体系创新

为应对利率市场化、适应我国货币发行方式变化和居民投资理财意识提高的趋势，市场上金融品种日趋丰富，利率品种不断增加，近两年比较突出的新利率有以下几种：

一是银行理财产品收益率。随着银行理财产品的发展，其收益率成为利率体系中的重要一员。与其他市场利率（如 SHIBOR）不同的是，理财产品资金主要来源于实体经济（企业和个人），其收益率较好地反映了金融机构（银行）从实体经济融入资金的真实成本。而利率政策影响实体经济的主要效果取决于终端市场的利率敏感性。理财产品收益率作为一种市场化的终端价格信号，是利率政策传导至实体经济的最真实反映，是对我国当前利率政策传导及评价机制的有效补充。理财产品收益率能较好地反映市场主体对经济走势的预期，具有"准存款"性质，反映市场化条件下的价格水平，是一种综合市场价格信号。

理财产品收益率曲线可在货币政策决策和操作中发挥重要作用。其一有助于货币当局预判形势。理财产品收益率曲线出现连续下（上）时，表明市场对未来前景有所担忧（乐观），应及时实施相对宽松（紧缩）的货币政策，以减缓经济波动。其二为存款利率调整提供参考。利用理财产品收益率能够有效评估存款利率水平，可将其纳入利率调整决策的参考体系。即当 CPI 连续上升（下降），且理财产品收益率曲线经过均差移动后，向上（下）穿透存款收益率曲线时，可视为加息（降息）窗口已经打开。其三判断公开市场操作的力度及成效。公开市场操作会迅速影响银行间同业市场（如 SHIBOR）。但因存贷款利率管控和市场主体不够敏感，公开市场操作影响终端市场的效果难以及时判断。鉴于理财产品收益率与 SHIBOR 走势高度相关且能更准确反映终端市场价格，可据此判断公开市场操作效果，为加大或减小操作力度提供依据。[①]

二是大额存单（Certificates of Deposit，CD）构建市场化存款利率。随着存款理财化和银行负债端竞争加剧，为稳定一般存款，央行推出 CD 主动负债。CD 是银行业存款类金融机构面向个人、非金融企业、机关团体等发行的一种大额存款凭证。与一般存单不同，CD 到期前可以转让，期限不低于 7 天，投资门槛高，金额为整数。我国 2015 年 6 月 15 日正式推出 CD。作为一般性存款，CD 利率高于同期限定期存款，大多在基准利率基础上上浮 40%，少部分银行上浮 45%，而定期存款一般最高上浮在 30% 左右。

---

① 王江渝. 理财产品收益率在利率体系中的作用 [J]. 中国金融，2013（10）.

在存款利率市场化的过程中，很多国家银行都曾发行大额存单（CD）留住存款。CD有利于有序扩大负债产品市场化定价范围，健全市场化利率形成机制；锻炼金融机构的自主定价能力，培育企业、个人等零售市场主体的市场化定价理念。规范化、市场化的CD逐步替代理财等高利率负债，有利于降低社会融资成本。鉴于此，中国人民银行2015年6月制定了《大额存单管理暂行办法》（以下简称《办法》），并推出大额存单产品。首批发行机构包括工商银行、农业银行、中国银行、建设银行、交通银行、浦发银行、中信银行、招商银行、兴业银行9家市场利率定价自律机制核心银行，后逐步扩大到多家银行。①

三是贷款基础利率（Loan Prime Rate，LPR）确定市场化贷款利率的中枢。LPR是商业银行对最优质客户执行的贷款利率，其他贷款利率可在此基础上加减点生成。LPR的集中报价和发布机制是在报价行自主报出本行贷款基础利率的基础上，全国银行间同业拆借中心对报价进行加权平均计算，形成LPR并对外公布。初期仅公布1年期贷款基础利率。LPR报价银行最初由10家市场利率定价自律机制核心成员（工行、农行、中行、建行、交行、民生银行、招商银行、中信银行、兴业银行、浦发银行）组成。② 2019年8月20日，央行将LPR改称贷款市场报价利率，报价行由10家增至18家（新增西安银行、台州银行、上海农村商业银行、广东顺德农村商业银行、渣打银行（中国）、花旗银行（中国）、微众银行、网商银行），要求银行在新发放贷款中参考贷款市场报价利率定价。③

四是PSL利率。国际金融危机后，发达经济体加快投放基础货币，为我国央行的基础货币投放创新探路，借PSL的利率水平来引导中期政策利率，以实现央行在短期利率控制之外，对中长期利率水平的引导和掌控便是这个创新的结果。因此，新时期央行政策框架成为：弹性利率走廊＋中期政策利率。未来央行对中期政策利率的引导，需要大幅提升PSL规模。此外，还有SLF、MLF等货币政策新工具及其形成的利率。

---

① 以建设银行为例，大额存单的利率水平均在基准利率基础上上浮40%，产品期为3个月、6个月、9个月、1年期、18个月、2年期、3年期7种，利率分别为1.54%、1.82%、1.96%、2.10%、2.52%、2.94%、3.85%。从起点金额看，面向个人的CD起点金额为20万元，以1万元递增，购买当日起计息；面向企业的大额存单起点金额为1000万元，以100万元递增。

② 核心成员不仅参与SHIBOR和LPR报价，发行同业存单、大额存单等市场基准利率创新产品，且享有参与自律机制工作会议并行使审议表决权，涉及市场基准利率培育的金融产品先行先试权。

③ 参见《中国人民银行公告（〔2019〕第15号）》，中国人民银行网站2019年8月17日。

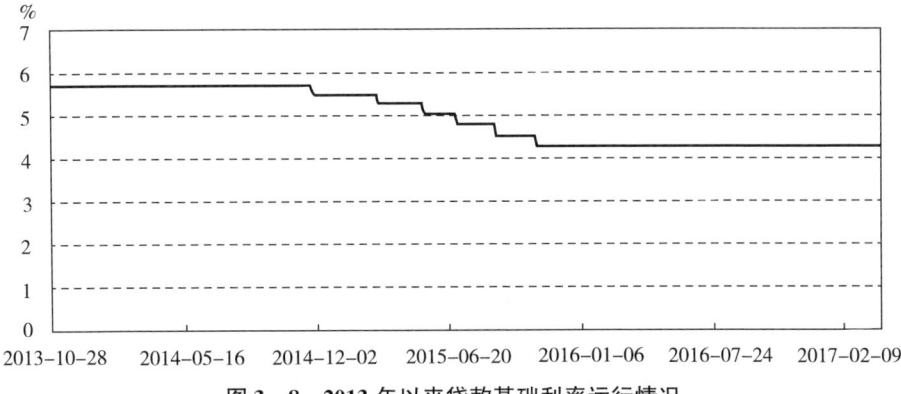

图 3-8 2013 年以来贷款基础利率运行情况

政策利率+利率走廊。所谓政策利率,是中央银行确定并对外公布的,用于反映调控意图的利率或利率组合,既可以是市场利率,也可以是央行操作利率。同时,为实现政策利率目标,更好达到调控市场利率的目的,中央银行还通过向商业银行等金融机构提供存款和贷款便利,从而依靠设定的存款和贷款便利利率区间,来稳定和引导市场利率,也就是利率走廊机制。利率走廊的目的在于,应对意外冲击和稳定市场预期,多数情况下"备而不用"。①

四、货币政策传导各环节基准利率的选取

货币政策传导涉及的主体、环节和利率众多。判断和观察货币政策利率渠道传导效果,首先要选取各阶段观察利率,或称基准利率、参考利率。

1. 政策性利率。在再贷款利率、再贴现率、公开市场操作、常备借贷便利利率、临时流动性调节工具利率、中期借贷便利利率、抵押补充贷款利率等央行给商业银行贷款利率中,根据各自的形成、内涵、交易和利率波动情况等,可确定政策性基准利率。

首先是再贷款利率和再贴现率。再贷款是中央银行调控基础货币的渠道之一。近年来,适应金融直接调控向间接调控转变,再贷款占基础货币的比重逐步下降,且新增再贷款主要用于促进信贷结构调整,信贷主要投向县域和"三农"领域。再贴现是中央银行对金融机构持有的未到期已贴现商业汇票予以贴现的行为,中央银行通过适时调整再贴现总量及利率吞吐基础货币,调整信贷结构。从利率看,再贴现利率和再贷款利率都是央行根据市场形势不定期调整、稳定沿用的,而且呈现期限越长利率越高的特点(见图 3-9)。考虑到再贷款数量有限,再贴现利率成为政策性基准利率(参考利率)的条

---

① 李波. 构建货币政策和宏观审慎政策双支柱调控框架 [M]. 北京:中国金融出版社,2018.

件相对充足。

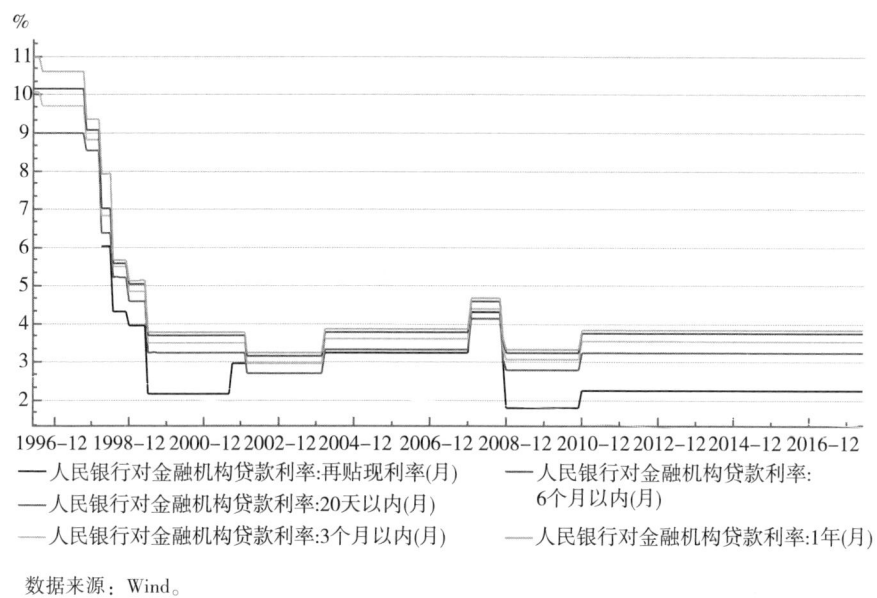

数据来源：Wind。

图 3-9 再贴现利率和再贷款利率情况

其次是正回购和逆回购利率。正回购为人民银行向一级交易商卖出有价证券，并约定在未来特定日期买回该证券的交易，是央行从市场收回流动性的操作，正回购到期则为投放流动性操作；逆回购为人民银行向一级交易商先购买后卖出有价证券的交易，是央行向市场上投放流动性的操作，逆回购到期则为收回流动性操作。从数量变化看，金融危机以来一直到2011年前后，正回购操作占主要地位，平均一次交易量800亿元左右，最高时接近2000亿元。但是，2011年后频率降低，2014年以后正回购基本停止了，代之以逆回购操作。逆回购数量高于正回购，日均在2000亿元左右，最高时达4500亿元左右。[①] 从期限看，我国正回购品种主要有7天至364天共七个品种，逆回购主要包括7天到63天四个品种。正回购数量较多集中在14天、28天和91天三种，逆回购主要集中在7天和14天（见图3-10、图3-11）。从利率看，期限越长的产品的利率波动幅度越大（见图3-12、图3-13）。可见，目前条件下，7天和14天逆回购利率更有可能充当政策性基准利率（参考利率）。

---

① 根据中国人民银行2016年2月18日《公开市场业务公告〔2016〕第2号》，根据货币政策调控需要，原则上每个工作日均开展公开市场操作。如因市场需求不足等原因未开展操作，也将发布《公开市场业务交易公告》予以说明。

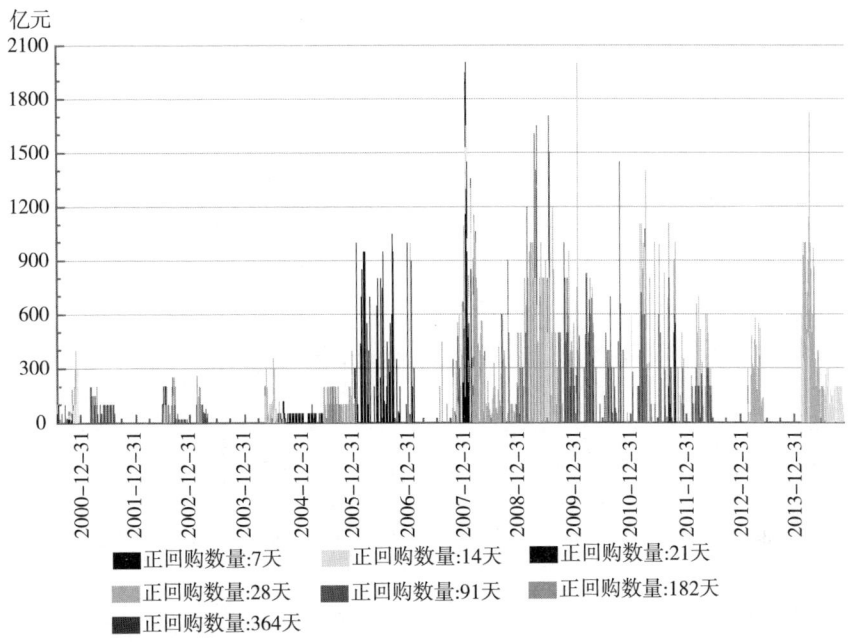

数据来源：Wind。

图 3-10　2000年以来各期限正回购数量构成情况

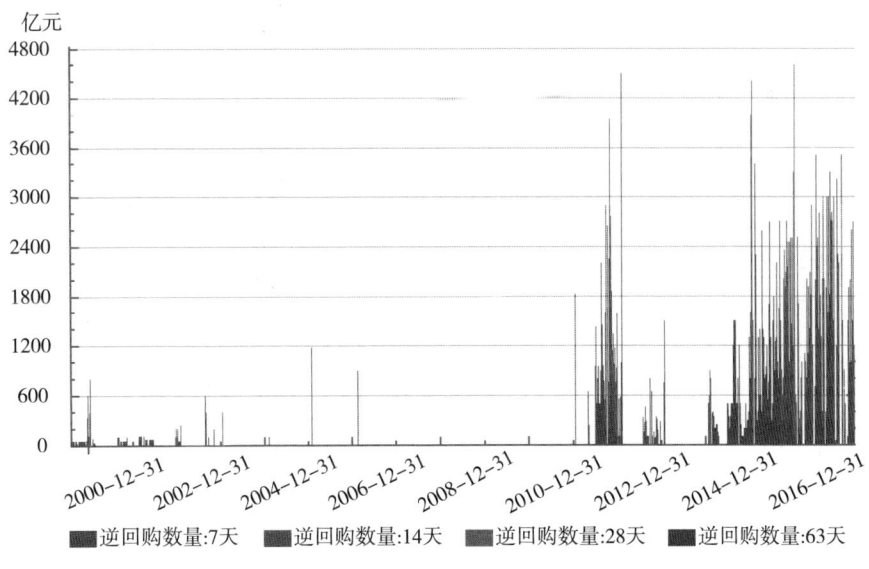

数据来源：Wind。

图 3-11　2000年以来各期限逆回购数量构成情况

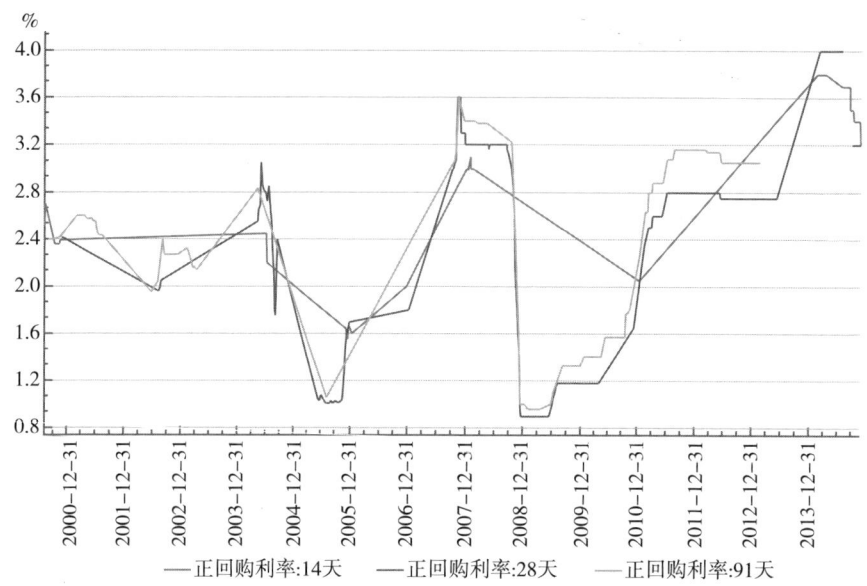

数据来源：Wind。

图3-12 主要品种正回购利率波动情况

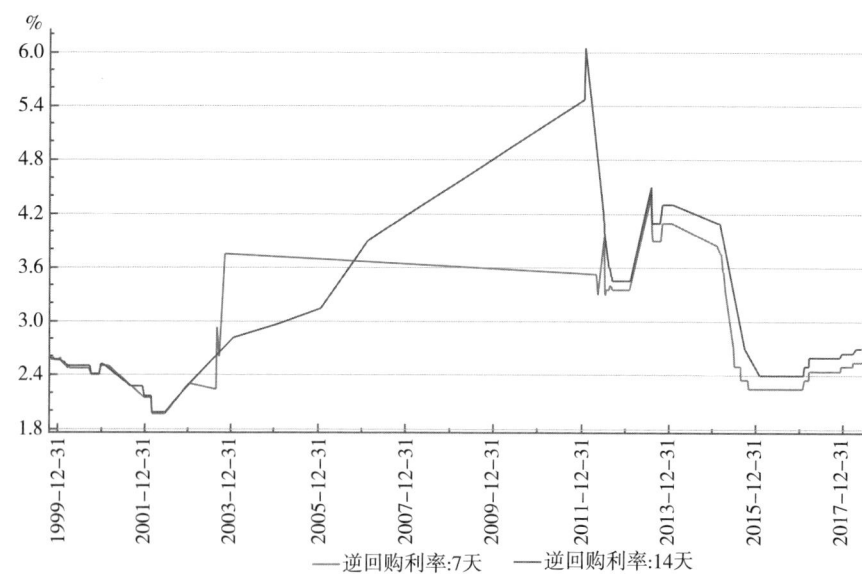

数据来源：Wind。

图3-13 主要品种逆回购利率波动情况

最后是常备借贷便利（SLF）和短期流动性调节工具（SLO）利率。借鉴全球大多数中央银行借贷便利类货币政策工具的经验，人民银行2013年初创设了常备借贷便利（Standing Lending Facility，SLF），用以满足金融机构期限较长的大额流动性需求，是人民银行正常的流动性供给渠道，期限为1~3个月，利率由人民银行确定，以抵押方式发放，合格抵押品包括高信用评级的债券类资产及优质信贷资产等。① 从数量变化看，除了2016年第一季度外，SLF主要出现在2017年以后，截至2018年中数量基本在1500亿元以内。从期限看，主要是7天和1个月期的SLF，隔夜SLF数量可以忽略不计。从利率看，不同期限的SLF利率变化趋势一致，期限越长利率越高（见图3-14和图3-15）。由于SLF是商业银行根据经营情况主动发起的交易，交易对手中央银行会根据包括流动性等在内各方面情况对商业银行进行考核。因此，中央银行已经明确，将把SLF利率打造成利率走廊的上限，而不适合作为政策性基准利率（参考利率）。

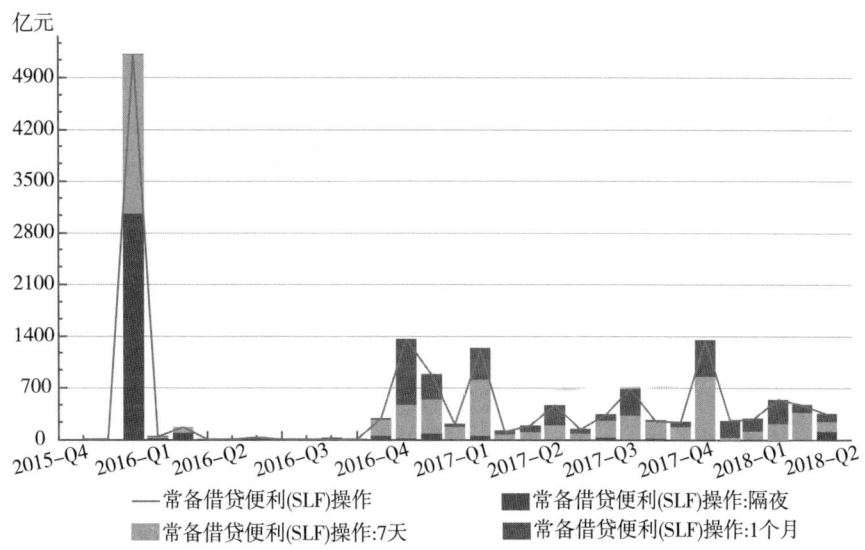

数据来源：Wind。

图3-14 常备借贷便利（SLF）数量和构成情况

关于短期流动性调节工具（Short-term Liquidity Operations，SLO）利率。2013年1月，人民银行为应对短期银行体系流动性临时波动，创设了SLO。虽然数量较大，但主要集中在节假日，其他时间没有实施。所以，SLO利率难以成为政策性的基准利率（参考利率）（图3-16）。

---

① SLF的特点：一是由金融机构主动发起，金融机构可根据自身流动性需求申请常备借贷便利。二是常备借贷便利是中央银行与金融机构"一对一"交易，针对性强。三是常备借贷便利的交易对手覆盖面广，通常覆盖存款类金融机构。见中国人民银行网站。

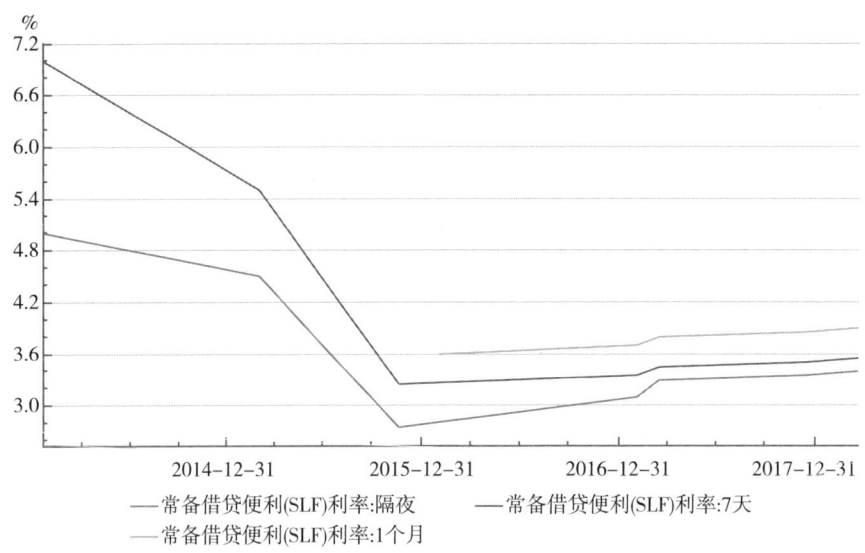

数据来源：Wind。

图3–15 常备借贷便利的利率情况

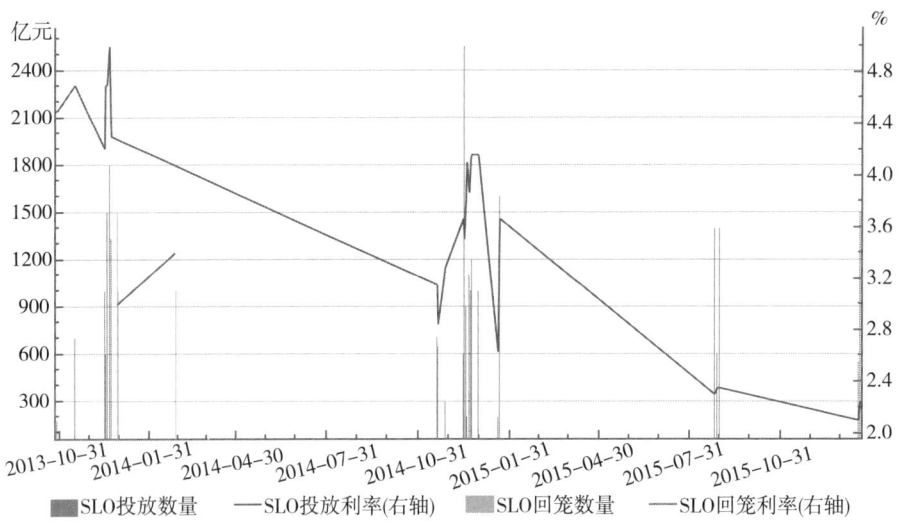

数据来源：Wind。

图3–16 SLO投放量和利率情况

关于中期借贷便利（MLF）和抵押补充贷款（PSL）。MLF是中央银行向符合要求的商业银行、政策性银行提供中期基础货币的政策工具，采取质押方式发放①，MLF利率发挥中期政策利率的作用，通过调节向金融机构中期融

---

① MLF以国债、央行票据、政策性金融债、高等级信用债等优质债券作为合格质押品。

资的成本影响其资产负债表和市场预期,引导其向符合国家政策导向的实体经济部门提供低成本资金。PSL 是为支持棚改等国民经济重点领域、薄弱环节和社会事业发展,而向开发性金融机构提供长期稳定、成本适当的大额资金来源的工具,采取质押方式发放①。从数量看,MLF 和 PSL 合计余额已经达到 8 万亿元左右,占基础货币的 1/4 左右。从期限看,两者期限都偏长,MLF 主要是分 3 个月、6 个月和 1 年期三种,PSL 一般都在一年以上。从利率看,两者都相对比较稳定,且不同期限之间利率波动趋势总体一致。但是,因为 MLF 交易主体远多于 PSL,更加具备作为中期政策性基准利率(参考利率)的条件(见图 3-17、图 3-18、图 3-19)。

2. 金融市场利率。金融市场包括同业拆借市场、债券回购市场、票据市场、黄金市场等。金融市场产品丰富,对反映资金供求、发现价格、规避风险、支持实体经济、传导货币政策发挥重要作用。② 本部分重点讨论 SHIBOR 等同业拆借利率,银行间债券质押式回购利率,债券市场的到期收益率等利率。

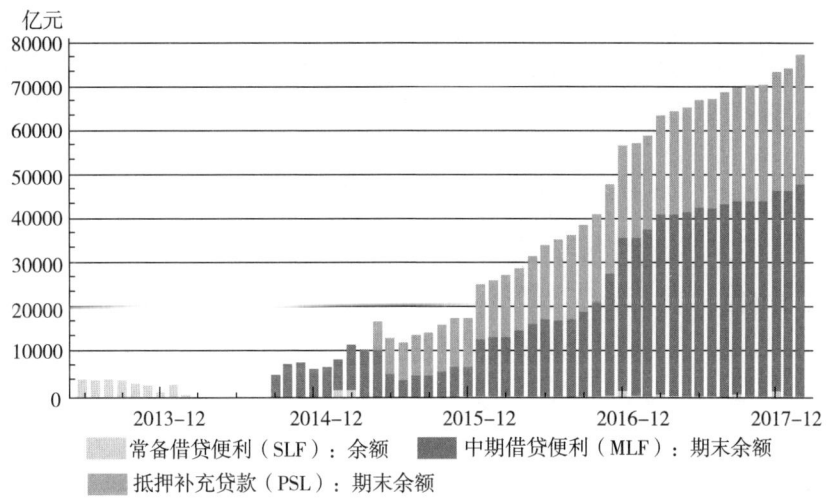

数据来源:Wind。

图 3-17 2013—2017 年 SLF、MLF 和 PSL 余额情况

---

① PSL 以高等级债券资产和优质信贷资产为合格抵押品。
② 货币市场产品主要包括:同业拆借、银行承兑汇票、商业票据、回购协议、大额可转让定期存单(CDs)、短期政府债券、货币市场共同基金等。债券市场产品主要包括:政府类债券、金融类债券、公司信用类债券和资产证券化产品。其中政府类债券包括国债、地方政府债券、央行票据、政府支持债券;金融类债券包括政策性金融债、大型商业银行债、商业银行次级债、二级资本工具、混合资本债、同业存单、证券公司短期融资券、证券公司债券、保险公司债券等;公司信用类债券包括企业债、短期融资券、中期票据、中小企业集合票据、超短期融资券、非公开定向债务融资工具、永续中票、项目收益票据、公司债(含大公募、小公募、私募公司债)、集合企业债、小微企业扶持债券、项目收益债券、熊猫债券、绿色债务融资工具、资产证券化等。

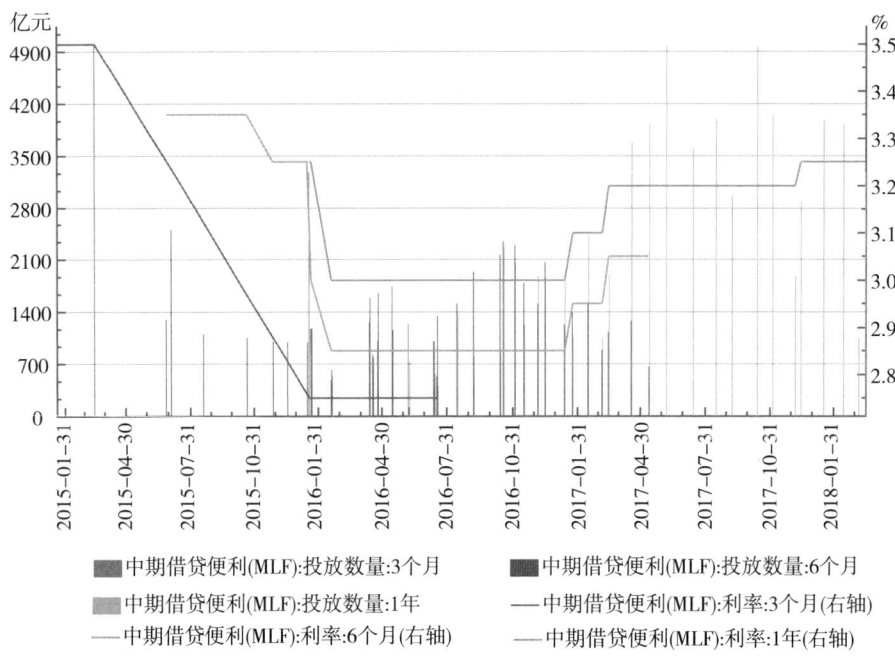

数据来源:Wind。

图3-18 2013—2017年各期限MLF数量和利率情况

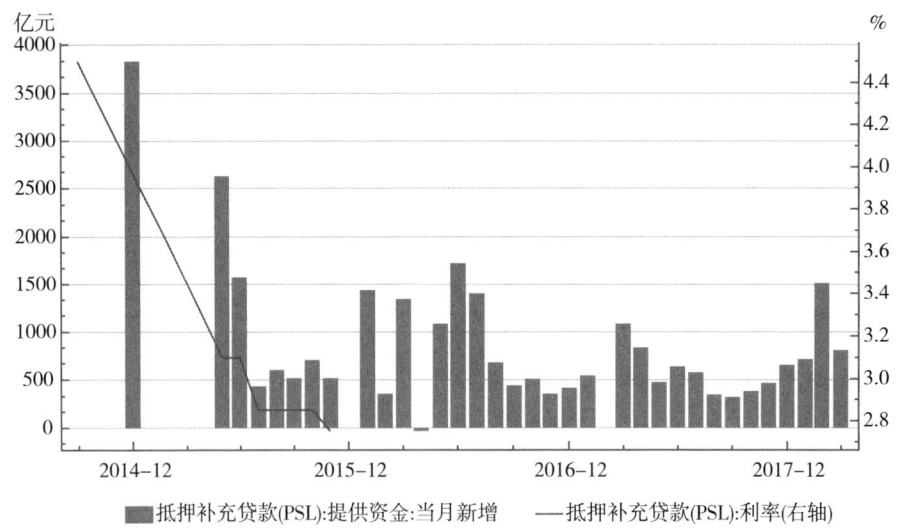

数据来源:Wind。

图3-19 2013—2017年PSL数量和利率情况

首先是SHIBOR。金融危机以来,同业拆借交易量持续较快增长,2016年同业拆借累计成交95.9万亿元,较2006年增长8倍。近两年拆借交易集中于短期品种，2016 年隔夜拆借和 7 天拆借占比分别为 87.6% 和 9.7%（见图 3-20）。2016 年底，各类拆借成员 1725 家，包括各类银行和信托、金融租赁、保险、证券等非银金融机构，其中银行类同业拆借交易占 86.4%。因此，SHIBOR 成为众多金融产品的定价参考。一是债券产品。2016 年，发行以 SHIBOR 为基准的浮动利率债券 13 只，合计 550 亿元，发行同业存单 13 万亿元，发行固定利率企业债 498 只，合计 5926 亿元，发行参照 SHIBOR 定价的固定利率短期融资券 4928 亿元，占固定利率短期融资券发行总量的 81.3%。二是票据业务。2016 年底有 14 家报价机构持续提供以 SHIBOR 为基准的票据转贴现、回购业务报价，基本实现了 SHIBOR 和票据业务定价联动。三是金融创新和 FTP。2016 年以 SHIBOR 为基准的利率互换交易量达 1.4 万亿元，占 13.8%。18 家 SHIBOR 报价行已经不同程度将 FTP 和 SHIBOR 结合。① 可见，隔夜和 7 天 SHIBOR 是货币市场的基准利率（参考利率）之一。

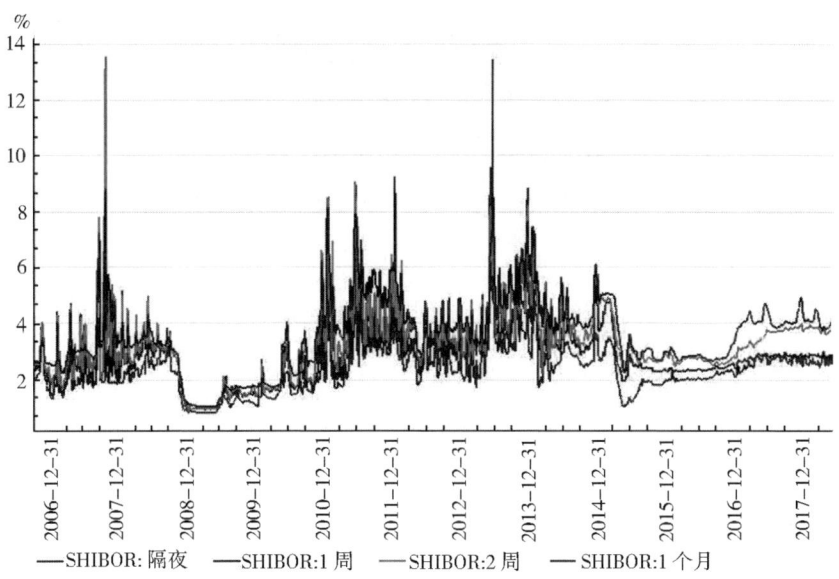

数据来源：Wind。

图 3-20　各期限 SHIBOR 变化情况

其次是回购利率。② 我国回购市场参与主体包括各类银行业金融机构，证券、保险等非银金融机构，基金、证券资管、保险资管等投资产品，境外机构等。目前，质押式回购包括隔夜到 1 年共 11 个不同期限品种，买断式回购包括

---

① 纪志宏. 金融市场创新与发展 [M]. 北京：中国金融出版社，2018：181-187.
② 人民币公开市场操作工具主要包括回购交易、现券交易、发行央行票据以及短期流动性调节工具，其中回购交易是最主要的交易工具。

隔夜到 3 个月共计 7 个品种。截至 2017 年 6 月底，银行间回购市场待回购余额 6.3 万亿元，日均交易 2.4 万亿元，其中银行类机构交易占 77.5%，质押式回购和买断式回购中隔夜和 7 天产品交易量占比都在 90% 以上（见图 3-21），但总体上以质押式回购为主，买断式回购数量有限（见图 3-22）。[①] 与 SHIBOR 不同，质押式回购利率是目前债券市场的基准利率（参考利率）的重要选择。

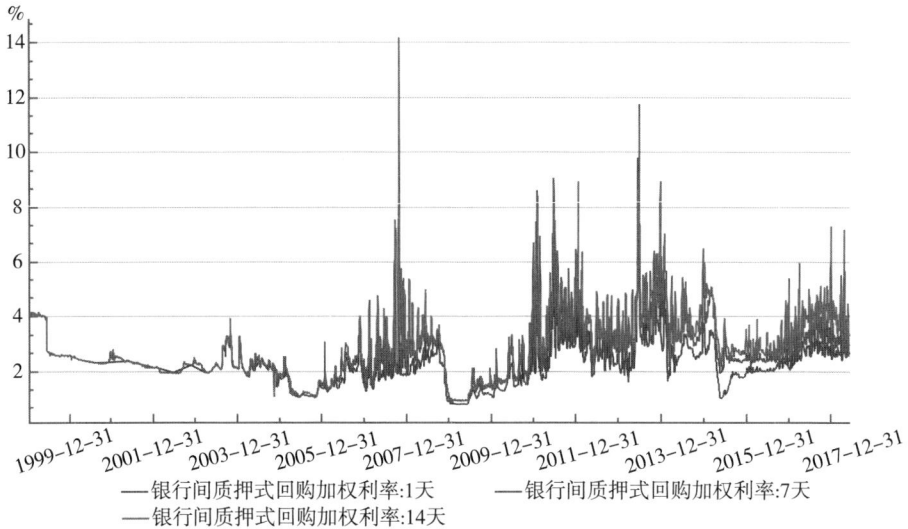

数据来源：Wind。

图 3-21　质押式回购利率波动情况

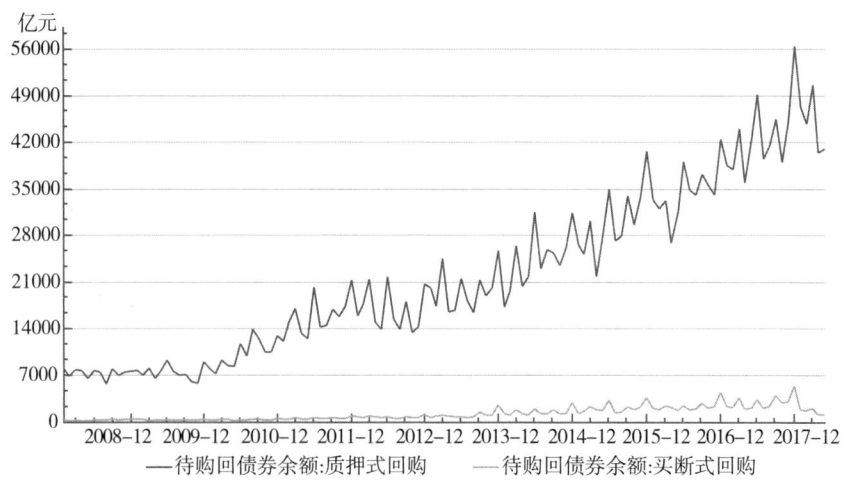

数据来源：中国债券信息网 Wind。

图 3-22　不同方式回购债券余额比较

---

① 纪志宏. 金融市场创新与发展 [M]. 北京：中国金融出版社，2018：194-199.

最后是国债收益率。从我国国债收益率看，不同期限的国债收益率波动趋势总体一致，不过，近两年期限长短与利率高低的关系有所弱化，个别时间出现倒挂现象（见图3-23）。出现上述现象有多种原因，其中不同期限债券发行量分布不合理是重要原因之一。我国1年以下的短期债券和10年以上的长期债券占比偏低，制约了利率传导效果（见图3-24）。因此，国债的债券收益率目前尚难以成为债券市场的基准利率（参考利率）。

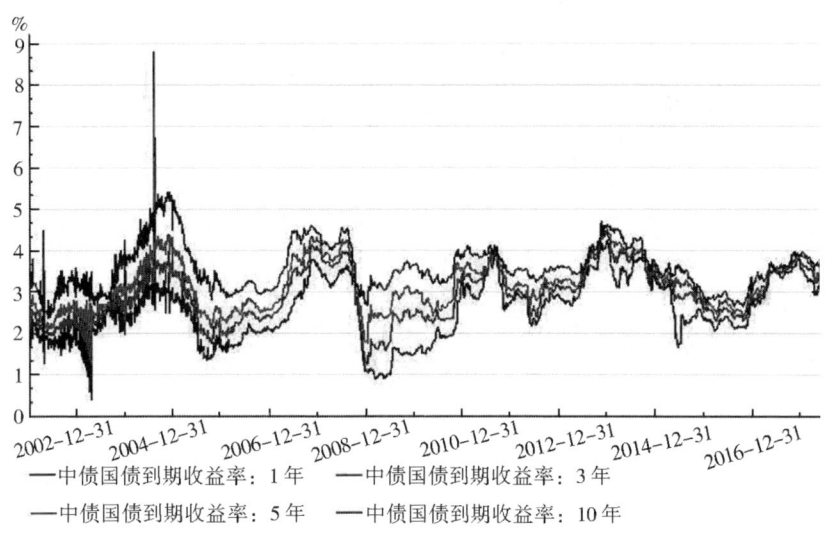

数据来源：中国债券信息网 Wind。

图3-23 不同期限国债到期收益率比较

3. 存贷款利率。在贷款环节，主要有两类利率，一是金融机构向居民和企业的贷款利率，其中包括金融机构人民币贷款加权平均利率、贷款基础利率（见图3-25）。二是民间借贷利率，目前，比较有代表性的包括温州等民间借贷发达地区的综合利率以及P2P综合利率（见图3-26）。综合各种利率的代表性和交易数量判断，金融机构人民币贷款加权平均利率可以作为货币政策转型、央行存贷款基准利率并轨后，贷款环节的基准利率（参考利率）。

综上所述，我国利率传导渠道中，政策性利率、金融市场利率和贷款利率三个环节中，可以具有作为基准利率（参考利率）潜力或者现在能大体代表货币政策效果的利率分别为：公开市场操作中的7天和14天逆回购利率，MLF利率，隔夜和7天SHIBOR利率，隔夜和质押式回购利率，金融机构人民币贷款加权平均利率。

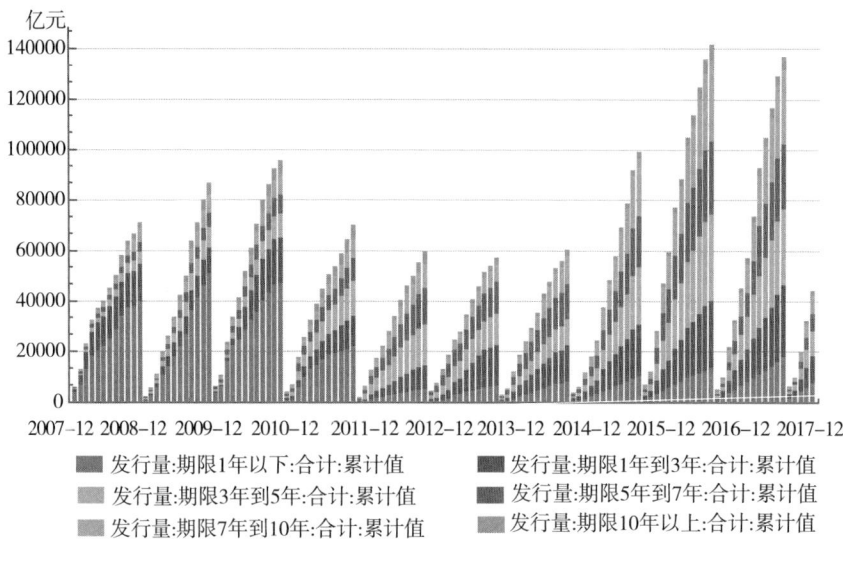

数据来源：中国债券信息网 Wind。

图 3-24 不同期限国债发行量比较

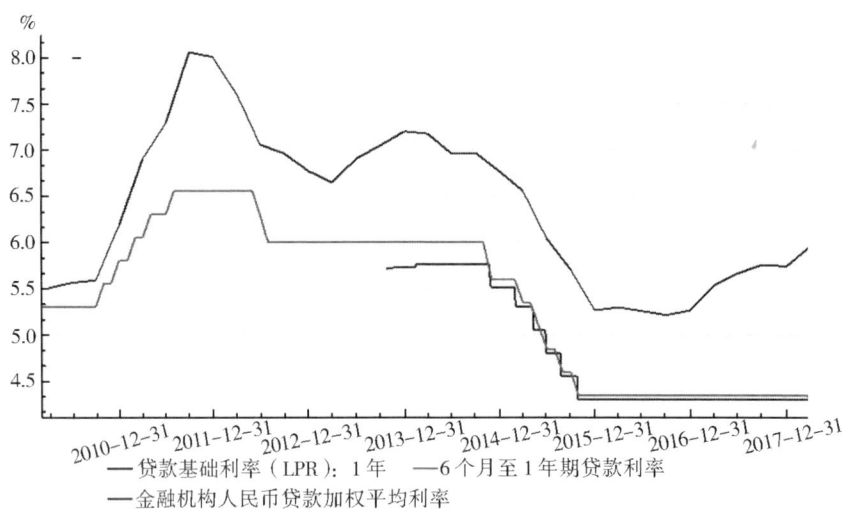

数据来源：Wind。

图 3-25 信贷市场利率变化情况

第三章 利率渠道：现状、问题和对策

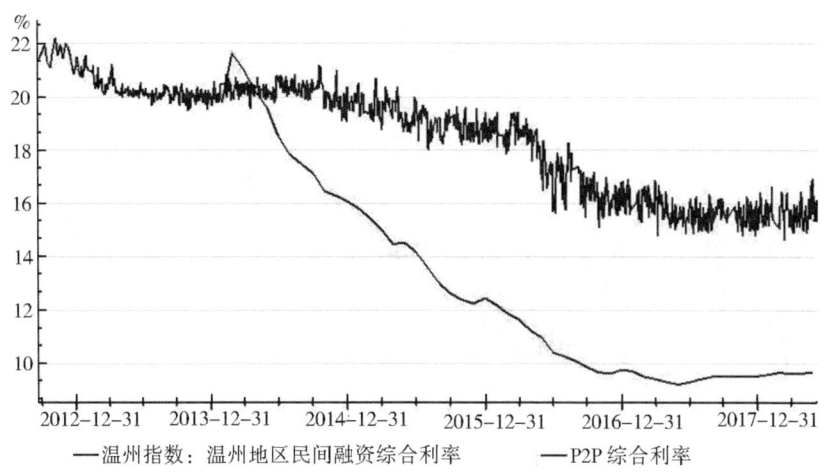

数据来源：Wind。

图3-26 民间借贷利率变化情况

第三节 货币政策利率渠道传导效果判断

判断利率渠道传导效果有多个角度。本节先从当期统计数据出发直接观察不同市场之间利率的联动关系，分析其中的变化和原因，再分"政策性利率—金融市场利率、金融市场利率—存贷款利率"两步量化分析利率传导效果。

一、直接观察利率传导效果和解释

1. 短期政策利率对债券市场影响。观察金融危机以来的政策性利率和金融市场利率发现，2013年是分水岭，此前短期政策性利率几乎不影响货币市场利率和债券利率，此后政策利率与二者相关性明显提升，近5年保持了大体一致的变化趋势（见图3-27）。

相比而言，我国货币市场短期利率向中长期债券利率传导效果总体欠佳。根据马骏等（2016）估计，我国政策利率对中长期债券收益率影响明显弱于其他国家，国债收益率对短期政策利率的敏感度（Beta值）仅相当于美国、韩国、英国、印度平均值的30%左右（见表3-1）。

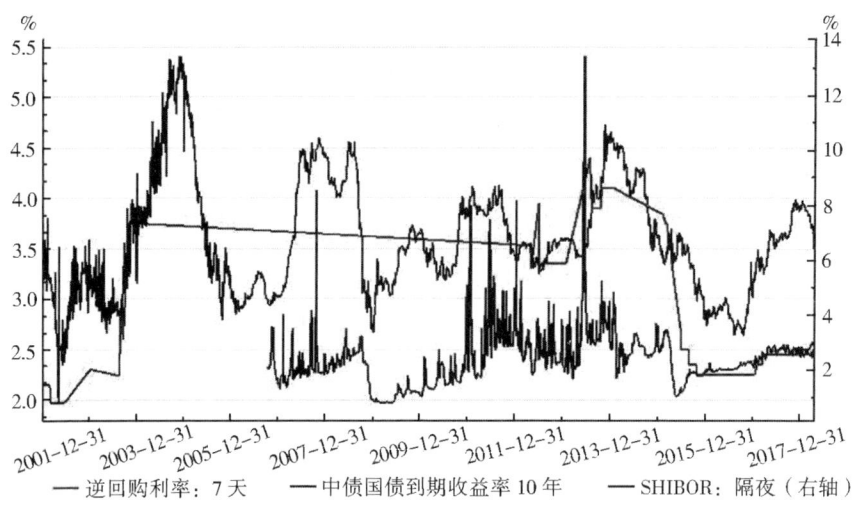

数据来源：中国债券信息网 Wind。

图 3-27 我国货币市场利率和债券市场利率关系

表 3-1 部分国家各期限国债收益率对短期利率的 Beta 值①

项目	名称 时间	短期利率对各期限国债收益率的影响（Beta）			
		6个月	2年	5年	10年
隔夜 SHIBOR		0.65	0.55	0.3	0.16
7 天逆回购利率		0.55	0.49	0.32	0.19
美国		0.83	0.64	0.46	0.26
韩国		0.73	0.64	0.61	0.47
英国		0.82	0.72	0.69	0.45
印度		0.75	0.4	0.43	0.36

2. 短期政策性利率对贷款利率影响。观察数据发现，2013 年同样是分水岭。此前，7 天逆回购利率平稳，其他利率大幅波动，此后，政策利率与货币市场利率和贷款利率相关性提升。另外，SHIBOR 波动幅度显著大于贷款基础利率（LPR）和金融机构人民币贷款加权平均利率；部分时间段出现趋势性差异，比如 2017 年以来，LPR 不变，而另外两个利率上升。这说明，近年来我国政策性利率向贷款利率传导效果有所改善，但短期利率向长期利率传导仍然不畅（见图 3-28）。

类似地，马骏等（2016）研究表明，美国政策性利率对银行贷款的传导效率为 0.8 左右，我国短期利率向银行贷款传导效率仅相当于美国的 20% ~

---

① 马骏，纪敏等. 新型货币政策框架下的利率传导机制 [M]. 北京：中国金融出版社，2016：13.

80%，中间值50%，即一半左右（见图3-29）。

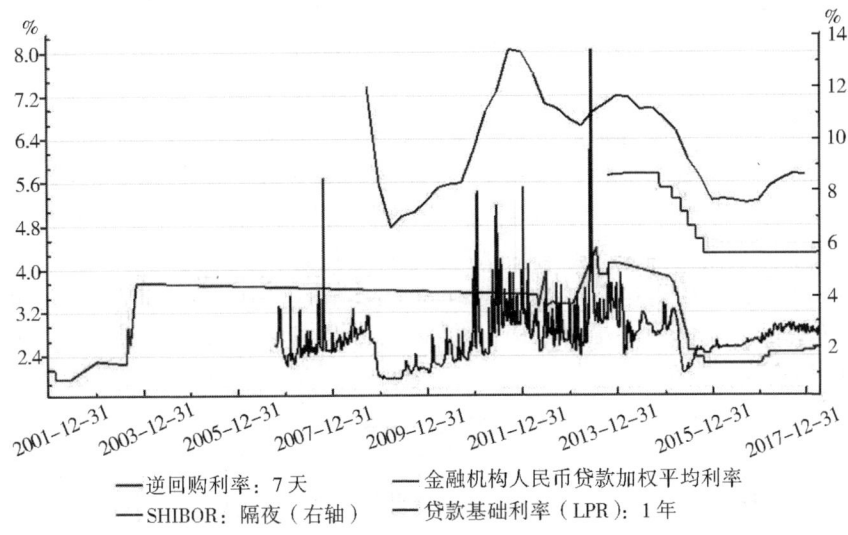

数据来源：Wind，民生银行。

图3-28 我国金融市场利率和贷款利率波动关系

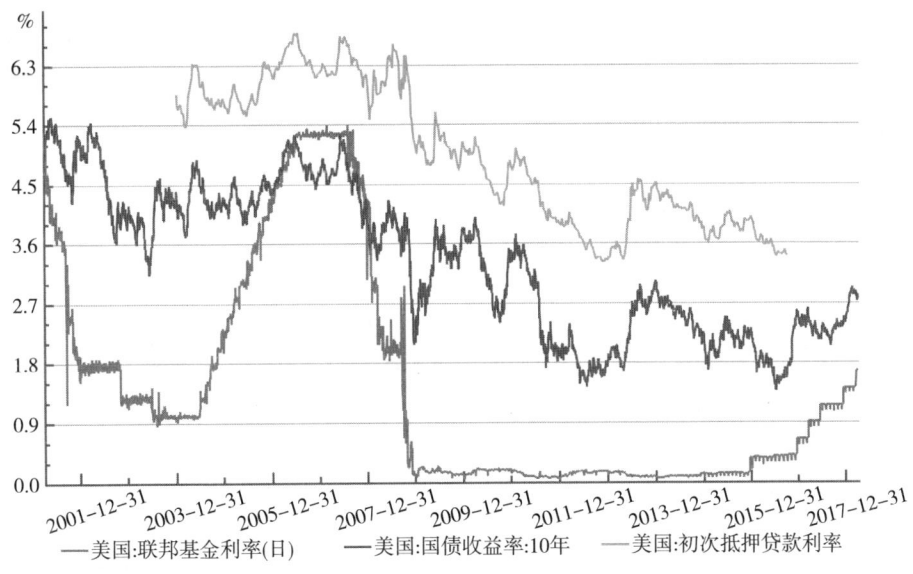

数据来源：Wind，民生银行。

图3-29 美国政策性利率和金融市场利率波动关系

3. 2013年发生了什么？上文观察表明，2013年在利率传导过程中呈现分水岭作用。那么，2013年发生了什么？又是如何促使利率传导发生变化的呢？2013年6月，受企业集中清缴所得税、端午节现金需求增加、个别银行违约传闻、美联储退出量宽、外汇流入减少、市场猜测新一届政府大力度刺激经济等因素影响，货币市场剧烈波动。6月4~8日，显著上升，9~18日相对平静，19~24日为第二轮利率上升期，最高点的6月20日，SHIBOR隔夜拆借利率高达13.44%，质押式回购隔夜利率一度摸高至30%左右。面对市场的剧烈波动，央行并没有采取过多的紧急措施，一方面坚持适度而非完全满足市场需求，避免鼓励金融体系总量、结构和期限错配问题加剧引发更大流动性缺口；另一方面按照"总量稳定、结构优化"原则，考虑各种客观需求，适度而非完全满足流动性需求，6月通过央票到期、正回购到期、SLF、国库现金定期存款等向市场净投放7600亿元。这次被市场称为"钱荒"事件的本质是：过快扩张的融资规模、杠杆上升和货币增长，与适度供给的银行体系流动性之间的冲突，是商业金融机构规模扩张与金融监管防风险、转方式之间的矛盾。央行的政策对抑制金融机构过度加杠杆和信用扩张发挥了重要作用。2013年1~5月，社会融资规模同比增多3.12万亿元，5月末银行同业业务同比增长50%以上，整体债务率（全部债务/名义GDP）较年初上升8个百分点，此后7个月仅上升1个百分点①（见图3-30）。

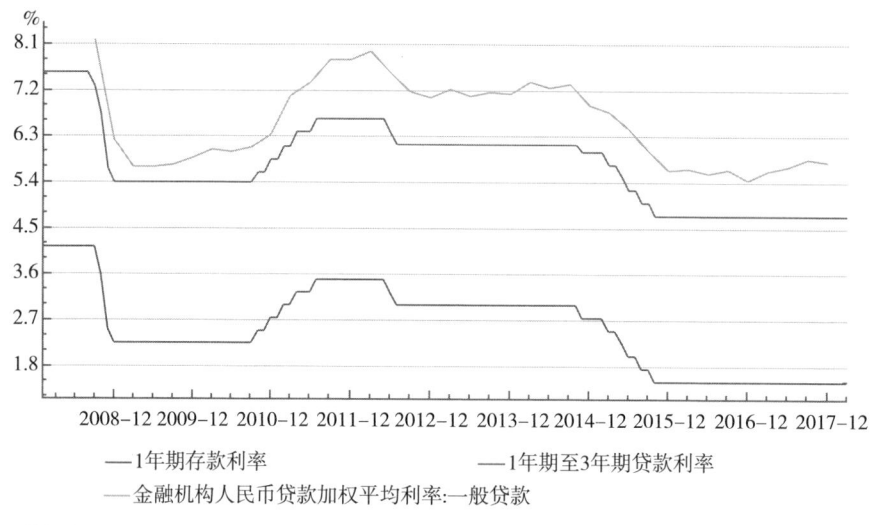

数据来源：Wind，民生银行。

图3-30 存贷款市场利率变化情况

2013年的市场波动事件之所以呈现"分水岭"作用，主要原因是：央行在准确判断金融市场形势基础上，运用流动性管理工具，引导商业银行改变传统行为方式，使之对利率更加敏感，改善利率渠道传导货币政策的效果

---

① 李波. 构建货币政策和宏观审慎政策双支柱调控框架 [M]. 北京：中国金融出版社，2018：47-50.

(见图 3-31)。需要说明的是，在当前我国处于利率市场化转型阶段，银行间同业市场拆借利率 SHIBOR 波动较大，与政策利率、存贷款利率差距有时呈现扩大趋势（郑福鹏、张建波，2018）。

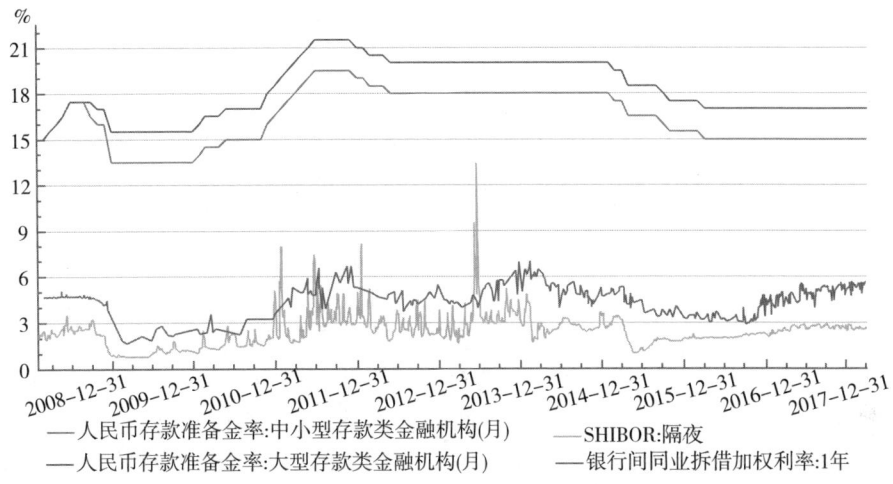

图 3-31 央行货币政策工具和金融市场利率关系

二、政策性利率到金融市场利率效果

结合前文分析的具有代表性的政策性利率和金融市场利率，即可作为判断货币政策效果的参考利率，这里通过统计分析进一步实证检验重点利率间关系，借以分析判断政策到金融市场利率的传导效果。

1. 变量选择。根据上文分析，选取逆回购利率（RRepo）和 MLF 利率代表政策性利率，选取 SHIBOR 和银行间质押式回购利率（Repo）代表货币市场利率，选取国债收益率（GB）代表债券市场利率，检验逆回购利率和 MLF 利率对 SHIBOR、银行间质押式回购利率和国债收益率的影响效果。

为检验不同期限利率的传导效果，以隔夜（1D）和 7 天（7D）利率代表短期利率，以 28 天（28D）或 1 个月（1M）利率代表中期利率，以 1 年期（1Y）利率代表长期利率。选取的政策利率为：RRepo7D、RRepo28D、MLF1Y；选取的金融市场利率为：SHIBOR1D、SHIBOR7D、SHIBOR1M、SHIBOR1Y、Repo1D、Repo7D、Repo1M、Repo1Y、GB1M、GB1Y。所有变量如表 3-2 所示。

表 3-2 政策性利率与金融市场利率的变量选择

期限	政策利率	金融市场利率	
		货币市场利率	债券市场利率
短期利率	RRepo7D	SHIBOR1D	—
		SHIBOR7D	
		Repo1D	
		Repo7D	
中期利率	RRepo28D	SHIBOR1M	GB1M
		Repo1M	
长期利率	MLF1Y	SHIBOR1Y	GB1Y
		Repo1Y	

2. 数据处理与描述性统计。首先确定样本区间。由于央行于 2012 年重启逆回购,于 2014 年创设 MLF 等流动性补充工具,因此逆回购利率和 MLF 利率的数据区间较短。为统一各变量的区间长度,本章采取如下样本区间选择原则:在一组检验中,以数据区间最短的变量的数据区间作为样本区间。

其次统一数据频率。当央行不进行逆回购操作或 MLF 投放时,当天相应的利率会形成空缺。本书的处理方法为:以之前最近一天的利率对空缺数据进行补位。数据处理后,得到实证样本,如图 3-32 和图 3-33 所示。

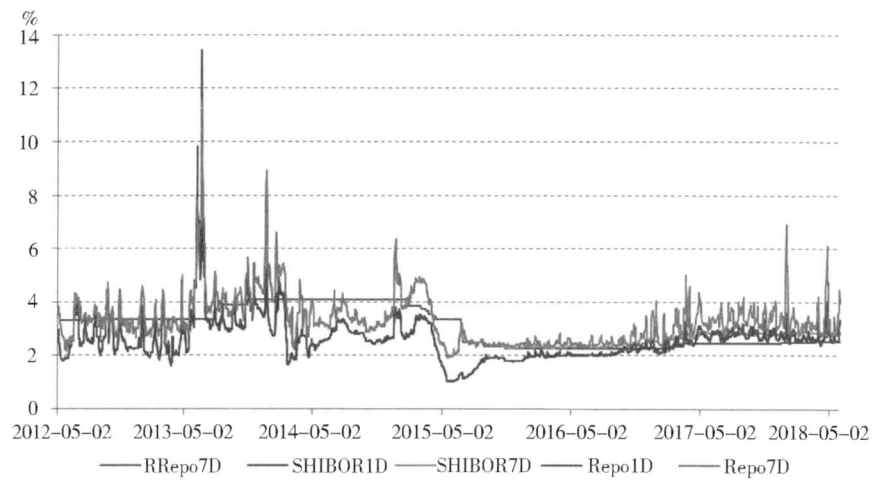

图 3-32 政策利率与金融市场利率:短期

第三章 利率渠道：现状、问题和对策

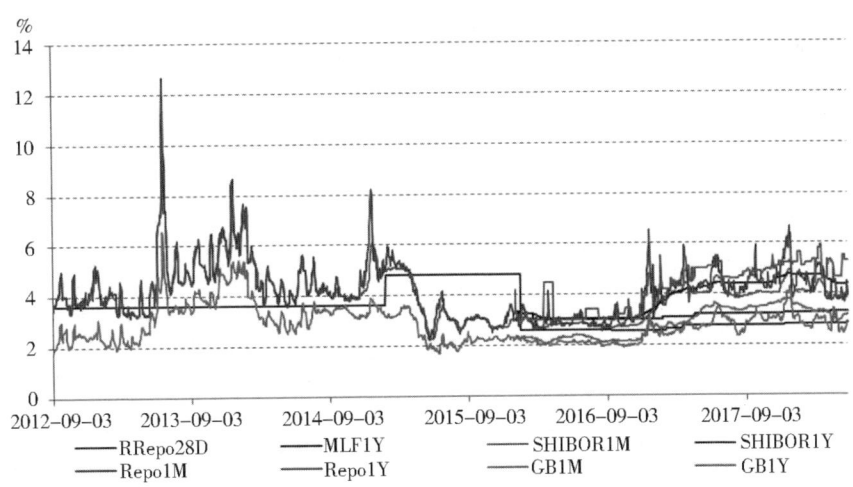

图3-33 政策利率与金融市场利率：中长期

对样本进行描述性统计，结果如表3-3所示。短期、中期和长期利率的样本观察个数分别为1544个、1456个和612个，样本量足够大保证了实证结论的可信性。

表3-3　　　政策利率与金融市场利率的描述性统计

类别	名称	观察个数	最小值	25%分位数	平均值	75%分位数	最大值
政策利率	RRepo7D	1544	2.25	2.35	3.07	3.85	4.40
	RRepo28D	1456	2.55	2.75	3.42	3.60	4.80
	MLF1Y	612	3.00	3.00	3.13	3.20	3.30
金融市场利率	SHIBOR1D	1544	1.03	2.03	2.57	2.84	13.44
	SHIBOR7D	1544	1.92	2.48	3.14	3.50	11.00
	SHIBOR1M	1456	2.27	3.09	3.98	4.47	9.70
	SHIBOR1Y	612	3.03	3.05	3.85	4.41	4.76
	Repo1D	1544	1.02	2.07	2.61	2.94	11.74
	Repo7D	1544	1.94	2.61	3.32	3.71	11.62
	Repo1M	1456	2.24	3.27	4.19	4.78	12.68
	Repo1Y	612	2.90	3.20	4.24	5.03	5.90
	GB1M	1456	1.68	2.20	2.84	3.27	6.58
	GB1Y	612	2.05	2.30	2.87	3.44	3.80

3. 相关性分析和平稳性检验。为检验政策利率向金融市场利率的传导效果，要需检验二者之间的相关性，得到直观结果。理论上，央行通过提高或降低政策利率，引导金融市场利率上升或下降，因此，金融市场利率应与政

策利率保持正相关，而相关性越强，说明传导效果越好。通过计算，政策利率与金融市场利率的相关系数如表3-4所示。

表3-4　　　　　政策利率与金融市场利率的相关系数

项目		政策利率		
		RRepo7D	RRepo28D	MLF1Y
金融市场利率	SHIBOR1D	0.3936	—	—
	SHIBOR7D	0.6358	—	—
	SHIBOR1M	—	0.0724	—
	SHIBOR1Y	—	—	0.8498
	Repo1D	0.3669	—	—
	Repo7D	0.4880	—	—
	Repo1M	—	-0.0247	—
	Repo1Y	—	—	0.7269
	GB1M	—	0.0563	—
	GB1Y	—	—	0.7723

结果显示，短期政策利率（7天逆回购利率）与7天SHIBOR的相关性较强，相关系数达到0.6358，但与隔夜SHIBOR、隔夜和7天银行间质押式回购利率的相关性都不强。中期政策利率（28天逆回购利率）与三种金融市场利率的相关性都很弱，而且与1个月银行间质押式回购利率负相关。长期政策利率（1年期MLF利率）与三种金融市场利率的相关性都较强，相关系数都达到了0.7以上。整体上看，MLF作为政策利率与金融市场利率的相关性较强，逆回购利率与金融市场利率的相关性较弱。

当然，变量间的强相关并不能说明变量间存在因果关系，需要通过格兰杰因果关系检验对政策利率与金融市场利率的因果关系加以检验。需要进行平稳性检验，结果如表3-5所示，所有变量都是一阶单整序列，可以建立VAR模型。

表3-5　　　　　政策利率与金融市场利率的平稳性检验结果

变量	ADF统计量	P值	检验结果	变量	ADF统计量	P值	检验结果
RRepo7D	-0.9226	0.3168	非平稳	ΔRRepo7D	-21.9175	0.0000	平稳
SHIBOR1D	-1.4777	0.1306	非平稳	ΔSHIBOR1D	-15.6610	0.0000	平稳
SHIBOR7D	-1.3140	0.1749	非平稳	ΔSHIBOR7D	-15.5530	0.0000	平稳
Repo1D	-1.4165	0.1461	非平稳	ΔRepo1D	-15.9765	0.0000	平稳
Repo7D	-1.2770	0.1862	非平稳	ΔRepo7D	-20.1819	0.0000	平稳

续表

变量	ADF 统计量	P 值	检验结果	变量	ADF 统计量	P 值	检验结果
RRepo28D	-0.6328	0.4433	非平稳	ΔRRepo28D	-38.1182	0.0000	平稳
SHIBOR1M	-0.7841	0.3765	非平稳	ΔSHIBOR1M	-14.4732	0.0000	平稳
Repo1M	-1.2146	0.2063	非平稳	ΔRepo1M	-29.1559	0.0000	平稳
GB1M	-0.7529	0.3903	非平稳	ΔGB1M	-31.4362	0.0000	平稳
MLF1Y	0.1295	0.7231	非平稳	ΔMLF1Y	-24.6779	0.0000	平稳
SHIBOR1Y	1.2832	0.9498	非平稳	ΔSHIBOR1Y	-6.2041	0.0000	平稳
Repo1Y	-0.2141	0.6089	非平稳	ΔRepo1Y	-26.5965	0.0000	平稳
GB1Y	0.5551	0.8359	非平稳	ΔGB1Y	-13.3758	0.0000	平稳

4. 格兰杰因果关系检验。针对三种期限的利率分别构建 VAR 模型，并确定最优滞后阶数。基于 VAR 系统对变量进行格兰杰因果关系检验，结果如表 3-6 所示。

表 3-6　政策利率与金融市场利率的格兰杰因果关系检验结果

变量	RRepo7D	SHIBOR1D	SHIBOR7D	Repo1D	Repo7D
短期					
lag（RRepo7D）	—	0.5132	0.0041	0.6943	0.0004
lag（SHIBOR1D）	0.1109	—	—	—	—
lag（SHIBOR7D）	0.1335	—	—	—	—
lag（Repo1D）	0.0978	—	—	—	—
lag（Repo7D）	0.0444	—	—	—	—
中期					
变量	RRepo28D	SHIBOR1M	Repo1M	GB1M	
lag（RRepo28D）	—	0.9289	0.6175	0.8448	
lag（SHIBOR1M）	0.2898	—	—	—	
lag（Repo1M）	0.1743	—	—	—	
长期					
变量	MLF1Y	SHIBOR1Y	Repo1Y	GB1Y	
lag（MLF1Y）	—	0.0002	0.1202	0.1625	
lag（SHIBOR1Y）	0.0010	—	—	—	
lag（Repo1Y）	0.0003	—	—	—	

从短期看，7 天逆回购利率及其滞后项是 7 天 SHIBOR 和 7 天银行间质押式回购利率的格兰杰原因，但不是隔夜 SHIBOR 和隔夜银行间质押式回购利率的格兰杰原因。从中期来看，28 天逆回购利率不是三种金融市场利率的格兰杰原因。从长期来看，1 年期 MLF 利率是 1 年期 SHIBOR 的格兰杰原因，但不是 1 年期银行间质押式回购利率和 1 年期国债收益率的格兰杰原因。

综上所述，中期政策利率对金融市场利率的影响有限，短期和长期政策利率对金融市场利率都有一定影响，但不同期限政策利率的影响效果不同，而且存在不同程度的传导阻滞。短期的 7 天逆回购利率对同期限的 SHIBOR 和银行间质押式回购利率的影响较大，政策传导效果较好；中期的 28 天逆回购利率对金融市场利率影响甚微，政策传导效果不佳；长期的 1 年期 MLF 利率对同期限 SHIBOR 影响显著，但对债券市场利率影响有限。

三、金融市场利率到存贷款利率效果

1. 变量选择。货币市场的资金价格与银行的存贷款定价联系紧密，因此本书仅以货币市场利率作为金融市场利率的代表，研究货币市场利率到存贷款利率的传导效果。

同样选取上文的 SHIBOR 和银行间质押式回购利率（Repo）代表货币市场利率。期限方面，由于隔夜 SHIBOR 和隔夜银行间质押式回购占全部交易量的绝大部分，因此仅选取隔夜 SHIBOR（SHIBOR1D）和隔夜质押式回购利率（Repo1D），暂不考虑其他期限。

就存款定价而言，虽然 2015 年央行放开了存款利率浮动上限，但市场上存在自律机制，存款利率上浮一般不会超过 40%。特别是随着金融去杠杆和严监管的深入推进，为争取更多的一般性存款，各银行纷纷进入高息揽储行列，因此本书以存款基准利率上浮 40% 代表面向公众的存款利率（Deposit）。就贷款定价而言，以金融机构人民币贷款加权平均利率（Loan）作为代表。具体期限上，存贷款利率都选取最具代表性的 1 年期利率。

2. 数据处理与描述性统计。存贷款利率数据的可得期限都相对较长，但为了与前文的检验过程保持一致，样本区间选取与上文短期利率的样本区间相同。按照上文方法进行数据处理后得到实证样本，如图 3-34 所示。

样本的描述性统计如表 3-7 所示，SHIBOR1D 和 Repo1D 的统计结果已经在表 3-3 中展示。本检验样本共 1544 个，数据量同样可保证实证结论的可信性。

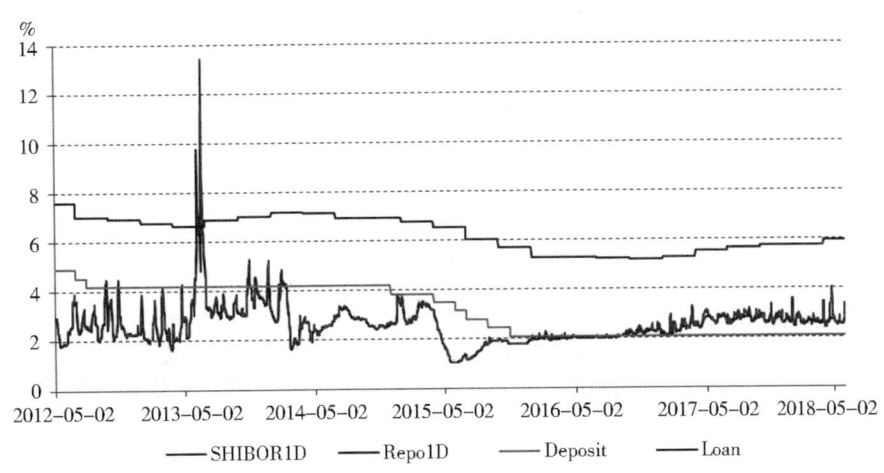

图 3-34 货币市场利率与存贷款利率

表 3-7　　　　货币市场利率与存贷款利率的描述性统计

变量	观察个数	最小值	25%分位数	平均值	75%分位数	最大值
Deposit	1544	2.10	2.10	3.19	4.20	4.90
Loan	1544	5.22	5.67	6.28	6.97	7.61

3. 相关性分析和平稳性检验。需要计算变量之间的相关系数。货币市场是银行补充流动性的重要渠道，货币市场利率越高，银行的资金成本相应越高，贷款利率也越高。而当货币市场利率升高时，意味着银行补充流动性的难度加大，银行可以转向吸收更多存款弥补流动性缺口，便可能提高存款利率。因此，理论上存贷款利率应与货币市场利率正相关，而相关性越强，说明传导效果越好。通过计算，金融市场利率与存贷款利率的相关系数如表3-8所示，可以发现，存贷款利率与货币市场利率的相关性都不强。

表 3-8　　　　货币市场利率与存贷款利率的相关系数

项目		金融市场利率	
		SHIBOR1D	Repo1D
存贷款利率	Deposit	0.3522	0.3172
	Loan	0.3355	0.3065

下面检验变量间的格兰杰因果关系，需要进行平稳性检验。SHIBOR1D 和 Repo1D 的统计结果已在表 3-5 中显示，表 3-9 不再给出。平稳性检验结果表明所有变量都是一阶单整序列，可以建立 VAR 模型。

表3-9　　　货币市场利率与存贷款利率的平稳性检验结果

变量	ADF统计量	P值	检验结果	变量	ADF统计量	P值	检验结果
Deposit	-0.8704	0.9575	非平稳	ΔDeposit	-39.4654	0.0000	平稳
Loan	-0.8506	0.9595	非平稳	ΔLoan	-39.3410	0.0000	平稳

4. 格兰杰因果关系检验。针对存贷款利率分别构建 VAR 模型确定最优滞后阶数，并基于 VAR 系统对变量进行格兰杰因果关系检验，结果如表 3-10 所示。

表3-10　　　货币市场利率与存贷款利率的格兰杰因果关系检验结果

变量	SHIBOR1D	Repo1D	Deposit	Loan
lag (SHIBOR1D)	—	—	0.6477	0.0000
lag (Repo1D)	—	—	0.5765	0.0079
lag (Deposit)	0.2918	0.3598	—	—
lag (Loan)	0.1843	0.4515	—	—

结果表明，隔夜 SHIBOR 和银行间质押式回购利率及其滞后项都不是存款利率的格兰杰原因，但都显著是贷款利率的格兰杰原因，说明货币市场利率对存款利率的影响有限；但对贷款利率具有显著影响，传导效果较好。

第四节　我国利率渠道的重要环节和问题

不同主体的利率敏感程度差异影响利率效果。作为主要的贷款需求者，地方政府和国有企业贷款需求的利率弹性较低；作为主要的贷款供给者，国有银行、城市商业银行、农村信用社等利率敏感性不高。政策性银行和开发性金融机构更多是执行政府的产业、区域、行业政策，以"保本微利"为目标，主要通过低成本再贷款、发行金融债获得资金，短期利率变化几乎无法影响贷款业务。相比而言，民营银行和股份制银行对利率更为敏感，但受制于规模、经营范围和流动性获取能力等，无法完全承担货币政策传导功能。

一、央行利率市场化程度有待提升

我国央行利率体系主要包括法定存款准备金利率、超额存款准备金利率、再贷款利率和再贴现利率。理论上，央行可以通过掌控上述利率，影响金融市场利率和贷款利率，实现政策意图。但现实中，不同利率的效果差异较大。

央行向金融机构再贷款一度收取相对较低的固定利率，不仅低于同期银行的贷款利率，在金融市场利率飙升时，短期再贷款利率甚至低于货币市场拆借利率，形成套利机会。① 2004年3月25日，央行实行再贷款浮息制度，但金融机构再贷款较少，对市场影响有限。再贷款利率对市场利率的影响远小于超额准备金利率。2000年后，市场流动性增加，再贷款和再贴现利率对市场利率的影响变小。2003年后以数量招标方式发行的央行票据多次流标，对市场影响不大。超额准备金利率的变动对货币市场进而债券市场利率产生较大影响，因为该利率构成了金融机构的利率底线。②

央行缺乏市场化基准利率。要将利率设为货币政策中介目标，利率市场化是前提。③ 长期以来，央行与金融机构之间的利率形成主要是靠行政命令，缺乏通过市场机制调节货币供求形成更加均衡利率的机制。相比之下，发达国家中央银行政策利率均为短期公开市场操作利率，市场化程度高，且能较好影响机构之间的批发利率和对客户的零售利率。比如，美联储公布联邦基金目标利率，并通过公开市场操作将联邦基金利率，即机构间的隔夜拆借利率引导至目标值左右。市场批发利率，如国债利率、商业票据利率、衍生产品隐含利率、报价制的Libor等，以及对客户的零售利率CD（大额存单）利率、商业银行最优贷款利率等均由市场决定，中央银行不直接干预，但联邦基金目标利率对其有很强的影响力。我国长期实行数量型货币政策框架，以M_2为主要中介目标，虽然2013年央行明确将SLF打造成利率走廊上限，SHIBOR的政策利率功能有所显现，但目前尚无正式政策利率④，基准利率也主要是央行直接参与交易并通过行政手段执行的利率，影响货币政策利率渠道传递效果。

利率间协调联动是利率定价的基础。美联储调节联邦基金利率后，须同时操作国债，才能使市场利率向预期利率靠拢。因为，美联储只是同业拆借市场的一个参与者，尽管它有"坐庄"的实力，但却没有规定同业拆借利率的权力，只能买卖国债来影响商业银行超额储备的头寸，使同业拆借利率朝期望方向变动。所有商业银行都是同业拆借市场的参与者，同业拆借利率的变动影响银行贷款成本，影响比再贴现利率更大。因此，20世纪90年代后期，美联储逐渐发挥联邦基金利率的调控作用，再贴现率只跟在联邦基金利

---

① 同业拆借利率反映商业银行之间相互调节资金余缺的成本，因风险差异一般会高于国债利率、低于商业银行贷款利率。同理，商业银行存款利率一般会高于国债利率，低于同业拆借利率。如果再贷款利率持续低于拆借利率，商业银行可以通过再贷款融得资金，进行同业拆放套利，使资金空转。
② 李扬，殷剑峰. 中国的利率体系：现状及其改革 [J]. 中国金融，2005 (6).
③ 张晓慧. 稳步推进利率市场化改革 [J]. 中国金融，2013 (16).
④ 货币政策一般是中央银行通过某种工具影响政策利率，政策利率再通过多个市场传递最终影响实体经济。政策利率又称"目标利率""关键政策利率""官方（资金）利率"。尽管没有严格统一定义，但从其实际功能看，通常指在以利率为中介目标的货币政策框架中由中央银行确定、用以反映货币政策意图、实施宏观调控的利率。

率后面作适应性调整,而非主动性政策工具。① 相比而言,近年来我国加快了货币政策创新步伐,努力培育市场化基准利率,但央行存贷款基准利率而非市场利率仍是商业银行的定价基础,在货币市场、债券市场和信贷市场中发挥重要作用。随着银行贷款报价利率(LPR)改革,未来有望更多发挥基准利率作用。

究其原因:一是短期市场利率波动较大,货币政策意图更多体现在存贷款基准利率中;二是利率风险的对冲工具市场不发达,市场化利率作为基准的动力不足;三是银行的资产和负债市场化定价比例不高,如大额存单占大银行负债的比例不到1%(美国为17.8%),证券化的信贷资产占银行资产的比例不到1%(美国为57%),企业债融资与全年贷款的比例约为10%(而美国为20%)。市场反应出的融资成本信号,难以通过商业银行较好地传到实体经济,影响货币政策传导。② 此外,我国货币市场和债券市场不够完善,利率联动欠佳,难以达到美国的国债和政策利率的联动状态。

二、货币市场利率体系有待健全

银行间差异和市场间套利影响货币市场利率传导。我国货币市场主要包括同业拆借、回购和票据市场,对应着形成了同业拆借利率、回购利率和票据利率。按交易场所划分,货币市场也可分为银行间市场和交易所市场。银行间市场中,银行及信用社是最重要的市场主体,国有银行是市场中的垄断性的资金提供者,资金主要由国有银行流向其他机构。同为银行间市场主体,但国有银行的资金获取能力远强于其他银行,必然导致各主体对利率的敏感程度差异,影响同业拆借利率的市场化和传导效果。另外,商业银行在央行的存款准备金和超额存款准备金利率,是市场利率变动的底线和商业银行排除部分业务的理由。交易所市场中,证券公司和基金公司等非银金融机构是市场主体,主要靠银行间市场获取资金,交易所市场利率波动性较大,与银行间市场存在套利空间,加剧资金在金融部门内部流动,不进入实体经济,影响货币政策效果。实证表明,短期利率通过我国银行体系向贷款利率的传导效果只有美国的一半左右。

中长端SHIBOR发展滞后。金融市场基准利率既是金融产品和服务的定价依据,也是中央银行利率间接调控的监测目标,是整个市场化利率体系形成的基础。目前看,金融市场基准利率报价和交易机制不完善、短端和中长端利率之间联系不紧等问题仍然存在,市场仍缺乏一条完整光滑的基准收益率曲线。3个月以内的SHIBOR基准性较好,且为拆借、回购、票据、短期融

---

① 田彦. 美国利率体系及其定价基准 [J]. 银行家,2005(12).
② 马骏等. 收益率曲线在货币政策传导中的作用 [D]. 北京:中国人民银行,2016.

资券、浮动利率债券以及衍生产品提供了定价参考。但3个月以上中长端SHIBOR的交易基础仍较为薄弱，报价准确性需进一步提高，在商业银行资产负债中的应用相对较低，影响力有待提升。[①]

三、债券市场基准利率缺失

在美国，贷款利率一般用联邦基金利率加点或国债收益率加点方式确定，市场利率对贷款利率的作用既直接又显著。当然，这有一个特殊背景就是，美国凭借国际储备货币地位，收取世界范围的铸币税支撑国内高负债，形成发达的债券市场，债券某种程度上成为美国货币发行的"锚"，客观上也为市场化基准利率提供了调控工具和参照。[②] 在我国，一方面，人民币不是国际储备货币，社会融资结构中，间接融资为主，债券等直接融资市场欠发达，影响了商业银行现行贷款产品定价模式；另一方面，我国短期和超长期国债的活跃度不如中长期限国债，不利于国债收益率曲线的形成。商业银行在进行存贷款定价及内部转移定价时，很少将公允的国债收益率曲线作为基准，制约了利率体系的完善和传导。债券问题集中表现在：流动性、期限结构、品种结构和风险结构有待优化。

首先是流动性差影响债券市场利率传导。银行间国债现券市场以银行为主导，国有银行是主要资金提供者，持有50%左右国债，且多数坚持"购买并持有"策略，银行间国债交易不够活跃；其他银行虽交易活跃，但对市场利率走势影响有限。而且，我国国债除7年期国债发行频率较高外，其他品种离滚动发行要求相差甚远。流动性不足使银行间国债收益率难以成为其他利率的基准。交易所现券交易的流动性虽然较好，但因为国内长期投资品种不足，国债收益率曲线同股市行情密切相关，多数情况下股市表现相对低迷，因而国债收益率曲线呈现扁平化或驼峰状。我国国债二级市场的流动性水平偏低。目前，我国国债全年换手率[③]在130%左右，美国国债换手率超过我国20倍，英国、日本等也高于我国数倍。与亚洲邻国相比，我国国债换手率仅处于中等水平。国债二级市场流动性偏低，制约市场发展，影响市场化利率形成和货币政策传导效果。

其次是期限结构不合理带来套利空间，影响货币政策通过债券市场的传导。从期限结构看，国债发行和交易管制最少、市场化最高，但国债市场被

---

① 纪敏，牛慕鸿. 市场化利率体系建设的核心 [J]. 中国金融, 2013 (16).

② 在美国，正常宏观环境下，美联储公开市场账户中持有的国债70%为三年期以下债券。在特殊情况下，也可买卖中长期国债来调控中长期利率，以影响中长期融资成本和通胀预期等。例如，美联储始于2011年9月的"扭曲操作"是主要通过购买6670亿美元6~30年期国债，同时出售相同规模的3年及以下国债来进行的。

③ 换手率 = 全年债券交易额 ÷ 债券年日均余额。

分割为银行间市场、交易所市场、银行柜台市场和凭证式国债市场，国债利率难以承担基准利率的角色。我国 2 年以内及 10 年以上的国债发行次数偏少。短期国债供给不足（我国 1 年以下国债发行量 1999 年以来占总发行量的 12%，1~3 年期国债占 14%；美国 1 年内国债发行量占 70%，2~3 年期国债发行量占 10%），2 年以内的短期国债年度发行次数仅为美国的 1/10，央行难以充分利用短期国债作为公开市场操作的工具。

再次是企业债券市场发展滞后影响利率定价。2018 年末，中国债券市场余额（托管总量）76.45 万亿元，相当于当年 GDP 的 84.9%，其中，企业债、公司债仅占 5% 左右，全年发行债券 22.6 万亿元人民币，其中公司债和企业债仅占 7% 左右。企业债发行主体、规模、利率、程序要求过于严格，是企业债券市场发展的主要障碍。品种单一且缺乏流动性的债券市场，影响了市场主体有效规避、分散和管理利率风险，无法获取精确完整的国债及企业债券收益率曲线，造成金融产品和企业信用的定价误差，短期和长期国债利率传导不畅，甚至出现"格林斯潘之谜"①。

最后是债券衍生品市场不发达影响债券利率传导。国债期货主要作用是，通过国债期现货联动更好发现均衡利率，为投资者提供套期保值、规避利率风险的产品，最早产生于 20 世纪 70 年代的美国。1992 年 12 月，我国上海证券交易所最先引入国债期货交易，后因发生"327"违规操作事件和恶性违规的"319"事件②暂停国债期货交易。经过 18 年发展完善，2013 年 9 月 6 日，国债期货才重新开始在中国金融期货交易所上市交易。目前国债期货还存在商业银行不能参与国债期货交易、国债期货缺少 5 年期以下中短期品种、国债期货市场价格波动过大等制约国债期货发生作用的问题，进而成为影响债券利率和利率传导的制约。

四、现有管理体制影响利率渠道

理论上，政策利率通过商业银行资产负债传导到其他利率和实体经济。中央银行通过公开市场操作，调整短期拆借资金利率，传导到商业银行等金融机构及金融市场，影响供求关系进而影响各市场利率。具体地，政策利率暂时上升时，从中央银行拆入资金利率上升，存款对商业银行相对廉价，银行更依赖存款融资，存款利率随政策利率的上升而上升；银行融资成本因此

---

① 格林斯潘之谜，指短期利率上升，长期无风险利率下降的长短端利率背离现象。
② 327 是国债代号，事件发生在 1995 年的 2 月 23 日，一场激烈的多空绞杀，最终以空头万国证券盈利、多头中经开亏损约 40 亿元而告终。319 国债期货事件是发生在 1995 年 5 月 11 日的，原因和操作手法与"327"事件颇为相似的又一起恶性违规事件。两次事件的直接后果就是导致国债期货交易暂停。

上升，商业银行从居民部门与中央银行吸收的总资金规模下降，贷款与企业债券利率不变情况下，银行会惜贷且惜购企业债券，短期内贷款市场与债券市场也面临资金供不应求问题，企业为融资生产，不得不提高融资成本，因而贷款利率和债券利率均随政策利率的上升而上升。同理，当政策利率下降时，贷款利率和债券利率均随之下降。

但现实中，上述传导逻辑往往受制于数量管制、贷存比（不高于75%）、利率管制、部分市场主体预算软约束等各种体制限制。① 具体地，有约束力的贷存比和对贷款的数量限制会大幅降低（幅度可达100%）政策利率对贷款利率的传导。过高的存款准备金率会削弱政策利率的传导效率。比如，在降息情况下，20%的法定存款准备金率相比10%的情况，政策利率传导效率平均约损失8%。在降息过程中，贷款规模限制对利率传导的扭曲效果大于贷存比约束。

此外，经济周期对利率传导效果有显著影响。央行改变政策利率的同时，往往是因为经济面临着需求面的冲击。经济危机时，货币政策大幅宽松的动因是国内投资需求的突然大幅下降。比如，我国2008年底和2009年初面临出口大幅下降的外部冲击，货币政策转向宽松。因为经济下行，信贷市场与债券市场的资金供应者（银行与居民）对金融资产不良资产率上升的预期迅速强化，要求企业在融资时承担更大的风险溢价。因此，央行降息对融资成本的传导效果会被风险溢价的上升所对冲。研究表明，当央行降息时，如果外需同时下降2.5%，政策利率传导的效果平均下降16%，被风险溢价的变化所对冲。②

第五节　疏通我国货币政策利率传导渠道

利率是整个货币政策传导链条各环节的资金价格。疏通货币政策利率传导渠道，需要从央行、监管、商业银行、金融市场、居民和非金融企业等市场主体入手，进行一系列提高市场化程度的改革。

一、推进利率市场化

利率市场化，既包括中央银行放松利率管制，即"放得开"，也包括市场利率的定价基准和定价能力能够跟上，即"形得成"；还包括利率放开后，中

---

① 地方政府融资平台和"两高一剩"的国有企业仍存在预算软约束，可能忽视利率成本而偏好资金可得性，不仅挤占了正常企业的贷款需求，同时也推高了整体利率水平，可能影响利率政策的传导效果。

② 马骏等. 利率传导机制的动态研究［J］. 金融研究，2016（1）.

央银行通过运用货币政策工具改变金融市场资金供求状况，调控整个市场利率水平，即"调得了"。较之"放得开"，后两者挑战更大。

一是提高利率形成和传导的市场化程度。进一步改革和完善商业银行内部治理结构，培育追求利润最大化的市场主体，充分发挥利率机制作用。不断促进银行间同业拆借市场尤其是3个月以上中长端SHIBOR的发展，发挥SHIBOR作为市场基准利率的作用。完善商业银行利率定价自律机制，提高央行对SHIBOR的影响和干预能力，防止利率形成过程中市场失序。完善各金融市场联动机制，提升短期利率向长期利率传导效果。

二是理顺利率的期限结构。利率期限结构不合理，往往导致名义利率的调整滞后于通货膨胀预期，阻碍名义利率向实际利率传导，降低名义利率向投资传导的有效性。理顺利率期限结构，要恢复零利率底线，统一政府债券市场，改变政府债券期限结构，使政府债券收益曲线正确反映整个经济的资金供求和当事人预期。随着外汇占款减少，应主要依赖国债市场滚动发行国债，完善利率期限结构。构建完整平滑的基准收益率曲线，准确覆盖无风险利率与信用风险溢价。

三是加强商业银行的利率风险管理。利率市场化改革进程中，利率风险是商业银行的主要风险，改革初期利率风险管理难度较大。我国商业银行现有化解利率风险的办法，如敏感性缺口管理方法、利用衍生金融工具等，都不能完全适应形势需要。要建立健全利率风险管理的组织体系、运行机制和识别、测量、处理、评价等基本流程。商业银行应根据不同客户的收益、信用风险、期限长短、利率风险及资金筹集成本、运营成本、同行竞争等因素，完善定价体系。构建银行利率风险计量和监测系统，及时发现利率风险，估算利率变动影响。借鉴发达国家经验，利用利率套期、债券期货、期权等利率衍生产品，管控利率风险。

二、改革过时的管理指标

我国商业银行准备金率仍然较高，不仅会降低利率走廊效果，还将扭曲利率价格。建议根据国际收支情况和宏观调控需要，适时降低存款准备金率，条件成熟时取消存款准备金制度，或实施自愿准备金持有制度。考虑到银行业在经济新常态面临诸多困难，可先降低或取消超额准备金利息。鉴于活期存款主要是满足客户交易需求而非投资需求，银行为此需要承担相当的成本，为减轻银行业压力，建议随着居民理财发展逐步降低直至取消活期存款付息。

在取消贷存比上限（已在2015年下半年完成）[①] 基础上，逐步淡出对贷

[①] 2015年8月人大常委会通过了《中华人民共和国商业银行法修正案》，删除了贷款余额与存款余额比例不得超过75%的规定，将存贷比由法定监管指标转为流动性监测指标。

款的数量（合意贷款规模）限制，改善利率传导效率，为新货币政策框架的有效运行创造条件。通过全口径预算体制的建设、发展地方债市场、发展混合所有制等手段来硬化地方平台和国企等借款主体的预算约束。区分体制性因素导致的货币政策传导阻滞（在周期的任何部位都起作用）与周期性因素（在经济下行时风险溢价上升）导致的传导效果弱化。在市场化改革目标指引下，区分不同因素作用，取舍监管理念和具体指标。①

三、加速发展债券市场

作为我国融资渠道主体的银行，平均负债期限6个月左右，大量投放中长期信贷会加剧期限错配风险。在利率衍生产品种类有限、使用受限的情况下，资本市场尤其是债券市场可以缓解上述问题。② 建议统一债券市场，丰富债券产品，构建完整的、市场化的国债收益率曲线，完善交易规则和监管规则，促进债券利率和货币市场利率更加灵敏地联动，发挥好债券作为货币发行的重要参照物和政策传导媒介作用。国债市场兼具货币市场和资本市场特征，是联系两个市场的纽带。目前我国债券的交易所和银行间市场分割，要允许商业银行先进入债券交易所市场，逐步实现两个市场合并；要统一国债回购市场和回购制度，使回购利率在回购市场间相互作为对方定价的参照，统一管理国债的托管、清算、结算和信用担保，消除人为阻隔。培育公司债、金融债、市政债等债券市场合格机构投资人，发展债券市场做市商制度，完善债券托管和结算体系。发展跨市场产品，连通资本市场与货币市场间资金流通。丰富国债品种、期限结构、期货，增加市场流动性等方面的建议见本书第五章资产价格渠道部分。

四、提高市场主体市场化程度

进一步提高商业银行市场化程度。要建立利率走廊制度，稳定短期利率，逐步将某种短期利率打造为被市场接受的"政策利率"。进一步发展同业和大额存单，健全NCD市场，促进货币市场利率合理均衡，提高银行负债端市场化水平。进一步推动资产证券化，提高银行资产端市场化水平。进一步发展信用债券市场，通过与贷款的相互替代推动贷款定价更加市场化。

推进国有企业改革，完善现代企业制度，使其真正通过公平市场竞争获得资金，发挥利率对投资的调节和引导作用。增强企业对投资成本的敏感度和应对风险能力。推进地方融资平台改革，防止杠杆率过高。建立和完善中小企业信用担保体系，促进经营好、信用佳的中小企业融资发展，同时保证商业银行

---

① 马骏等. 利率传导机制的动态研究 [J]. 金融研究, 2016（1）.
② 马骏等. 新货币政策框架下的利率传导机制 [M]. 北京：中国金融出版社, 2016: 19.

的资产质量和收益,降低金融风险,防止信贷市场上的"逆向选择"。完善医疗、住房、教育、养老、失业等基本保障制度,稳定居民预期、消费习惯和金融需求。加快金融创新,丰富投资渠道,调整居民资产结构,适度降低集中度,扩大居民参与金融的深度,缓解商业银行风险。完善征信体系,整合金融、税务、公安、海关等部门信息,运用大数据和数据挖掘技术,为银行提供完善信用信息,降低信息不对称,为利率传导提供良好诚信环境。

五、完善利率走廊机制

借鉴发达国家经验,加快构建中国式利率走廊框架。一是逐步完善利率走廊的上限。目前,尽管央行已经明确常备借贷便利(SLF)作为利率走廊上限,但是因其期限是1～3个月,而利率走廊应该有一个多期限连续的利率曲线,只有各期限利率都能在货币政策作用下协调联动,才能减少套利空间,更好发挥利率效果。所以,隔夜SHIBOR和以7天内的回购操作为主的短期流动性调节工具(SLO)、以3个月为主的中期借贷便利(MLF)也可作为利率走廊上限的一个部分。1年以上国债利率定价主要参考同期国债收益率曲线,同时结合以3～5年为主的抵押补充贷款(PSL)。二是逐步构建利率走廊的下限。我国央行对超额存款准备金支付的利率为0.72%,在未取消超额准备金情况下,这是未来利率走廊下限的选择之一。也可借鉴国际经验设立存款便利,并将其打造成利率走廊下限。三是逐步构建市场的政策利率,增加货币政策操作的透明度。目前,我国央行可以选择以银行间拆借利率(如美国以联邦基金利率为基准)或者回购利率(如瑞典央行以回购利率为基准)为基准,前者是我国2007年后重点培育的货币市场利率,后者则在近两年发展迅速,逐渐成为央行调节流动性的主要工具,该利率对货币市场利率及国债利率都具有较强的引导作用。①

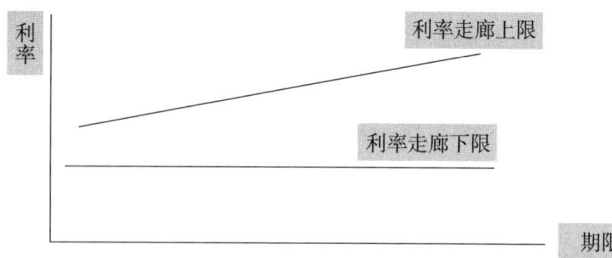

---

① 巴曙松,尚航飞. 利率走廊调控模式的演进、实践及启示 [J]. 现代经济探讨,2015(5).

第四章 汇率渠道：现状、问题和对策

改革开放以来，我国汇率形成机制几经改革。2005年以前基本上是以汇率稳定为主要目标，汇改以来，汇率形成机制中的市场化因素不断增加，汇率经过先升值再波动、波幅不断扩大的过程。10多年来，伴随着经济规模增长、对外开放的深化、人民币国际化进程推进，在"不可能三角"理论影响下，汇率绝对稳定的目标逐渐被货币政策独立性的目标代替，汇率在货币政策传导过程中的作用有所上升，但仍比较有限。

第一节 汇率渠道理想传导过程

汇率渠道传导货币政策分为两个阶段：一是中央银行货币政策对市场汇率的影响，二是从市场汇率变动到实体经济运行，即货币政策最终目标的实现。前一个阶段涉及市场预期、利率差异、经济基本面差异等；后一个阶段涉及贸易投资、资本流动等环节和经济活动。同时，两阶段细分为贸易、利率、企业利率和汇率四个渠道。

一、汇率传导的两个阶段

货币政策汇率传导的两个阶段中，第一阶段适用汇率决定理论，第二阶段适用汇率变动效应理论。汇率决定理论渊源可以追溯到16世纪的重商主义时代，但具有开创意义的还是购买力平价理论（Purchasing Power Parity，PPP）。

（一）关于汇率决定理论

首先是卡塞尔的汇率决定理论。1922年，瑞典学者卡塞尔（G. Cassel）创立了购买力平价理论（以下简称PPP），核心思想是：购买力平价是两国货币的购买力比率，汇率主要由货币购买力决定。PPP有两种基本形式：绝对形式（Stronger Absolute Version of PPP）和相对形式（Weaker Relation Version of PPP）。PPP绝对形式，将两国货币的均衡汇率定义为两国物价水平的比率。相对形式的含义是，汇率变动的百分比是国内物价总水平变动百分比与国际物价总水平变动百分比之差。综合两种形式，可以认为，两国或一国与其他所有国家通货膨胀率之差决定了汇率走向。如果一国通货膨胀率高于别国，本币汇率将趋于下跌,反之,本币汇率将趋于上升。

布雷顿森林体系下,如果国内通货膨胀率持续高于或低于全球水平,国内产品与国外产品的相对价格变化,导致贸易萎缩或扩张。最终,国内通货膨胀率将会与全球大体一致,否则汇率将发生变动。从表4-1可见,1973年以前,主要发达经济体通货膨胀长期稳定在2.7%~5.3%。布雷顿森林体系瓦解后,通胀高的国家货币贬值明显,如法国、英国、意大利。

表4-1　　　　　　　通货膨胀与汇率贬值对比　　　　　　单位:%

国别	年均通货膨胀率		年均贬值率	
	1958—1972年	1973—1983年	名义汇率	有效汇率
瑞士	3.4	4.3	4.2	4.6
联邦德国	2.8	4.7	0.4	3.1
日本	5.3	7.7	1.3	3.0
法国	4.4	11.2	-5.5	-3.3
美国	2.7	8.4		2.4
英国	4.1	13.6	-4.9	-3.3
意大利	3.7	16.4	-10.1	-8.5

资料来源:International Monetary Fund, International Financial Statistics.

其次是凯恩斯的利率平价理论。1923年,凯恩斯在《论货币改革》中第一次系统地阐述了利率和汇率的关系,即利率平价理论(IRP:the theory of Interest Rate parity)。该理论认为,存在货币供应量—利率—汇率—净出口—产出(Mishkin,1995)的关系,即一国央行增大货供给量,货币需求减少或不变,利率趋于下降,若他国利率水平不变,就会导致资金外流,本币汇率下浮。又细分为抛补的利率平价说和不抛补的利率平价说。

抛补的利率平价说。购买力平价说是从商品市场角度探索现汇汇率决定的理论,利率平价说是从金融资产市场的角度探索远期汇率决定的理论。抛补的利率平价说(Covered Interest Parity)认为,在严格市场化假定基础上,两国利差超过交易成本时,资金就会从低利率国流向高利率国谋取利润。同时,为避免汇率风险,部分投资者将套利交易与掉期业务结合起来,锁定未来收益,防止外币汇率下降造成风险。

不抛补的利率平价说。该理论认为,投资者不考虑持有外币资产所有的汇率风险,本币资产与外币资产具有完全的替代性。外汇市场上一种货币的汇率变动是由于整个市场改变了对该种货币价值的评价,即根据各种信息形成的预期调整汇率。该理论认为,投资者在比较两个国家金融资产收益时,不仅要考虑两种金融资产利率所提供的收益率,还要预期这两种货币汇率的变化影响。如果利率差异被预期的汇率变化抵销,两种资产的收益就实现了利率平价。

凯恩斯认为，一国利率水平相对别国下降，将导致大量短期资金外流而使该国货币贬值。货币主义则认为，一国利率下降，另一国利率不变，持有该国货币的机会成本变小，该国货币的需求扩大，货币升值。加入通货膨胀因素后，温和通胀条件下，凯恩斯的"利率平价"传递关系得以成立；严重通胀情况下，货币主义的解释则比较符合实际。无论哪个理论，其中暗含的利率和汇率之间的传递条件都是，国内外金融市场高度一体化，国际资本可自由流动，货币具有完全替代性，套利资金的供给弹性无穷大。但现实中，这些条件很难同时满足。因此，利率平价理论很好地解释了汇率短期波动，并为各国货币当局提供了调节国内利率及市场汇率的理论依据。但在存在严格外汇和利率管制、货币替换程度低，资本项目不可自由兑换或不可完全自由兑换的国家，利率与汇率之间的联系是不紧密的甚至是扭曲的。

再次是黏性价格和汇率超调模型。黏性价格和汇率超调模型（Over Shooting Model）是美国麻省理工学院教授鲁迪格·多恩布什于1976年提出的。该模型认为，货币市场失衡后，商品价格在短期内具有黏性，而证券市场反应极其灵敏，利率的迅速调整，使货币市场恢复均衡，并由证券市场来承受，利率短期内必然出现超调。如果资本在国际间可自由流动，利率变动会引起大量套利活动，由此带来汇率超调。

最后是蒙代尔—弗莱明模型（IS-LM-BP模型）。该模型认为，资本流动和汇率制度是影响调控政策效果的重要因素。在固定汇率制度下，货币政策无效，而财政政策有效，在浮动汇率制度下，财政政策无效而货币政策有效。在固定汇率制度下，外汇储备随着央行对汇率的干预而发生变化。央行采取扩张性货币政策，本币贬值。为防止汇率下跌，政府将动用外汇储备进行干预，增加的货币量被外汇储备下降引起的货币量减少抵销，货币供应量恢复均衡。在浮动汇率制度下，汇率由市场决定，政府不需要进行干预，因此外汇储备可以保持不变，而汇率则会经常变动。此时，中央银行采取扩张性货币政策，在公开市场买进债券，则会使利率下降，资本外流，导致本币贬值，出口增加，从而使国民收入增加。

汇率决定阶段，理论大多设置了"浮动汇率制度，国内外金融市场一体化"等制度条件。由于历史和现实的原因，我国很多制度尚不完全符合理论假定条件。因此，汇率渠道在我国，尤其是汇率决定环节的效果还不够明显。

（二）关于汇率变动效应理论

关于汇率变动的贸易收支和国际收支效应理论。该理论认为，汇率变动对进出口商品产生价格效应，继而影响贸易收支和国际收支平衡。该理论的不足：一是贬值并不能自动地、无条件调节国际收支逆差。贬值后，如果国外需求无弹性，贬值国出口收益下降，收入增幅小于收入降幅，贬值的贸易收支效应将为负。二是贬值并不会立即引起贸易量的变化。贬值后，进出口商品相对价格的变动与贸易量增减变化之间存在着"时滞"。贬值初期，虽然以外币表示的出口商品价格已经降低，但出口量尚未增加，以本币表示的进口商品价格虽已提高，但进口量尚未减少。因此，贬值国的贸易收支将先恶化后好转，这种由贬值引起的贸易收支先恶化后改善的过程被称为"J曲线效应（J Curve Effect）"。由于合同期限长，加上认识、决策、传递和生产迟延等原因，货币贬值的效应存在一定时滞，但最终会随贸易条件的改善而消除贸易赤字，实现净出口和经常项目顺差。三是价格变化并不是影响贸易流量的唯一因素。还必须考虑贬值时，国内是否达到充分就业，通胀及国内经济政策等情况。

鉴于此，经济学家对货币贬值机制进行了发展和补充。马歇尔和勒纳认为，贬值能否成功地改善国际收支，取决于进出口需求的价格弹性，只有贬值国的进口需求弹性与出口需求弹性之和大于1，贬值才能改善国际收支，即马歇尔—勒纳条件（Marshall Lerner Condition）。虽然进出口供给的价格弹性的反应慢于需求变化，但在一定时间范围内，同样会引起贸易和国际收支变化。由此，汇率贬值对贸易收支的影响，既视进出口需求的价格弹性而定，也取决于进出口供给的价格弹性。二者大小对一国的贸易条件（进出口价格指数之比）进而对贸易收支的影响不同（见表4-2）。

表4-2　　　　　　汇率贬值对贸易条件和贸易差额的影响

需求弹性	供给弹性	影响	
		贸易条件	贸易差额
都高，弹性之和>1	都高	轻微恶化或改善	改善
都高，弹性之和>1	都高	改善	改善
都低，弹性之和<1	都低	恶化	恶化
都低，弹性之和<1	都低	改善	改善

关于汇率变动的收入效应理论。存在失业的条件下，汇率贬值使本国出口产品的国外价格相对下降，进口商品价格相对上升；本国出口品行业与那些同进口品竞争的本国工业就业和收入增加，导致国民收入增加。同时，汇率下跌，资本流入本国，国内投资增加，国民收入随之提高。但是，汇率贬值的国民收入效应，取决于贬值是否使贸易条件恶化。只有贬值使一国贸易条件进而贸易差额得到改善，才会使国民收入增长。否则，可能是贸易差额恶化和国民收入下降。因为货币贬值后，为抵消进口减少对经济增长的影响，需要付出更多的商品、资源和资金，使人们感到手中的货币价值相对变少，

必然影响国民收入。

二、汇率传导的四个渠道

货币政策的汇率传导途径包括经常项目和资本项目。主要是通过国际贸易，影响物价和资本流动，进而影响国与国之间的利率差和国民收入，改变企业行为，影响经济增长。

第一个汇率影响经济的渠道是国际贸易。本币贬值，本国商品价格相对降低，出口需求增加，本国总产出增加，国内商品一般价格水平上升。相反，本币升值，国内进口需求增加。其中，有两个因素可能影响货币政策的汇率传导效果。一是区分本国的贸易品和非贸易品。本币贬值时，国外对于本国贸易品需求增加，国内对国外商品的进口需求减少，但并不改变非贸易品的需求，所以也无法影响其产出和价格水平。因此，通过货币政策影响汇率进而影响总产出和价格水平只能局限于贸易品。但是对于既生产贸易品又生产非贸易品的厂商而言，贸易品的需求增加，只要在短期内由于价格黏性而导致边际生产成本不变，那么他们会增加非贸易品的生产，减少贸易品的生产。在商品替代性较小和国内需求不变的情况下，非贸易品的产出减少，由于国内需求不变，导致非贸易品的价格水平上升。若商品具有替代性，进口需求减小会进一步加强非贸易品的需求，这样价格水平上升得更加剧烈。二是如果本币贬值，刺激出口、扩大国内总产出，对出口市场经济可能形成一定冲击，若冲击超出一定范围，市场所在国政府会提高关税等贸易壁垒。一旦如此，即使本币贬值，也无法通过降低商品价格扩大出口或至少效果打折。

第二个汇率影响经济的渠道是通过利率实现的。一国汇率变动会从物价和资本流动两方面影响利率，进而影响国内经济。物价方面，本币贬值扩大货币供应量，国内物价上涨，名义利率不变时，实际利率下降，刺激信贷和投资，扩大总产出。央行上调名义利率，实际利率的上升会抑制投资和总产出，并且使得物价水平下降。资本流动方面，如果一国不进行资本管制，浮动汇率制下，本币贬值，若国内名义利率不变，会在短期导致国内资本外流，国内可供借贷资金减少，导致利率上升，对国内的投资和产出具有抑制作用。可见，汇率对于利率的影响在两个渠道方面是相互制约的，由于经济的滞后性、一国经济的开放程度以及央行对于物价水平的反应和资本管制的程度不同，汇率对利率的影响程度不同，从而对最终的物价水平和总产出的影响也不同。桑切兹（Sanchez，2005）指出，在逆向风险溢价冲击（adverse risk premium shock）时，扩张性货币政策下，汇率与利率负相关，而在紧缩性货币政策时正相关。

根据多恩布什（Dornbusch，1976）的黏性汇率价格决定模型，实际汇率的变动也会引起国与国之间的实际利差：当受到冲击时，商品市场的价格调整若比资产价格调整得慢，货币冲击会引起暂时的实际利率差，并且导致实际汇率偏离长期均衡水平。随后，实际利率将会回归至均衡水平，而对于实际利率变动的预期程度将与国家之间的利率差相吻合，由此产生实际汇率与实际利率差之间的关联。比如，当一国采取紧缩性货币政策时，其实际利率随之升高，并且本币升值，高于长期均衡水平。市场会预期货币的实际汇率在未来升高，货币贬值，而货币预期的升值程度与当期的实际利率收益相吻合。固定汇率制下，两国也可能存在实际利率差。一是因为国际间的资本流动性不强，受到国家资本管制。二是因为利率收入的税率不同，会影响资本流动。① 三是因为市场中的经济主体可能预期本币盯住的目标货币贬值。四是由于市场无法确定货币政策的趋势而存在风险溢价（Knot and de Haan，1995）。

第三个途径是通过改变厂商的边际成本和边际利润，影响总产出和物价水平。本币贬值时，进口需求减少，出口需求增加，由于存在价格和工资黏性，短期内原材料的名义价格和工资无法调整，而实际价格降低，导致厂商的边际成本降低，边际利润增高，因此总产出增加。迪维诺（Divino，2009）研究了开放经济下汇率变动对厂商边际成本的影响：当经济中出现总需求冲击时，本国生产的商品在国内和国外的消费都会上升，进而影响到劳动需求和实际工资的变动。实际汇率的增加提高了进口商品的价格，并使物价水平上升，因此会影响到厂商的边际生产成本。

第四个途径是国外物价变动通过汇率渠道影响本国物价和产出。霍尔曼和里奥加（Holman and Rioja，2001）研究认为，一国内预期通货膨胀增加会减少稳态下的投资支出、劳动时间和产出，国与国之间的传导机制则取决于国内贸易品和非贸易品的替代性以及名义汇率制度的种类。当名义汇率可以自由浮动时，国外的通货膨胀税会通过汇率传导到至国内，影响国内的商品消费，但不会影响国内的产出水平；当名义汇率固定时，国外通货膨胀会影响国内产出。张和李（Jeong and Lee，2001）发现，无论在固定汇率制还是浮动汇率制下，各贸易国的价格水平会一同变化，形成一个均衡的关系。各国之间传导的通货膨胀在固定汇率制下比在浮动汇率制下更为明显。综合以上传导途径，汇率传导的理想过程见图4-1。

---

① 根据比利时国家银行1992年报告，1990年比利时将扣缴税款（with holding tax）率从25%降至10%，导致其与德国之间的利率差大大减少。

第四章　汇率渠道：现状、问题和对策

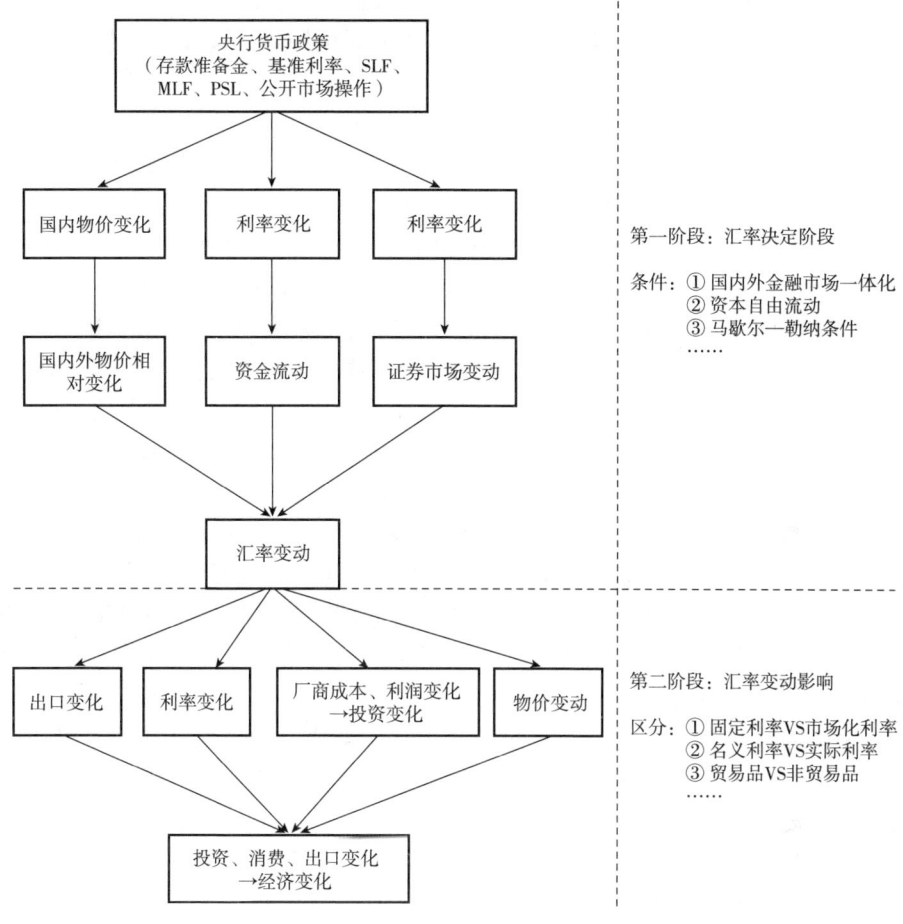

图 4-1　汇率渠道两阶段四渠道示意图

第二节　我国汇率制度和汇率传导指标

货币政策通过汇率传导的效果与汇率制度密切相关。改革开放以来，人民币汇率形成机制几经改革，市场化程度持续提升，汇率传导货币政策的效果总体呈上升态势。

一、人民币汇改历程和评价

（一）汇改历程

我国汇率制度改革历程始终与经济发展相伴。改革开放以前，为优先发展重工业，国家实行单一的计划汇率制，将有限的出口创汇收入资源集中供应国有企业，特别是国有外贸企业。但随着改革开放和市场化的深入推进，国家单一计划汇率制的控制成本上升，汇率形成机制的市场化要求日益迫切。总体看，经过多年的改革发展，人民币汇率形成机制经历了四个阶段，出现了三种形式：单一的计划汇率制、复汇率制、有管理的浮动汇率制。

第一阶段，新中国成立后至1982年，我国实行单一的计划汇率制。统收统支的计划经济体制下，外贸公司的出口创汇收入均须上交国家，同时按1美元兑换1.7元人民币的价格得到相应的人民币补偿，即所谓的出口补贴型牌价汇率。计划经济体制下，汇率不可能反映外汇的真实供求关系和市场价值，对经济增长的促进作用有限，更难以发挥货币政策的传导作用。

第二阶段，1982—1994年，我国实行复汇率制。即在过去1∶1.7的单一计划汇率之外，再实行一种1∶2.8的内部结算汇率。目的是解决创汇成本结构性不平衡，缓和结构性矛盾，但未能从根本上解决以出口补贴为目的的单一计划汇率机制的弊端，人民币贬值压力仍然存在。为提高外资企业出口创汇的积极性，1985年实行外汇额度留成制度，但因外汇额度不能交易，外汇额度无法刺激只创汇不用汇的企业的积极性。1988年，我国设立外汇调剂市场，增加留成外汇比例，允许外汇额度在企业间买卖，适当增加市场利率弹性，鼓励出口，限制非必需品进口。汇率制度演变为：官方汇率与调剂价格并存、调剂市场中现汇价格与额度价格并存的汇率制度。这种双轨的复汇率制度是我国计划汇率向市场汇率的过渡，具有重要的积极意义。但同时造成了人民币两种价格和核算标准，随着对外开放进一步深化，对市场经济的制约逐步显现。

第三阶段，1994—2004年，有管理的浮动汇率制。1993年5月25日，美国财政部将中国列为汇率操纵国。1994年1月1日，我国《关于进一步改革外汇管理体制的通知》指出，实现人民币官方汇率和外汇调剂价格并轨，取消外汇留成和上缴，实行外汇的银行结售汇制度，推行以市场供求为基础的、单一的、有管理的浮动汇率制。将1美元兑换5.8元人民币的官方汇率调整为，当时通行的1美元兑换8.7元人民币的市场汇率，一夜之间人民币贬值33%[①]，基本上是与美元挂钩的汇率制度，此后10年左右的时间里，人民币兑美元汇率保持基本稳定。其间，1996年12月1日，中国允许用于贸易的人民币与外币完全可兑换，所有正当的、有实际交易需求的经常项目用汇都可

---

① 其中，外汇供求状况是以银行结售汇制和央行对各外汇指定银行的结售汇周转头寸所实行的限额管理为基础。单一的汇率，是外汇指定银行根据央行公布的汇率及浮动幅度对外挂牌的汇率，用于所有外汇（包括贸易外汇、非贸易外汇以及资本项下的外汇）结算与兑换。有管理的汇率，主要指市场出现较大幅度波动时，央行要通过调整货币政策或吞吐外汇，来干预外汇市场，保持人民币汇率相对稳定。浮动汇率，表现在央行每日公布的汇率根据市场情况变动，外汇银行对外挂牌汇率，可在央行公布的汇率基础上适当浮动。

第四章 汇率渠道：现状、问题和对策

以对外支付，但对外币贷款和投资仍有限制。1997—1999年，亚洲金融危机没有直接冲击我国的金融市场，但却影响了我国汇率形成机制改革的进程。2001—2005年，加入世界贸易组织后，中国开始逐渐放松资本管制。在我国经济实力提升、人民币供求关系变化和国际压力等因素作用下，人民币升值压力不断上升。

第四阶段，2005年至今，实施参考"一篮子"货币进行调节的有管理的浮动汇率制度。2005年7月21日，央行宣布了人民币汇率形成机制改革方案。历时10年的与美元挂钩的制度改为：以市场供求为基础、参考一篮子货币进行调节、有管理的浮动汇率制度。改革之初，人民币一夜之间升值2.1%，兑换美元汇率为1美元兑换8.11元人民币。2005年汇改标志着我国开始放弃实行多年的固定汇率制度，转向由市场机制调节的浮动汇率制，但在短期内会对人民币汇率进行干预和管理。2007年7月，首批人民币计价债券在香港发售。人民币兑美元、欧元等货币的中间价上下浮动区间由千分之三扩大为千分之五，并放弃了强制结售汇制度，实行意愿结售汇制，外汇管理由"宽进严出"向"宽出严进"转变。

2008年，国务院颁布了新的《外汇管理条例》，要求均衡管理资本市场上的流进和流出，强化了对跨境资本流动的监测。某种程度上，人民币再次挂钩美元。2009年7月，中国在部分城市开展"允许公司以人民币结算进出口贸易"的试点，指定香港为内地以外人民币结算的试点城市。

2010年6月19日，中国承诺增强人民币交易的灵活性，人民币汇率的弹性空间继续增大，市场机制在决定汇率方面的作用加强，结束了事实上两年来的人民币与美元挂钩制度，重新采取参考"一篮子"货币进行调节、有管理的浮动汇率制度。同年7月19日，人民银行与香港金融管理局同意扩大人民币在香港的结算范围，离岸人民币交易正式启动。8月20日，麦当劳成为首家在香港发行人民币债券的非金融类外资企业。10月1日，中国开展试点项目，允许指定出口商将部分外币收入留在境外。

2011年1月12日，中国银行向美国消费者开放人民币交易。1月13日，中国启动试点项目，允许国内企业使用人民币在境外投资。当年第一季度，约7%的对外贸易以人民币结算，大多数在香港。截至2011年4月底，香港的人民币储蓄额达5110亿元（790亿美元），约占总储蓄额的8.4%。

2012年4月16日起，银行间即期外汇市场人民币兑换美元交易价浮动幅度由千分之五扩大至百分之一，外汇指定银行为客户提供当日美元最高现汇卖出价与最低现汇买入价之差不得超过当日汇率中间价的幅度由1%扩大至2%。

2014年，人民币中间价从6.0969元快速贬值，几乎消耗了上一年全部涨幅，2015年初延续贬值态势，3月一度升破6.2。2015年8月11日，人民币

中间价形成机制改革,人民币兑美元汇率持续较快贬值,从 8 月 11 日的 6.2085 一度贬至 2017 年 3 月 9 日的 6.9125,贬值近 11.3%。① 央行在 2017 年 5 月 26 日宣布,在人民币汇率形成机制中加入逆周期调节因子,此后影响人民币汇率的因素有三个:收盘汇率代表的市场供求状况、"一篮子"货币汇率、逆周期调节因子,此后人民币兑美元汇率趋于稳定,并呈现升值态势。② 9 月央行再次运用对升值的逆周期调整。③ 总体看,人民币汇率处在合理均衡区间,但人民币汇率形成机制仍待优化,人民币市场化改革、筑牢人民币资产信心,仍需要较长的过程。

(二) 汇改评价

汇率制度改革取得了比较明显的成就。一是 1994 年汇改实现了人民币汇率并轨,确立了以市场供求为基础的单一的浮动汇率管理制度,建立了全国统一规范的外汇市场。④ 同时,取消了外汇留成和上缴制度,实行强制结汇制度,要求中资企业所有外汇收入、出口收入必须强制卖给银行,实行银行结售汇制度。⑤ 为后续汇率制度改革奠定了物质条件、市场条件和制度基础。二是 2005 年汇改纠正了人民币汇率过度低估,汇率回归基本均衡合理水平,改善了国际收支,优化了资源在国内外以及国内部门之间的配置。三是显著改

---

① 2015 年 8 月 11 日,中国人民银行宣布实施人民币汇率形成机制改革,主要内容包括:参考收盘价决定第二天的中间价;日浮动区间 ±2%。新汇率机制加剧了人民币大幅贬值,央行不得不完善汇率形成机制。至 2017 年 5 月,人民币兑美元中间价定价机制,已经历了五次重要变化。2015 年 12 月,央行推出"收盘价+篮子货币"新中间价定价机制,试图引导人民币兑美元汇率缓慢贬值。2016 年初,央行宣布,人民币兑美元汇率中间价制定同时参考两个目标:前一日收盘价,为了维持过去 24 小时人民币的有效汇率不变,而需要的人民币兑美元变动幅度。收盘价与篮子汇率各占 50%。为了配合这一改革,央行还在 2015 年底推出了包含 13 种货币的 CFETS 货币篮。2017 年初,央行把 CFETS 篮子中的货币数量由 13 种增加至 24 种,美元与港元占篮子的权重分别由 26.40% 与 6.55% 下调至 22.40% 与 4.28%;把参考一篮子货币的时间由过去 24 小时缩短为过去 15 小时,避免重复计算。

② 应该说,2017 年 2 月以后人民币的升值,主要不是贬值预期的消退,而是美元的贬值和其他储备货币相对升值所致。这从银行结售汇逆差、远期净结汇为负可以看出。说明人民币汇率影响因素复杂,除汇率制度外,经济基本面是影响市场预期的关键。

③ 2017 年 9 月 8 日,央行决定将外汇风险准备金征收比例从 20% 降低为零,并取消对境外金融机构境内存放准备金的穿透式管理,一定程度上放松了资本管制。9 月 8 日和 9 月 11 日连续两个交易日,央行在人民币兑美元中间价的设定中,首度启用了对升值的逆周期调整。此前只有在人民币贬值预期集中时,新中间价公式中的"逆周期因子"才会明显发挥作用。截至 9 月 27 日,在岸人民币兑美元收报 6.6350,较 9 月 8 日收盘价贬值超过 1700 点,抹去了 8 月底、9 初的全部涨幅。参见钟正生、张璐. 人民币汇率的"新周期"?[EB/OL]. 财新网,2017 - 09 - 28.

④ 与之前的外汇调剂市场不同:在外汇调剂市场上,交易主体是企业,是一个零售市场;现在的外汇市场是银行间市场,交易主体是银行,银行和企业/老百姓买卖外汇以后,有敞口部分,就到外汇市场进行交易,参与人民币汇率的形成。

⑤ 管涛. 人民币汇改二十年背后的故事[EB/OL]. 澎湃新闻网,2016 - 11 - 28.

第四章 汇率渠道：现状、问题和对策

善了中国的贸易条件，促进了中国进口以及对外直接投资。四是促进了人民币国际化。2009 年以来，中国政府大力推进跨境贸易与投资的人民币结算及离岸人民币金融市场发展。至 2014 年底，中国跨境贸易的四分之一左右已转为人民币结算，离岸人民币存量已超过 2 万亿元。① 2016 年人民币正式纳入 IMF 特别提款权（SDR）货币篮子，充分说明我国汇率制度改革得到了国际社会的认可。②

但目前汇率制度仍面临着不少问题。一是人民币汇率失衡，货币篮子中美元比重过高。研究认为，人民币存在汇率错位问题，如马杰和李蕾（2010）发现，2005 年汇率改革以来，人民币汇率主要仍是盯住美元，这增加了央行与市场投机之间的博弈难度。2008 年美国次贷危机爆发，美国多次实施 QE 政策刺激经济，美元贬值人民币升值，2010 年实际升值 4.72%，汇率变动过大不利于我国按部就班地进行汇率改革。同时，我国外贸结构不断变化，美国占比下降，欧盟和东盟占比上升，有必要尽快调节一篮子货币构成，适度降低美元权重。

二是贸易顺差持续，外汇储备过大。2005 年汇改后的 10 年里，人民币持续升值，我国出口增速长期超过 20%，贸易顺差不断攀升。主要因为占总进口 40% 左右的加工贸易进口较少受升值因素影响，能源、原材料等刚需商品的进口与汇率变动关系不大。持续增长的大规模外汇储备，一度引起国内货币被动超发以及国际投机资本攻击。国际社会一度认为人民币严重低估，压迫人民币升值。同时，巨额外汇储备随着美元贬值而大量蒸发，风险过高，多元外汇储备的战略思想落实的有差距。2014 年以来人民币重现贬值态势，外汇储备过高的压力有所缓解。但是又带来了资本快速流出、贬值压力上升等新问题。

三是汇率失衡所导致的价格扭曲与经济失衡。张斌（2010）认为，我国盯住美元的汇率政策，使人民币汇率难以作为调节国内资源在贸易品和非贸易品部门间分配的有效的价格杠杆。当资源过度流入贸易品部门时，从供给看是工业和服务业的结构失衡，而从需求看是消费需求不足，由于贸易品部门资本相对密集，导致劳动收入在国民总收入中比重下降，国内需求不足，严重阻碍了经济发展。此外，汇率价格失衡阻碍国内金融改革，如人民币升值预期，会延迟我国企业海外投资计划，国际资本大量流入国内，为防范投机行为，我国被迫管制资本，增加外汇管理难度，延缓人民币国际化进程。

四是我国外汇市场的规模、形态、市场主体、交易方式和交易工具均有

---

① 张明. 中国汇改 10 年的成就与缺憾 [J]. 中国证券期货，2015 (8).
② 2015 年 11 月 15 日，IMF 总裁拉加德声明，认为人民币符合"可自由使用"要求，支持人民币加入 SDR。IMF 工作人员的评估报告也给出一致结论。

待进一步发展。外汇市场缺乏内在平衡机制，只能靠央行平衡外汇供求，维护汇率稳定。目前，央行在银行间外汇市场的交易额占比达60%左右，掌握着银行间外汇市场的基本格局。中央银行合理适度参与外汇市场交易，主要目的不是货币政策，而是维护人民币汇率稳定和增加国家外汇储备、维护国际投资者的信心。但过多的干预会影响国内货币政策传导效果，扭曲外汇市场的供求机制。

二、汇率制度改革走势分析

沿着过去多年改革的逻辑，未来人民币汇率形成机制改革将呈现以下特点：一是市场化大方向不变。这既是我国发展阶段的需要，也是市场经济战略的必然选择。根据汇率改革的国际经验和中国改革历程，市场化的过程就是管制放松和市场完善的过程。因此，未来外汇市场将不断发展，市场主体多元化，逐步将境内外银行、金融机构和居民纳入其中；市场体系更健全，建立健全强大的在岸市场，影响离岸市场人民币业务；丰富外汇产品，逐步增加期货、期权、远期、掉期等衍生品；交易制度更健全，外汇交易时间延长，方便境内外投资者投资。二是市场价与中间价的波动幅度逐步放宽。市场主体的成熟是一个渐进过程，投机炒作等问题会不断出现，相关监管制度需要不断完善。20世纪90年代以来实行浮动汇率改革的国家，都经历市场汇率波动区间逐步放开，直至最后取消的改革历程。未来市场价与中间价之间的波动幅度可能会在2%的基础上继续放开，速度取决于市场完善程度和国际金融市场波动情况。三是政府把握调控手段，防控汇率风险。维持汇率基本稳定，即使在浮动汇率制度国家也是如此。20世纪30年代初，美国政府设立外汇稳定基金（ESF），日本设立外汇平准基金专项账户，欧洲中央银行明确500亿欧元外汇储备用以干预外汇市场，稳定汇率。[①] 随着人民币汇率制度市场化改革的深入，预计我国也将借鉴发达国家经验，充分发挥外汇储备和逆周期调节因子等的作用，稳定人民币汇率，必要时干预外汇市场，同时加快人民币汇率形成机制的市场化改革步伐。

三、货币政策、汇率和经济指标

首先，货币政策主要是数量和价格两个方面影响汇率。数量方面，央行数量工具有多种，本书采用目前比较主要的数量性工具：降准、PSL、MLF。价格方面，主要是央行端直接相关的再贴现利率、7天逆回购利率、SLF利率和MLF利率等几个政策利率。

---

① 王珊珊，邱嘉锋．汇率形成机制的国际经验及对中国的启示 [J]．税务与经济，2014（2）．

第四章　汇率渠道：现状、问题和对策

其次，人民币汇率有多种形式。这里重点分析人民币兑美元的汇率。主要包括以下几类：

一是在岸汇率和离岸汇率。在岸人民币汇率是指，在中国境内交易形成的人民币汇率，是人民银行授权中国外汇交易中心，每个工作日上午对外公布的，包括人民币兑美元、欧元、日元和港元汇率中间价，作为当日银行间即期外汇市场及银行柜台交易汇率的参考价格。目前，交易时间段为北京时间9：30～23：30，一般用CNY表示。离岸人民币汇率是指，在中国境外交易形成的人民币汇率，业务主要是境外人民币的存放款，源于2010年7月人民银行和香港金管局签署的《清算协议》。最活跃的市场是香港离岸市场，工作日几乎24小时不间断交易①，用CNH表示。相对于在岸人民币汇率，离岸市场人民币汇率交易时间更长，投资者更全面，对超预期经济数据反应更强烈。两者比较，在岸汇率时间序列长，但是每个交易日的交易时间较短，受政策影响大，离岸汇率虽然更能准确反映市场变化情况，但是时间序列较短，而且交易量相对较小（见图4-2）。因此，本书以在岸汇率作为衡量货币政策传导渠道的判断指标。

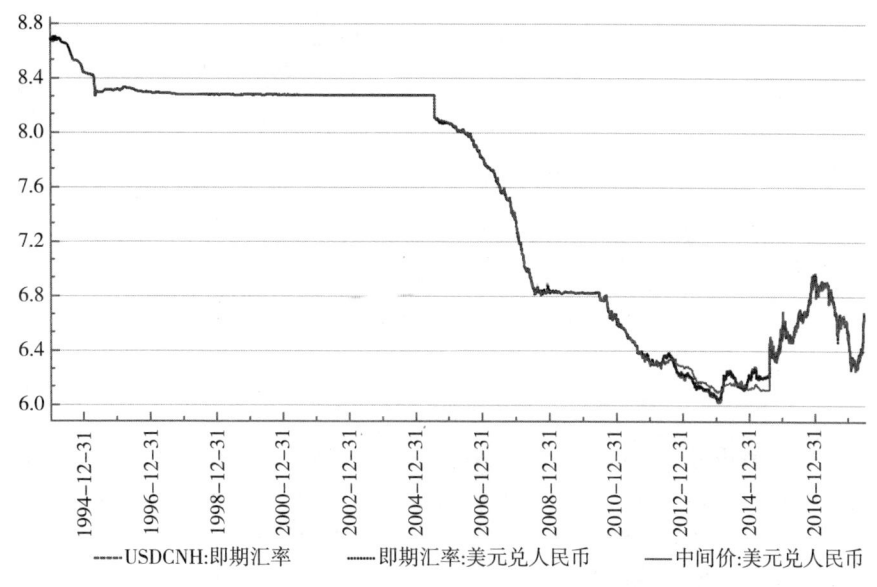

数据来源：Wind，民生银行。

图4-2　在岸离岸人民币汇率比较

二是即期汇率和远期汇率。即期汇率，也叫现汇汇率，是指外汇买卖双方成交当天或两天内进行交割的汇率。远期汇率，是在未来一定时期进行交

---

① 虽然部分外汇交易平台离岸人民币的交易时间有所偏差，但主流外汇交易平台如FXCM福汇工作日24小时不间断交易。

割,而事先由买卖双方签订合同、达成协议的汇率。远期外汇买卖是一种预约性交易,目的是满足外汇购买者不同时间的外汇需要以及规避外汇汇率变动风险。远期汇率与即期汇率的差额为远期差价,有升水、贴水、平价三种情况,升水是表示远期汇率比即期汇率贵,贴水则表示远期汇率比即期汇率便宜,平价表示两者相等。比较人民币兑美元即期汇率、3个月远期汇率和6个月远期汇率,三者波动趋势十分接近(见图4-3)。不同的是,即期汇率的时间序列较长,而远期汇率2015年以后才有数据。因此,本书主要用即期汇率作为判断货币政策传导效果的指标。

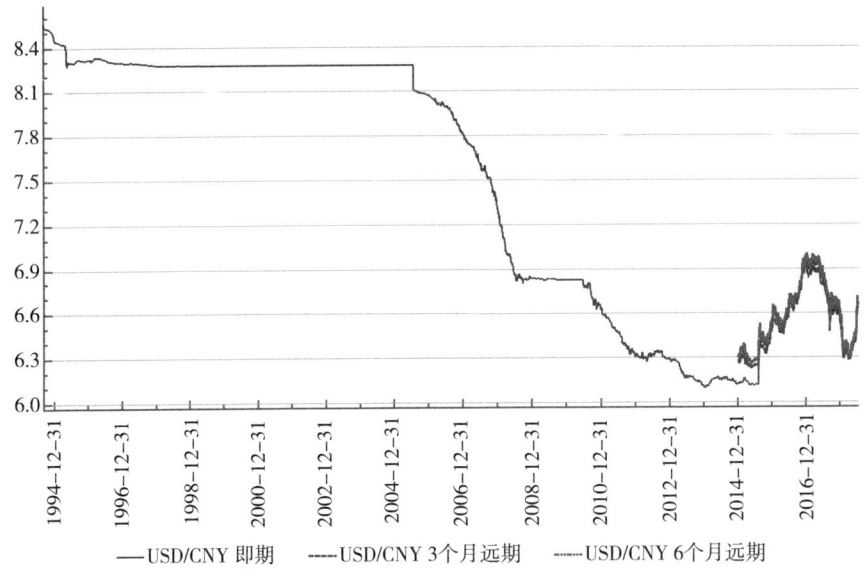

数据来源：Wind,民生银行。

图4-3 人民币即期汇率和远期汇率比较

三是人民币汇率指数。目前包括三种：第一种是中国外汇交易中心(China Foreign Exchange Trade System,CFETS)人民币汇率指数,用来综合计算人民币对一篮子外国货币加权平均汇率的变动,更加全面地反映人民币价值变化。该指数参考包括美元、日元、欧元等13种样本货币的CFETS货币篮子,采用考虑转口贸易因素的贸易权重法计算样本货币权重。该指数有助于改变市场过度关注人民币兑美元双边汇率,保持人民币汇率的合理均衡稳定,更好反映我国商品和服务的综合竞争力,发挥汇率调节进出口、投资及国际收支的作用。第二种是参考BIS货币篮子计算的人民币汇率指数,样本货币权重采用BIS货币篮子权重。对CFETS挂牌交易的外汇币种,样本货币取价是当日人民币外汇汇率中间价和交易参考价(如泰铢),对于非CFETS挂牌交易外汇币种,根据当日人民币兑美元汇率中间价和该币种兑美元汇率套算形成。第三种是参考 SDR 货币篮子计算的人民币汇率指数,样本货币权重由各样本货币在 SDR 货币篮子的相对权重计算而得。样本货币取价是当日外汇汇率中间价。以上三个指数,基期都是 2014 年 12 月 31 日,基期指数都是 100 点。指数计算方法都是几何平均法。比较三个指数,虽然计算方法各有特点,总体上后两个指数以第一个指数为基础,且 2016 年以来第一个指数始终低于后两个,波动幅度也较小(见图 4-4)。因此本书将 CFETS 人民币汇率指数作为判断货币政策传导的一个观察指标。

数据来源:Wind,民生银行。

图 4-4　人民币汇率指数变化情况

四是名义汇率和实际汇率。名义有效汇率是根据主要贸易伙伴在我国对外贸易中的重要性,计算一个加权平均汇率,在名义有效汇率基础上,把国内和主要贸易伙伴的国内价格水平都考虑进去,计算得到一个实际有效汇率。从人民币汇率走势看,2005 年以前,名义有效汇率和实际有效汇率呈现总体波动状态,而人民币兑美元汇率在汇改以前一直保持在 8.2 左右,2005—2014 年底,人民币兑美元汇率持续升值到 6.1 左右的峰值,2015—2017 年初,人民币汇率呈现贬值,2017 年增加逆周期调节因子后,人民币兑美元汇率开始趋于稳定,2018 年 6 月底以来,受美国特朗普政府挑起经贸摩擦影响,人民币一度快速贬值(见图 4-5)。汇改后的名义有效汇率和实际有效汇率走势和双边汇率走势大体保持一致。考虑到货币政策与价格高度相关,而名义有效汇率和实际有效汇率差别在于价格，为更好反映汇率的效果，本书选取实际有效汇率作为判断货币政策效果的观察指标。

数据来源：Wind，民生银行。

图4-5 名义和实际汇率变化情况

五是汇率对经济的影响指标。理论上，汇率的变动通过国际贸易渠道影响进出口数量，通过利率渠道影响企业投资行为，通过价格渠道影响消费，最终影响经济增长。因此，本书主要选取经济端的进出口、投资、物价和消费等指标判断汇率渠道传导效果。

第三节 汇率传导货币政策的路径和效果

1994年启动汇改以来，汇率形成机制和汇率变化大体分三个阶段：1994—2005年基本稳定，2005—2015年汇率单边升值，尽管2009年超宽松货币政策，仍然稳步升值，10年累计升值35%，原因主要是国内外经济增长差异、人民币长期低估等。2015年以来汇率双向小幅波动，但与GDP、CPI、出口等相关性低，汇率更多是在央行引导下平衡国际收支，控制资本流动。

一、直观观察货币政策影响汇率的效果和解释

从数量型货币政策工具看，历史数据表明，货币政策的调整与汇率之间的关系不够密切。我国1994年开始推行以市场供求为基础的单一的、有管理的浮动汇率制，允许人民币汇率围绕基准汇率在一定区间内浮动。然而，改革并未能大幅增加人民币汇率变动弹性，1995—2004年我国广义货币供应量（M_2）累计增长441.5%，而同期人民币汇率却始终维持在1美元兑换

8.2765~8.438元人民币的区间内,处于"超稳定"状态。1997年以后实行扩张性货币政策,对汇率的影响也不明显。与此同时,中美利差及其变动对人民币兑美元的汇率影响也不够明显(见图4-6)。

数据来源:Wind,民生银行。

图4-6 我国货币政策对汇率的影响

数量型货币政策工具对汇率的影响不明显,原因在于,一是中央银行的干预往往无法完全实现政策初衷,如央行2016年实行了"三管齐下"的稳定汇率政策:在公开市场上出售美元购入人民币,显著加强对资本外流的管制,频繁改革人民币兑美元中间价定价机制,但收效甚微,直至最后推出的逆周期调节因子才有效果。二是因为强制结售汇制度下,加上境内外的利差,产生了大量隐性和非法的套利行为。这可解释我国在经常项目和资本项目"双顺差"格局下,外汇储备增长率反而逐年下降的原因。三是我国实行"固定汇率制+货币政策独立+资本流动管制"模式。保罗·克鲁格曼1999年提出:货币政策独立性、汇率稳定、资本流动中只能同时选择两个,不可能三者兼得的"三元悖论"。易纲等(2001)论证了"三元悖论"存在非角点稳定解,中国长期政策组合应该是有效的货币政策、逐步市场化的汇率制度和逐渐放开管制的资本流动政策。① 四是我国资本项目存在管制和金融市场欠发达,影响了汇率渠道作用。经常项目自由兑换条件下,国际收支平衡的重点

---

① 孙业霞,程恩富."三元悖论"与我国资本项目放开的新考量[J].辽宁大学学报,2015(5).

是经常项目平衡。我国对资本项目管理一度以鼓励外资流入、限制资本流出为基调，在促进国内经济增长的同时，货币升值破坏经常项目平衡，央行不得不在吸纳大量外汇盈余的同时，减少国内信贷来抵销基础货币的增加。我国金融市场不发达，央行利用金融市场进行冲销的余地很小，且只能针对国有金融机构进行。在信贷计划体制下，只有减少再贷款和缩小贷款规模才能起作用，容易造成银根紧缩，影响国内生产，增大冲销成本。现在，我国央行主要是调整利率间接干预，利率变动不是通过贸易和境内外资金流动影响汇率，而是通过影响国内经济间接影响汇率，进而影响国际收支、国内货币供给和宏观经济，即通过国内经济迂回方式的次级效应进行传导。

从价格型货币政策工具看，宽松的货币政策理论上导致国内利率下降，在国外利率保持稳定的情况下，资金呈现外流压力，本币贬值。但在我国这个过程并不明显。从基准利率看，2005年以前，1年期贷款基准利率总体上处于下降态势，从1994年最高的12%左右持续降至2014年末的5.5%左右，同期，由于汇率形成机制尚未改革，人民币兑美元一直稳定在8.2左右，名义和实际有效汇率虽有波动，但也处在80~100之间的稳定区间，至少没有随着国内利率下降出现大幅贬值。2005—2015年，基准利率几经波动，2007年底最高时达7.3%，到2015年底最低降至4.5%，2011年一度出现大幅拉升，但人民币兑美元中间价和人民币名义有效汇率均呈现总体升值态势，这种态势一直到2015年汇改才开始改变（见图4-7）。可见，基准利率的变化和人民币汇率并无直接的因果关系。

相反，存款准备金率的变化和汇率的关系更加密切。2005年汇改前，亚洲金融危机后，存款准备金后连续降低几次后处于低位。与此相对应的是，虽然人民币兑美元仍处在水平状态，但市场化程度较高的有效汇率出现了一段相对较高的时期。2005年，汇改以后，随着外汇占款不断增加，央行不得不通过提高存款准备金率吸收被动投放的基础货币。这一趋势一直到2011年底，其间，人民币三种汇率都呈现走高态势（见图4-8）。随着此后降准时代的开启，汇率出现了贬值压力。这背后的原因主要是存款准备金直接影响银行之间的流动性，进而影响资金的市场利率，对汇率影响更为明显。

第四章 汇率渠道:现状、问题和对策

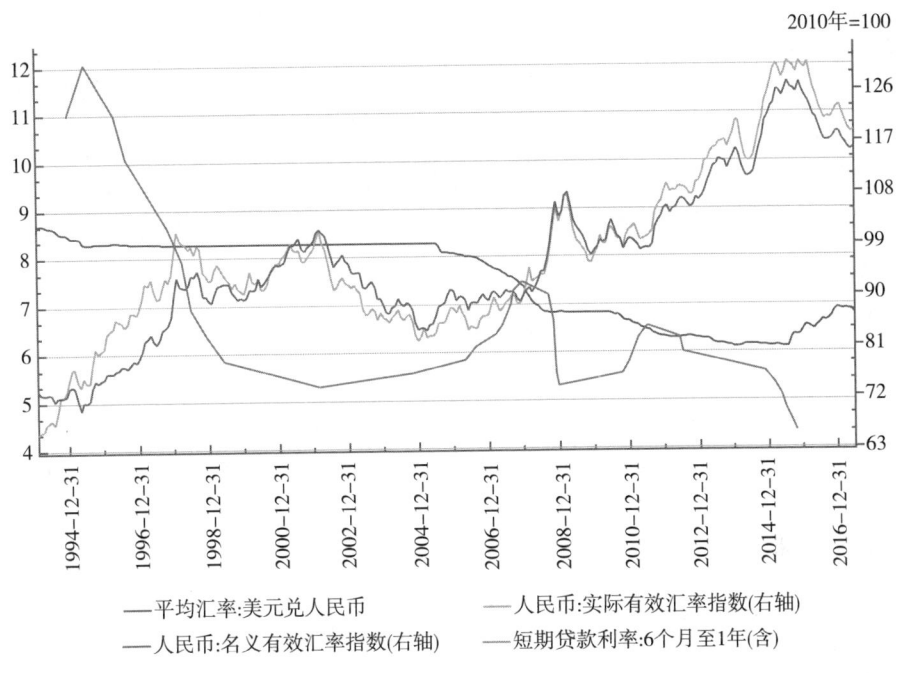

数据来源:Wind 资讯。

图 4-7 利率变动对汇率的影响

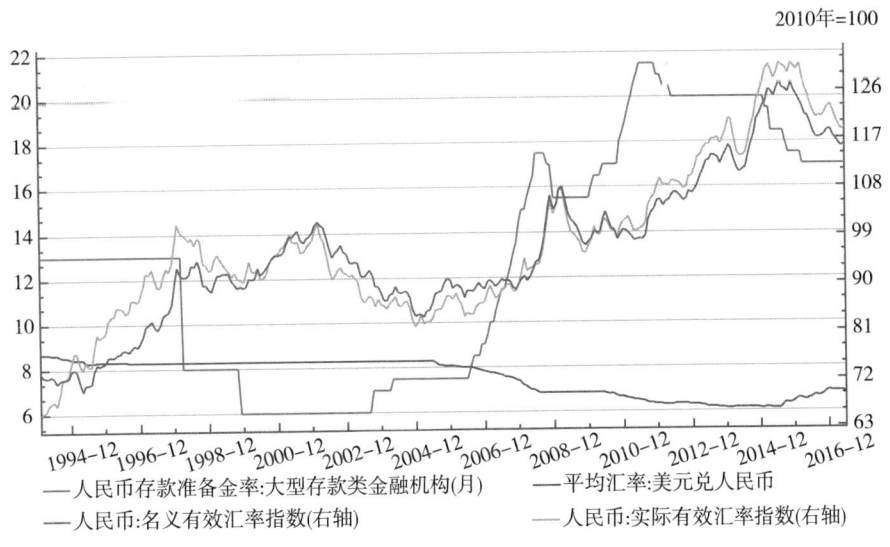

数据来源:Wind 资讯。

图 4-8 存款准备金率对人民币汇率的影响

综合来看,过去一段时间,宽松的货币政策,没有促进经济企稳回升,

但却带来外储流出和货币贬值的结果。2000年以来,外汇占款成为最主要的基础货币投放方式。外汇储备从2008年初的1.59万亿美元增加到2014年6月的最高点3.99万亿美元,此后快速下降至2017年初低于3万亿美元,再贷款开始作为基础货币投放。增加再贷款能对冲外汇占款减少,保持基础货币增速基本稳定。同期人民币兑美元的汇率从2008年初的7.25:1升值到2014年初的6.1:1,此后快速贬值到2016年底的6.92:1(见图4-9)。

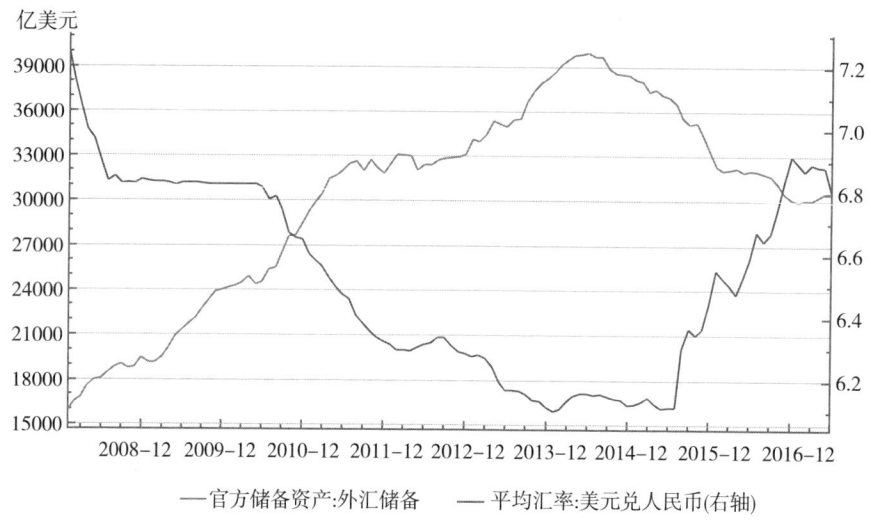

数据来源:Wind资讯,民生银行。

图4-9 金融危机以来汇率和外汇储备走势

利率政策效果不够明显的原因:一是利率变化最关键看企业的承担能力和谈判能力,在我国利率市场不够健全,部分市场主体的市场化程度偏低,对利率的变化不够敏感,基准利率调整对银行成本和流动性影响不大。另外,在国内根据经济形势调整利率的同时,国外主要贸易伙伴国也都进行了不同程度的利率操作,同向操作某种程度上抵消了对汇率的影响。二是存款准备金率更主要的是影响银行的流动性,处在金融体系的上游,对金融市场和汇率的影响相对较大。与利率相比,存款准备金在我国主要贸易伙伴国均不存在,相对而言,我国存款准备金率的政策更能独立操作,影响更加显著。三是汇率取决于两个因素:传统购买力平价中两国的相对价格水平;贸易品和非贸易品在各国的相对价格和生产比例。在各国总价格水平确定时,本国贸易品价格若相对于非贸易品上升,则本币贬值外币升值。这两个因素过去一个时期与利率关系并不直接。

二、直观观察汇率影响经济的效果和解释

一般而言,本币升值不利于出口,顺差缩小,将影响经济增长,而本币

贬值则有利于出口和经济增长。实际上，我国经济增长的确和出口走势高度吻合，但汇率的走势和出口及经济增长的因果关系在不同汇率表现不同。

首先，从人民币兑美元汇率中间价看，2005年汇改前几乎是一条直线，但同期经济却从亚洲金融危机的低谷回升，在加入世界贸易组织促进下，出口和经济增速均一度达到高点。2005年汇改后，人民币步入升值通道，虽然这一期间出口和经济增长都有回落态势，但更主要的特点是大幅波动。因此，人民币兑美元汇率的变动与出口和经济增长的关系不够明显。2006—2010年，人民币汇率升值17.9%，净出口年均下降2.5%，GDP年均增长11.3%。2011—2015年，人民币汇率升值5.9%，净出口和GDP年均分别增长19.7%和7.9%。2015年以来（到2017年），人民币汇率贬值16.2%，GDP年均增长6.8%（见图4-10）。①

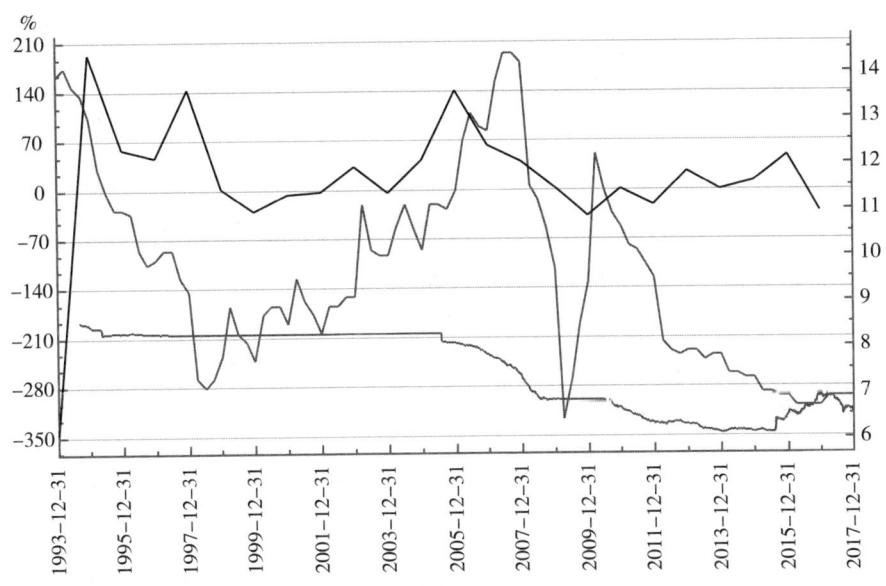

——中间价:美元兑人民币(右轴)　——GDP:不变价:累计同比(右轴)　——GDP:货物和服务净出口:同比

数据来源：Wind资讯，民生银行。

图4-10　人民币汇率变化与经济增长的关系

相反，从包含多个贸易伙伴的实际有效汇率看，汇率的变化和出口以及经济增长之间的关系相对更为明显。1997—2001年是人民币实际有效汇率的相对较高的时期，同期恰恰是我国出口和经济低迷时期。2001—2007年，人民币实际有效汇率相对较低，维持在80~90，这一时期，我国出口和经济增

---

① 其中，2014年第二季度资本流出加快，汇改使之加剧，为维持汇率稳定，央行通过消耗外汇储备、购买人民币、打击投机等稳定人民币汇率。

长都增长较快,经济增速一度达到14%左右。2008—2015年,伴随着人民币实际有效汇率的持续升值,外贸和经济总体走弱。2016年下半年随着汇率升值压力释放,经济也呈现趋稳迹象(见图4-11)。

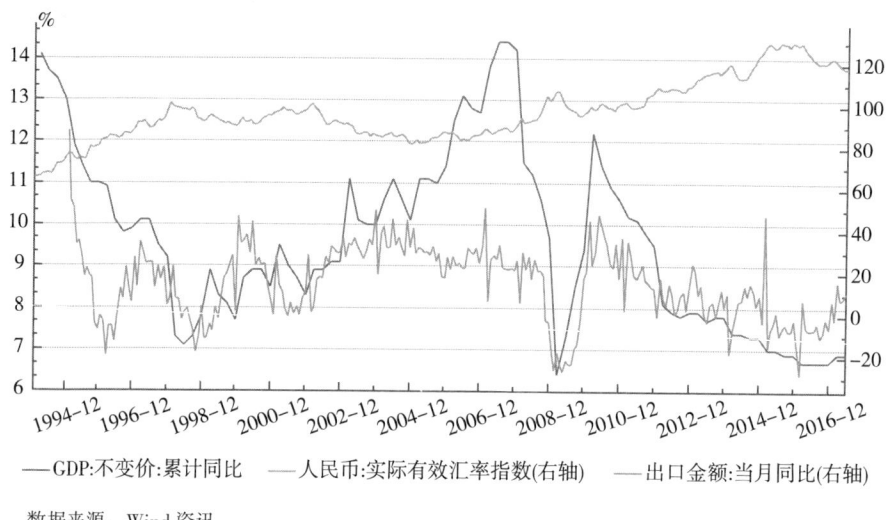

数据来源:Wind资讯。

图4-11 人民币汇率对出口及经济增长的影响

不同汇率对经济和出口影响存在差异,首先是因为不同汇率包含的因素不同,双边汇率虽然直观且重要,但毕竟在外贸中的作用有限,如果以其作为货币政策效果的判断依据,则存在一定片面性。根据利率平价理论,资金套利使人民币兑美元双边汇率的升值或贬值预期被两国间利率(资产回报率)差异所抵销。然而,有效汇率持续升值,拖累出口,导致总需求疲弱,为应对经济下行压力,央行2014年底开始多次降低存款准备金率和基准利率,并通过再贷款等结构性工具提供流动性,结果市场利率下行,人民币出现贬值压力。当然,资本账户管制使得套利不充分,远期汇率隐含的汇率变动预期和中美之间的利差不是完全抵销的,如果国内利率不下降,实际有效汇率贬值就得通过国内通缩来实现。

其次,紧缩性货币政策压制国内需求和生产,还可能出现"利率超调",增加企业借款成本,加重企业负担,不利于国民收入和就业增长。同时,由于我国信贷配给过程中的"倒逼机制",国有企业的负担又会通过各种形式转嫁给银行,导致信贷规模被突破进而增加货币供应量,使利率上调的紧缩效应被抵消,也不利于汇率稳定。可见,现行的汇率传导机制负面效应很大。

最后,汇率与贸易收支、国际收支的关系可以从短期、中期和远期来看,并不存在"贸易顺差减少-汇率贬值,贸易顺差增加-汇率升值"的简单线性关系。短期看,外汇的供给和需求(贸易差额是重要因素)决定汇率水平,虽然贸易差额是影响汇率的重要因素，但同时资本和金融项目下的资金流动也影响外汇供求，而且弹性更大，随着汇率管制的放松，后者影响更大，因此才出现了2015年以来汇率贬值和贸易顺差扩大并存的现象。中期看，汇率水平变动影响贸易差额，当一国处于积累对外资产时期，国内储蓄超过投资，对外投资的需求大，外汇需求上升，呈现本币汇率弱、贸易顺差的态势，当一国积累的对外净资产达到理想水平之后，外汇需求减弱，本币汇率转强，贸易顺差收窄。长期看，汇率和贸易差额则共同由经济基本面决定，当然外汇供求尤其是资本流动受预期的影响很大，而预期不一定理性，有可能导致汇率大起大落。①

根据"巴拉萨—萨缪尔森效应"，我国经济增速下滑，人民币实际有效汇率应贬值。但实际上2008年后却在加速升值，特别是在经济下行压力较大的2013—2015年（截至9月末），人民币实际有效汇率升值8%、6%和9%。说明我国经济政策存在协调性不强、针对性不高问题。1993年汇率并轨以来，人民币从来没有对美元真正持续、大幅贬值过。这意味着，在美元升值、其他非美货币对美元贬值时，即便人民币对美元不继续升值，也会对所有非美货币升值，由此造成人民币有效汇率升值。可见，人民币有效汇率的外生性，实际上是因为人民币对美元不贬值所产生的。我国近两年无国际收支的外部失衡而存在失业压力较大的内部失衡，人民币实际有效汇率高估，会制约经济增长，造成"产业空心化"（即资金"脱实向虚"）和通货紧缩。②

三、汇率渠道货币政策传导效果的量化判断

本部分通过实证分析，检验我国货币政策汇率渠道的传导效果。根据前文分析的汇率传导两个阶段，首先检验价格型货币政策操作对人民币汇率的影响效果，然后分析汇率变动对实体经济的影响。

（一）政策性利率到人民币汇率

1. 变量选择。根据上文分析，选取7天逆回购利率（RRepo7D）、1个月SLF利率（SLF1M）和1年MLF利率（MLF1Y）代表政策性利率，选取美元兑人民币汇率中间价（RMBCR）、美元兑人民币即期汇率（RMBSR）、人民币实际有效汇率指数（RMBRR）和CFETS人民币汇率指数（CFETS）代表人民币汇率，检验RRepo7D、SLF1M和MLF1Y对RMBCR、RMBSR、RMBRR和CFETS的影响效果。

2. 数据处理与描述性统计。根据数据最大限度可得性，选取2000年1月

---

① 彭文生. 渐行渐近的金融周期[M]. 北京：中信出版集团，2017.
② 鲁政委. 人民币汇率高估：中国经济百症之结[R]. 首席经济学家论坛，2016.

3日至2018年5月31日为样本区间。其中，2015年8月11日以后，汇率走势与以前相比发生了明显变化（见图4-12）。

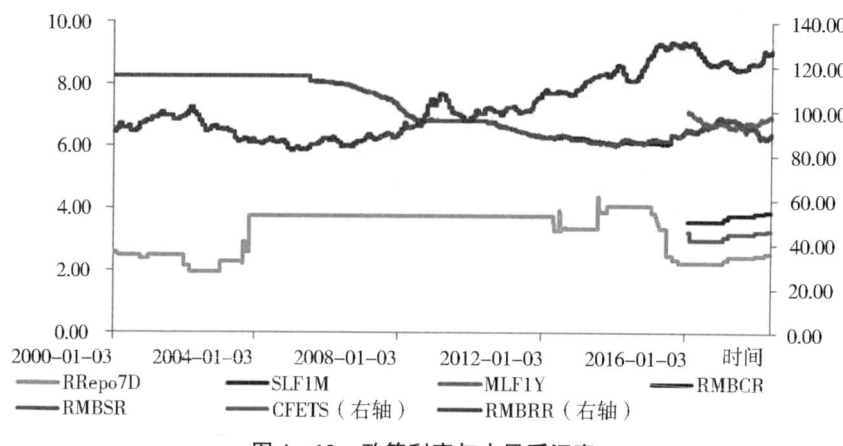

图4-12 政策利率与人民币汇率

由于2015年8月11日的汇率改革对汇率形成机制进行了较大调整，因此以2015年8月11日为界分成两个区间分别进行检验，从而验证汇改对货币政策传导效果的影响。根据各变量的区间长度，2015年8月11日以前，检验7天逆回购利率对美元兑人民币汇率中间价、即期汇率和人民币实际有效汇率指数的影响；2015年8月11日以后，分别检验7天逆回购利率、1个月SLF利率和1年MLF利率对美元兑人民币汇率中间价、即期汇率、人民币实际有效汇率指数和CFETS人民币汇率指数的影响。对样本进行描述性统计，结果如表4-3所示，样本量足够大保证了实证结论的可信性。

表4-3 政策利率与人民币汇率的描述性统计

变量	观察个数	最小值	25%分位数	平均值	75%分位数	最大值
RRepo7D	4735	1.97	2.48	3.23	3.76	4.40
SLF1M	581	3.60	3.60	3.72	3.80	3.90
MLF1Y	581	3.00	3.00	3.13	3.20	3.30
RMBCR	4735	6.09	6.46	7.25	8.28	8.28
RMBSR	4735	6.04	6.46	7.25	8.28	8.28
RMBRR	4735	81.87	89.64	101.98	114.28	131.05
CFETS	581	92.26	94.07	95.16	96.27	100.15

3. 平稳性检验。检验政策利率与汇率的格兰杰因果关系之前，分别对8·11汇改以前和以后的数据进行平稳性检验，结果如表4-4所示，所有变量都是一阶单整序列，可以建立VAR模型。

表4-4　　　　政策利率与人民币汇率的平稳性检验结果

8·11汇改以前							
变量	ADF统计量	P值	检验结果	变量	ADF统计量	P值	检验结果
RRepo7D	-0.3151	0.5723	非平稳	ΔRRepo7D	-31.7064	0.0000	平稳
RMBCR	-2.0919	0.5497	非平稳	ΔRMBCR	-61.7558	0.0000	平稳
RMBSR	-1.7104	0.7468	非平稳	ΔRMBSR	-47.8738	0.0000	平稳
RMBRR	-0.3540	0.9891	非平稳	ΔRMBRR	-63.6391	0.0000	平稳
8·11汇改以后							
变量	ADF统计量	P值	检验结果	变量	ADF统计量	P值	检验结果
RRepo7D	0.1719	0.7358	非平稳	ΔRRepo7D	-26.3818	0.0000	平稳
SLF1M	-2.2227	0.4755	非平稳	ΔSLF1M	-24.1651	0.0000	平稳
MLF1Y	0.1296	0.7231	非平稳	ΔMLF1Y	-24.0416	0.0000	平稳
RMBCR	-1.4897	0.8325	非平稳	ΔRMBCR	-27.0489	0.0000	平稳
RMBSR	-1.0271	0.9382	非平稳	ΔRMBSR	-25.8531	0.0000	平稳
RMBRR	-0.3479	0.9892	非平稳	ΔRMBRR	-26.3537	0.0000	平稳
CFETS	-2.0797	0.5555	非平稳	ΔCFETS	-24.2973	0.0000	平稳

4. 格兰杰因果关系检验。针对8·11汇改以前和以后的不同政策利率和人民币汇率，分别构建VAR模型，并确定最优滞后阶数。基于VAR系统对变量进行格兰杰因果关系检验，结果如表4-5所示。

表4-5　　　　政策利率与人民币汇率的格兰杰因果关系检验结果

8·11汇改以前				
变量	RRepo7D	RMBCR	RMBSR	RMBRR
lag（RRepo7D）	—	0.0159	0.1574	0.3882
lag（RMBCR）	0.8381	—	—	—
lag（RMBSR）	0.9099	—	—	—
lag（RMBRR）	0.1071	—	—	—

8·11汇改以后							
变量	RRepo7D	SLF1M	MLF1Y	RMBCR	RMBSR	RMBRR	CFETS
lag（RRepo7D）	—	—	—	0.0264	0.0058	0.2197	0.0002
lag（SLF1Y）	—	—	—	0.0200	0.0140	0.1988	0.0002
lag（MLF1Y）	—	—	—	0.0130	0.0052	0.1147	0.1217
lag（RMBCR）	0.0438	0.2764	0.4386	—	—	—	—
lag（RMBSR）	0.0449	0.2726	0.4641	—	—	—	—
lag（RMBRR）	0.0224	0.8674	0.0444	—	—	—	—
lag（CFETS）	0.7939	0.7939	0.0232	—	—	—	—

由检验结果可知,8·11汇改以前,7天逆回购汇率及其滞后因素显著是人民币兑美元汇率中间价的格兰杰原因,说明逆回购汇率的升降对人民币汇率中间价的传导效果较为顺畅,但7天逆回购汇率及其滞后因素对人民币即期汇率和人民币实际有效汇率指数的影响有限,传导效果不佳。此外,三种人民币汇率及其滞后因素都不是7天逆回购汇率的格兰杰原因,说明因为人民币汇率变动导致政策利率调整的情况偏少。

8·11汇改以后,情况发生了较大改变。首先,政策利率向人民币汇率的传导效果明显好转。三种政策利率及其滞后因素,都显著是人民币兑美元汇率中间价、即期汇率的格兰杰原因;7天逆回购利率和1个月SLF利率及其滞后因素,显著是CFETS人民币汇率指数的格兰杰原因,说明汇改以后,政策利率对人民币汇率的传导更加通畅。其次,人民币汇率对政策利率的影响增强。人民币兑美元汇率中间价、即期汇率和人民币实际有效汇率指数都显著是7天逆回购利率的格兰杰原因,人民币实际有效汇率指数和CFETS人民币汇率指数显著是1年期MLF利率的格兰杰原因,说明政策利率的调整过程中,已经充分考虑了人民币汇率变动的因素。此外,政策利率都不是人民币实际有效汇率指数的格兰杰原因,传导效果不畅。

2015年8月11日,央行公告:人民币汇率形成参考上日银行间外汇市场收盘汇率,相当于央行不再直接确定中间价。此后,在美联储加息、美元指数走强、英国脱欧、市场恐慌性预期等多种因素作用下,资本外流不断加剧,人民币一度大幅贬值,央行通过抛售外汇+逆周期因子等稳定汇率。可见,8·11汇改矫正了中间价与市场汇率的偏离,人民币汇率双向浮动、弹性增强、更趋均衡。为独立的货币政策创造了良好环境。

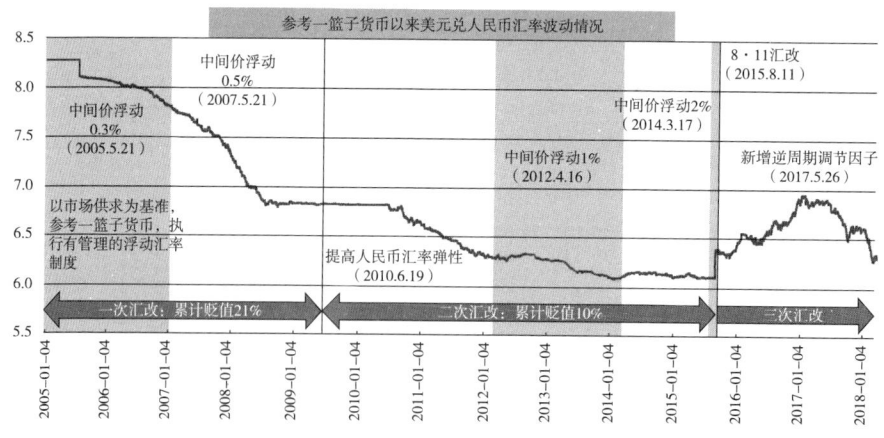

图4-13 人民币汇率改革的主要历程

(二) 人民币汇率到实体经济

在分析货币政策到汇率阶段的政策效果基础上,本部分检验货币政策汇率渠道第二个阶段的传导效果,分析汇率变动对实体经济的影响。

1. 变量选择。以人民币兑美元汇率中间价、人民币兑美元即期汇率和CFETS人民币汇率指数代表人民币汇率,考察汇率变动对主要经济指标——进口(IMPORT)、出口(EXPORT)、投资(INVEST)、消费(CONSUME)、物价(CPI)的影响。

2. 数据处理与描述性统计。根据数据的可得性,进口、出口、消费和物价选取当月同比增长率,投资选取月度累计同比增长率。为了统一数据频率为月度数据,日汇率数据取当月平均值,得到实证样本如图4-14所示。

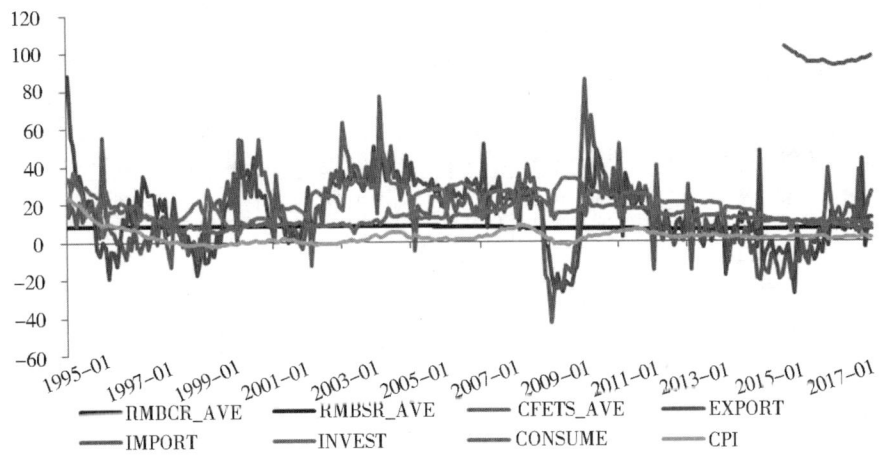

图4-14 人民币汇率与主要经济指标

样本的描述性统计如表4-6所示,样本量同样可以保证检验结论的可信性。

表4-6　　　　　人民币汇率与主要经济指标的描述性统计

变量	观察个数	最小值	25%分位数	平均值	75%分位数	最大值
RMBCR_AVE	281	6.10	6.59	7.46	8.28	8.44
RMBSR_AVE	281	6.05	6.59	7.46	8.28	8.44
CFETS_AVE	31	92.79	94.28	95.82	96.96	102.93
EXPORT	281	-27.96	2.10	15.18	28.50	88.30
IMPORT	281	-43.10	1.60	14.73	25.48	85.96
INVEST	281	3.50	12.25	19.69	26.40	53.00
CONSUME	281	4.30	10.00	13.51	16.10	34.30
CPI	281	-2.20	0.80	2.84	3.50	24.10

3. 平稳性检验。由于投资数据为月度累计同比增长率，具有明显的季节性，因此进行×12调整。分别对8·11汇改以前和以后的数据进行平稳性检验，结果如表4-7所示：汇改以前，所有数据都是平稳序列，只有投资数据平稳性的显著性为0.0930，但如果将显著性水平放宽至0.1，依然可认为其是平稳的，为后文检验数据之间的因果关系，对其标准稍做放松。因此，可认为所有变量都是一阶单整序列，可以建立VAR模型。

表4-7 人民币汇率与经济指标的平稳性检验结果

8·11汇改以前			
变量	ADF统计量	P值	检验结果
RMBCR_AVE	-2.0924	0.0352	平稳
RMBSR_AVE	-2.7778	0.0055	平稳
EXPORT	-3.4973	0.0419	平稳
IMPORT	-2.8703	0.0042	平稳
INVEST	-2.6064	0.0930	平稳*
CONSUME	-2.3484	0.0185	平稳
CPI	-3.0752	0.0022	平稳
8·11汇改以后							
变量	ADF统计量	P值	检验结果	变量	ADF统计量	P值	检验结果
RMBCR_AVE	-0.0160	0.6699	非平稳	ΔRMBCR_AVE	-3.5201	0.0009	平稳
RMBSR_AVE	0.0183	0.6813	非平稳	ΔRMBSR_AVE	-3.3506	0.0015	平稳
CFETS	-0.2552	0.5855	非平稳	ΔCFETS	-2.6807	0.0092	平稳
EXPORT	-1.1684	0.2161	非平稳	ΔEXPORT	-7.6302	0.0000	平稳
IMPORT	-1.1407	0.2258	非平稳	ΔIMPORT	-8.9179	0.0000	平稳
INVEST	-0.9906	0.2817	非平稳	ΔINVEST	-8.7139	0.0000	平稳
CONSUME	-1.2622	0.1859	非平稳	ΔCONSUME	-6.6940	0.0000	平稳
CPI	-0.8167	0.3545	非平稳	ΔCPI	-7.6822	0.0000	平稳

4. 格兰杰因果关系检验。针对8·11汇改以前和以后的不同人民币汇率和主要经济指标，分别构建VAR模型，并确定最优滞后阶数。基于VAR系统对变量进行格兰杰因果关系检验，结果如表4-8所示。

表4-8　人民币汇率与主要经济指标的格兰杰因果关系检验结果

			8·11汇改以前				
变量	RMBCR_AVE	RMBSR_AVE	CFETS	EXPORT	IMPORT	INVEST	CONSUME	CPI
lag（RMBCR_AVE）	—	—	—	0.2611	0.2210	0.9284	0.0025	0.4250
lag（RMBSR_AVE）	—	—	—	0.5750	0.1099	0.2264	0.0058	0.0982
lag（CFETS）	—	—	—	—	—	—	—	—
lag（EXPORT）	0.5153	0.4476	—	—	—	—	—	—
lag（IMPORT）	0.4388	0.6645	—	—	—	—	—	—
lag（INVEST）	0.0995	0.0638	—	—	—	—	—	—
lag（CONSUME）	0.1254	0.0990	—	—	—	—	—	—
lag（CPI）	0.0845	0.0346	—	—	—	—	—	—
			8·11汇改以后				
变量	RMBCR_AVE	RMBSR_AVE	CFETS	EXPORT	IMPORT	INVEST	CONSUME	CPI
lag（RMBCR_AVE）	—	—	0.0104	0.8026	0.7077	0.4740	0.3472
lag（RMBSR_AVE）	—	—	0.0057	0.7753	0.7076	0.4636	0.3440
lag（CFETS）	—	—	—	0.0789	0.0423	0.3690	0.0049	0.2591
lag（EXPORT）	0.3888	0.3769	0.0269	—	—	—	—	—
lag（IMPORT）	0.0439	0.0314	0.0608	—	—	—	—	—
lag（INVEST）	0.0306	0.2339	0.0316	—	—	—	—	—
lag（CONSUME）	0.0835	0.0834	0.3472	—	—	—	—	—
lag（CPI）	0.7233	0.7832	0.5580	—	—	—	—	—

总体上看，汇率渠道第二阶段的传导效果并不理想。8·11汇改以前，人民币兑美元汇率中间价和即期汇率及其滞后因素只是消费的格兰杰原因，都不是其他主要经济指标的格兰杰原因，而且主要经济指标也都不是导致人民币汇率变动的格兰杰原因。

8·11汇改以后，情况稍有好转。人民币兑美元汇率中间价和即期汇率及其滞后因素成为出口的格兰杰原因，与理论相符；CFETS人民币汇率指数及其滞后因素成为消费的格兰杰原因。同时可以发现，主要经济指标对人民币汇率变动的影响逐渐显著，出口及其滞后因素成为CFETS人民币汇率指数的格兰杰原因，进口及其滞后因素成为人民币兑美元汇率中间价和即期汇率的格兰杰原因，投资及其滞后因素成为人民币兑美元汇率中间价和CFETS人民币汇率指数的格兰杰原因。进一步把显著性水平放宽至0.1，消费及其滞后因素也成为人民币兑美元汇率中间价和即期汇率的格兰杰原因。但总体而言，人民币汇率到主要经济指标的影响效果仍不够明显。

四、其他影响因素的分析

过去很多年，人民币呈现"内贬外升"，与传统理论相背离。对此比较流行的解释是巴拉萨—萨缪尔森假说（Balassa - Samuelson Hypothesis，BSH）[①]。BSH 把经济分为贸易部门和非贸易部门，在一个经济高速增长的经济体中，贸易品部门通常具有较高的劳动生产率，贸易品部门工资上涨，劳动力流动带动其他部门工资上涨，因为贸易品价格受国际市场影响，往往导致非贸易品价格相对较高，总价格水平上升快于贸易伙伴，导致实际汇率上升。中国加入世界贸易组织以后，出口增加，加上农村劳动力向城镇转移，制造业生产率快速提升，如果完全按照 BSH 理论，应该导致物价上升和汇率升值，实际上并没有出现。原因在于，一是存在一定时滞，2004—2005 年升值和通胀显现出来，二是汇率制度改革尚未开始。当然，人民币持续升值早期是和经济快速增长联系在一起的，但持续升值的最后调整通常是不平稳的，某些情况下还会伴随着经济或金融危机，如日本、西班牙、菲律宾、希腊等。究其原因，就是 BSH 将汇率看成产品和服务的相对价格，而忽略了汇率的资产价格的特性。[②]

与 BSH 不同，对实际有效汇率持续升值的另一个解释是金融周期理论。该理论认为，在金融周期上半场，房地产价格和信用扩张相互促进，支持国内需求，投资相对储蓄增加，带来利率上升和汇率升值压力，贸易顺差减少。在国际收支上，体现为资金净流入，名义汇率升值面临压力。本币资产配置中，房地产备受青睐，房价带动 CPI 上涨，本币出现"内贬外升"。到了金融周期下半场，房地产行业调整，银行收缩信用，需求下行，进入去杠杆阶段，导致需求相对供给过剩，储蓄相对于投资过剩，利率下降或者资金外流增加，贸易顺差上升。

理解汇率和经济增长的关系，关键在于区分有效汇率和人民币兑美元汇率中间价。汇率升值不利于经济增长指的是有效汇率，金融渠道的影响对应的是人民币兑美元汇率中间价，两个汇率对经济的影响方向相反，有时金融渠道作用大于贸易渠道。BSH 和金融周期理论在解释"内贬外升"时，都认为非贸易部门价格上升更快是主要原因。但前者认为泡沫和金融扩张是贸易部门劳动生产率更快的结果，后者则认为这是非贸易部门价格上升更快的原

---

① 林毅夫. 关于人民币汇率问题的思考与政策建议 [J]. 世界经济，2007（3）.
② 彭文生. 渐行渐近的金融周期 [M]. 北京：中信出版集团，2017.

因之一。①

短期预期冲击有时脱离基本面影响汇率。中国的短期资本流动已经从前些年的净流入变成2014年开始的净流出。但在2014年，短期资本净流出还小于经常项目加上直接净投资的顺差。到2015年，短期资本净流出已经相当于基础国际收支的2倍，2016年进一步增加为近4倍。这说明我们当前外汇储备下降、汇率变动的压力主要是来自短期资本流出的冲击。短期资本的流动很大程度上是受市场情绪的影响，有时候和基本面没有关系。美国大选前后美元汇率的波动，就是市场对特朗普当选的一种预期。②

综合以上分析，人民币汇率目前不是我国货币政策主要的传导渠道。因为我国经济规模较大，发展不平衡，应以内需为主，货币政策目标多元，国内利率市场和商品市场的市场化程度尚待提升，资本项目管制相对较多，加剧了汇率影响因素的复杂程度，货币需求不稳定，外部经济及金融体系不平衡，汇率作为中介目标会让我国的货币政策失去独立性，可见目前汇率暂不适合作为货币政策目标。

第四节 疏通我国货币政策汇率传导渠道

在汇率传导货币政策效果有限的情况下，要在金融改革大背景下，稳步推进汇率形成机制改革，逐步过渡到更加灵活的汇率制度，也要逐步完善货币政策传导必需的金融市场、机构体系、实体经济等，提高货币政策的汇率传导效果。

一、坚持汇率市场化改革方向

虽然目前我国采用浮动汇率制还存在诸多制约，但最终实行浮动汇率制，既是大国经济发展的经验③，也是疏通我国货币政策汇率传导渠道的必然选择。汇率制度的改革，要实现三个目标：一是连续增强人民币汇率弹性。建议在现行"收盘价+篮子货币价+逆周期调节因子"中，逐步下调篮子货币比重，增加收盘价比重。比如收盘价和篮子货币从50∶50逐步调整为60∶40、70∶30、80∶20……。降低美元指数的影响力，提升汇率市场化水平，增强货币政策独立性。二是保证人民币汇率短期稳定。视情况和经济目标，稳定汇率需要行政控制汇率、投放外汇储备对冲贬值压力、资本流动管

---

① 彭文生. 渐行渐近的金融周期 [M]. 北京：中信出版集团，2017.
② 管涛. 人民币汇率会走向何方？[EB/OL]. 凤凰财经，2017-06-23.
③ 大型开放经济体（例如美国与日本）通常会选择自由浮动，而小型开放经济体（例如新加坡）会选择盯住一篮子。

制三者做出适当选择，防止汇率大幅波动。三是保证人民银行（外管局）等能够对汇率的波动进行有效干预。近期实行实际的目标区汇率制度①：设定一个由资本市场和商品市场基本面决定的中心汇率。围绕中心汇率，设定一个带状的具有上下边界的浮动区，即目标区。人民银行（外管局）等负责将人民币汇率维持目标区。干预只在边缘进行，即目标区内汇率自由波动，在汇率波动到带状区域上下限时，人民银行（外管局）等货币当局在外汇市场和货币市场上进行干预。控制大规模异常资本流动、投机性资本流入、恐慌性资本流出等。

二、资本项目可兑换改革思路

从近期看，国内银行信贷市场、资本市场、劳动市场以及企业机制还存在相当程度的扭曲，我国尚不具备开放资本项目的条件。主要是要加强资本项目管理，特别是我国经济增速回落，资本外流压力加大背景下，要加强对资本项目的管理，防止资金大规模流入流出、通过结售汇套取利差和汇差。同时要加强对外债和外汇贷款的管理。提前偿还部分条件较为不利的外债，减少资本项目顺差，促使现有债务结构趋向合理。加快境内的债券市场开放，支持市场主体跨境融资，便利 QFII 与 RQFII 的流入，放松甚至取消结汇的限制，鼓励外汇流入。加强征信审核，限制流出。引入宏观审慎措施，如对远期购汇征收风险准备金。改变外汇管理的政策，从过去的内部窗口指导，转向公开文件规定，从过去银行汇兑环节，转向源头交易环节着手。

从长期看，开放资本项目需要积极有为、顺势而为，兼顾国际通行做法和我国经济金融实际，稳步推进开放进程：一是提高监管当局对金融市场的监管能力。参照巴塞尔协议，健全和强化银行的各项监管措施。商业银行建立自身风险防范和内控机制，从合规性稽核监督转向防范金融风险为核心的审慎监管，加快我国金融监管的系统化、规范化和国际化建设。二是金融发展的继续深化，包括利率的市场化改革，及实行更富弹性的人民币汇率制度。三是进一步深化银行和企业改革，尽快建立现代企业制度，增强国内经济主体自我约束能力，提高用汇、创汇、还汇能力。四是规范金融市场，扩大证券市场规模，提高防范国际资本冲击的能力。五是加快自由贸易试验区的经

---

① 汇率目标区（Exchange rate target zones）的思想最早由威廉姆森（Williamson）1985 年在《汇率体系》一书中提出，建议建立一个按照中央汇率上下浮动 10% 的汇率区间。克鲁格曼（Krugman，1991）认为可将"上下浮动 10%"加以约束，形成更为严格的汇率区间。汇率目标区可以增强央行信誉度，通过影响市场预期帮助货币政策减小汇率波动，抵御投机冲击。欧共体当年的"洞中之蛇"汇率制度，一直到后来的欧洲货币体系是典型的汇率目标区制度，欧共体不以美元为汇率目标，而是盯住"欧洲货币单位（ECU）"，在汇率机制中充当"偏离度"指标。参见肖立晟. 从欧洲汇率目标区制看人民币汇改下一站 [EB/OL]. 财新网，2016 – 01 – 06.

验推广,扩大贸易和金融自由化。六是综合考虑"蒙代尔三角"约束,按1997年麦金农(Mcmnon)和皮尔(Pin)设计的次序推进资本项目开放:(1)保持宏观经济稳定;(2)对资本项目实行必要的控制;(3)对国内一些非贸易品,特别是不动产课税;(4)对银行业实施审慎监管;(5)最后解除资本项目的管制。

三、完善金融市场创新货币政策

逐步建设完善的市场体系和价格体系,提升汇率渠道的传导效果。一是健全金融市场体系,形成灵敏的货币政策传导制度,充分发挥利率变化的影响作用。建立全国统一的短期货币市场和债券市场,以利于央行在市场上买卖政府债券、银行票据来吞吐基础货币,调节银行利率和金融市场利率,调控全社会资金融通,进而影响汇率变化。二是建立有形和无形相结合、近期与远期相协调的外汇市场体系,建立二级外汇市场体系,提高外汇的流动性和使用效益,使人民币汇率向市场化、自由化方向发展。三是调整货币供应量统计。将外汇存款和外资银行存款纳入货币供应量,纠正现行货币供应统计中存在的"遗漏"。针对网络金融、金融创新、资本市场发展对现有货币供应量影响改善统计方法。四是重视并加强货币政策的前瞻性。目前,我国对货币政策合理性的评价是以 M_2、GDP 和 CPI 增速之间关系度量的。事实上,货币政策影响具有一定时滞,我国货币政策对通货膨胀的影响约有一年半的滞后期。货币当局应加强研究,提前安排,保持货币政策的持续性和稳定性。五是注重协调本外币政策,尤其是利率政策。密切关注主要国家央行货币政策对国际资本流动的影响,跟踪分析金融开放对货币政策的影响,及时研判货币政策传导机制运行中出现的新特点、新变化,调整货币政策取向,建立更富弹性的汇率形成机制。推进人民币汇率形成的市场化,完善外汇公开市场操作机制。六是清晰地与公众沟通货币政策目标和执行过程,可以增加货币政策的可信度和有效性。因此,应进一步健全我国央行基础货币投放的抵押品机制,充实、扩大抵押品范围,增加央行流动性调控的灵活性,提高货币政策可信度(梁红、余向荣,2017)。建立明确的政策利率和基准利率体系,形成并不断疏通由政策目标利率向货币和债券市场利率、借贷市场利率以及实体经济的货币政策传导渠道。①

四、配套推进相关改革

一要完善政府干预汇率的机制。汇率非市场化到市场化的过渡阶段,难

---

① 管涛. 货币政策如何配套汇率制度转型 [R]. 中国金融四十人论坛, 2018.

免伴随大幅波动和各种投机行为。由于设定的汇率波动区间较大,欧洲汇改之初就遇到国内外资本的投机冲击,1992 年 6 月意大利因入市干预而减少 13.5% 的外汇储备,瑞典 1992 年 1 月放弃盯住欧洲货币单位前损失 260 亿美元,法国 1992 年 9 月 23 日一周内损失 320 亿美元。① 综合国内外实践,保持本币汇率稳定的办法就是,货币当局保留必要调控手段。美国、欧盟和日本法律都规定,政府有权操作外汇市场,促进本币汇率保持基本稳定。就我国而言,人民币汇率形成机制改革过程中,为防止投机冲击,货币当局应该继续管制资本项目,实施汇率目标波动区间,借鉴美国 ESF 和日本外汇平准基金专项账户经验②,成立外汇市场调节基金,必要时进行干预,确保利率基本稳定。

二要保持足够规模随时可变现的外汇储备及黄金储备。外汇储备买卖影响本币汇率,是欧洲和发展中国家的普遍做法。其前提是外汇投资在高流动性领域。我国外汇储备投资领域主要是长期国债(50%)、长期机构债(约 40%),股权、长期企业债和短期债券(约 10%),其中欧元和其他货币资产约占 1/3③。在外部冲击较大的极端情况下,当局维持货币稳定必须靠随时可以动用的外汇储备,目前外汇投资结构不能完全满足需求。另外,东南亚金融危机期间韩国"全民捐金"的实践再次说明,黄金是保持币值稳定的最后防线。因此,我国应制定人民币过度贬值应对预案,适度减持美国国债,针对不同幅度贬值明确采取稳定基金、外汇储备、黄金储备等不同措施,维持币值稳定。

三要加快落实改革和调控举措,促进实体经济健康持续发展。只有实体经济实力的增强,汇率稳定的基础才足够坚实,人民币国际化的步伐才能更快。目前,很多改革设计很好,在高层政府部落实较好,但基层政府落实不到位,比如简政放权地方政府顾虑重重,居民企业办事成本仍然较高,制度活力尚未充分释放。稳增长政策传导机制不畅,效果滞后,比如多次降息降准之后,实体经济融资成本依然较高。只有调控政策和改革举措真正落实了,市场在资源配置中起了决定性作用,科技创新能力大幅提升了,经济实力才有保障,人民币才具有币值稳定的坚实基础。④

四要改善投资营商环境。要加快机构改革为代表的行政管理体制改革步

---

① 陈建梁,梁志成. 汇率目标区的国际经验及在中国的可行性问题 [J]. 学术研究,2005(2).
② 20 世纪 30 年代初,美国政府设立外汇稳定基金(ESF),由财政部管理,但财政部使用 ESF 进行外汇市场操作需得到总统授权,ESF 资金一般投资信用级别高、市场回报率稳定、流动性较强的金融产品。日本外汇平准基金专项账户由财务省管理,日本银行为代理负责外汇市场操作,通常投资于工业化国家的国债等安全性、流动性高的债券。
③ 张明. 中国外汇储备投资现状评估与前景展望 [J]. 当代金融家,2008(8).
④ 李洪侠等. 人民币中间价改革的意义 [J]. 中国金融,2015(17).

伐，通过规范界定并公开政府职责、减少机构和公务人员，将简政放权效果体现出来、固定下来。通过市场化改革、地方政府实行税费正面清单、公开各类收费期限、健全民商司法体系、收费接受监督等措施，降低企业税费等经济成本和交易成本，鼓励企业投资创新，加快提升国内经济竞争能力和全要素生产率。针对资金外流尤其是企业外迁、美国政策调整等标志性事件加快推出针对性改革，让实实在在的改革举措见效落地，让类似福耀玻璃在美设厂的公共讨论话题成为解决问题的突破口，让外国政府推出的针对中国的政策成为改进政府工作的契机。优化法制环境，尤其是公平执法环境，保护私有产权，稳定企业投资营商意愿。用最好的投资环境作为人民币汇率稳定的"压舱石"。

五要加快国企改革。切实打破行政性垄断，坚持基本经济制度，让市场机制进入更多领域，平等参与竞争，公平获得收益。推进混合所有制改革和国有资本经营管理体制改革，在国有资本保值增值的前提下，放开企业经营管理权和经营范围限制，保证民营资本参股国有企业的合法权益。加快市场化去产能步伐，政府停止对经营不善国企的补贴和照顾，相关资源投入到培训下岗职工、支持创业创新和再就业等方面，解决"人往哪去、钱从哪来"的问题。硬化国有企业经营管理的预算约束，保障民营企业的公平竞争，通过优胜劣汰的市场机制淘汰僵尸企业和落后产能。用公平竞争环境和合理的盈利能力激励更多资本回流。

六要推动人民币国际化步伐。在"一带一路"沿线国家建设开发中，配合中国企业、技术和装备走出去，在中国对外投资、贷款等金融活动中加大人民币使用力度，稳步推进人民币作为储备资产的份额。与更多发展潜力较好的发展中国家和部分发达国家签署货币互换协议，加大人民币的宣介和交易使用力度。做大境内原油等期货市场，提高人民币定价能力。锁定人民币汇率、利率市场化改革目标，配合人民币国际化进程，完善利率风险定价机制和汇率的市场化决定机制，优化价格信号的传导，加快推进国内外金融市场衔接。与人民币国际化进程匹配，协同推进资本账户开放改革。

第五章 资产价格渠道：现状、问题和对策

股票、债券、房地产是与货币政策密切相关的主要资产，三个市场在我国发展时间都不长，三种资产各有特点，在居民和企业资产配置中的地位各不相同，在经济快速发展阶段又都是货币政策传导的重要媒介，研究货币政策传导，离不开资产价格渠道。

第一节 资产价格渠道理想传导过程

货币政策是否该对资产价格变化做出反应，学术界始终存在分歧：一种以美联储前主席格林斯潘为代表，认为资产价格泡沫深层次原因来自人类的本性，正是悲观主义和乐观主义情绪起伏交替才导致投机性过度繁荣，中央银行很难预测公众信心何时逆转。因此，央行不能将资产价格作为目标，也不应该试图刺破泡沫，占优选择是"事后救助策略"（mop up after strategy），即通过及时注入充足流动性来缓解资产价格泡沫破裂对经济形成的冲击。

另一种观点以欧洲央行为代表，认为货币政策应当关注资产价格变动，因为资产价格膨胀一般与货币为信贷高增长相伴随，在经济上升期及住房等资产价格膨胀的阶段，应加强监测。伯南克虽然也曾任美联储主席，但其观点与欧央行更为接近，他认为，货币政策是否应对资产价格波动做出反应，取决于资产价格波动是否影响中央银行对通胀的预期。也就是说，这类观点还是将资产价格与通货膨胀相分离，即使资产价格变化影响到中央银行对通货膨胀的预期，货币政策也不是直接对资产价格膨胀做出反应，而是对通货膨胀做出反应。

近年来，随着全球化加速发展，初级产品和资产的需求大大增加；一般性产品供给能力显著增强，抑制了一般商品价格同步上涨，普遍大幅上涨的可能性更小，通货膨胀呈现明显的"结构性"特征，CPI反应经济周期变化方面存在滞后性；CPI明显上涨时，往往已经处在经济金融泡沫破裂的前夜，结果表现为通胀预期快速大幅逆转。

与此同时，随着20世纪70年代以来的金融监管放松和金融创新产品不

第五章　资产价格渠道：现状、问题和对策

断涌现，各国资本市场都迅速发展，股票、债券、房地产等金融资产占社会经济总资本的比重日益增大。资产价格波动的影响范围，大大超出资本市场和房地产市场本身，甚至会对宏观经济基本面和货币政策效果产生严重冲击。资产价格波动不可避免地影响货币政策有效性。资产价格波动不仅改变了货币需求，也影响了人们对通货膨胀的预期。即资产价格不仅动摇了货币政策传导机制发挥作用的基础，也影响了货币政策最终目标的实现。但资产价格波动的原因非常复杂且极不稳定，对央行货币政策的确是不小的考验。尽管格林斯潘等人认为资产价格不应成为货币政策目标，但实际上他极其注意资本市场价格波动，从"9·11"到2008年全球金融危机，每一次资本市场巨大波动之际，都能看到美联储的身影，无论格林斯潘还是伯南克都密切关注资本市场价格变化。

资产价格波动主要通过影响实体经济中货币的供求结构、使货币政策传导机制更加复杂、冲击货币政策中介目标和最终目标的方式影响货币政策有效性。① 因此，为更好应对全球通胀新特征和机理变化，各国央行在制定政策时，不仅要关注消费物价指数，还应充分和前瞻地考虑其对资产价格的影响，并将资产价格未来变动趋势作为影响货币政策有效性的重要参考因素之一。②

综合已有理论研究和实践经验，本书认为，货币政策传导渠道主要分为两步：一是货币政策变化能否体现到三类资产价格身上，二是资产价格的变化能否反映消费和投资的变化，进而影响经济增长和物价（以 CPI 为代表的整体价格）变化。

具体分资产而言，首先是货币政策变化影响资金价格甚至直接影响流动性，进而影响股票这种股权资产的配置，股票价格和股市指数随之发生变化，连锁引致股票投资者的收入和企业投资能力，最终影响经济增长。其次是货币政策变化通过资金价格（利率）影响债券市场的利率，当不同融资方式原有均衡被打破后，市场主体的选择使贷款和债券市场的融资成本趋于新的均衡，带动债券市场价格即债券发行方的融资成本或投资方的收益水平发生变化，进而影响企业投资和经济增长。最后是货币政策通过利率、首付比、资本金要求等手段，从房地产开发和购房者贷款两端作用房地产的供给和需求，影响房地产价格，带动房地产投资和上下游产业的投资变化，最终影响经济增长（见图 5-1）。

---

① 连平. 资产价格应成为货币政策的重要参考因素 [J]. 新金融，2009（10）.
② 张晓慧. 关于资产价格与货币政策关系的一些思考 [J]. 金融研究，2009（7）.

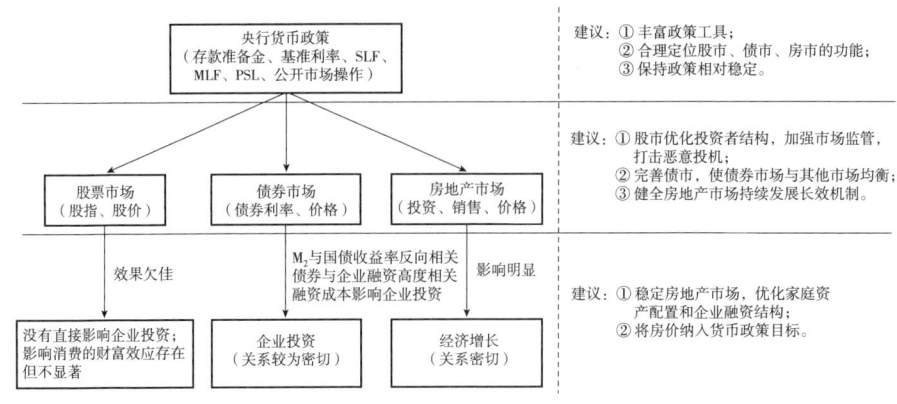

图 5-1 资产价格渠道示意图

需要说明的是,股票和债券是典型的金融资产,房地产也是金融投资属性很强的固定资产,货币政策在影响资产价格进而影响经济增长的同时,资产价格的变化,也会影响货币政策的判断和调整。比如,国际金融危机发生后,随着"四万亿"政策出台实施,我国房价在 2009 年下半年一度迅速上涨,调控房地产的政策连续出台,其中几乎每次都必然涉及货币金融领域的政策。

相比而言,股票和债券市场表现和物价(CPI)对货币政策反应敏感,没有时滞或者时滞很有限,而房地产市场受开发周期、房地产市场基本面、土地供给约束等因素影响,房地产市场和价格变化与货币政策调整之间有一定时滞。综合各方面研究和政策实践,判断货币政策房地产渠道传导效果,应考虑半年到一年的滞后期。

第二节 我国主要资产市场和价格指标

我国主要有股票、债券、房地产三类资产市场,都是改革开放以后出现的,房地产市场更是在 1998 年房改后逐步发展起来的。三类资产市场呈现时间短、发展快、改革多、待完善等特点。30 多年来,三类资产市场几经改革,不断完善,在货币政策传导中发挥了重要作用。随着社会主义市场经济体制的完善,特别是经济进入高质量发展新阶段,完善宏观调控对货币政策传导的资产价格渠道和三类资产市场提出更高要求。

一、股票市场发展和主要价格指标

(一)股票市场发展历程和现状

20 世纪 80 年代早期,伴随着股份制改革试点,我国资本市场开始出现并

第五章 资产价格渠道：现状、问题和对策

不断发展。最初是少量企业向社会或企业内部发行股票或债券集资，随后逐步形成"股票热"。1990年，上海、深圳两家证券交易所开始营业。1992年邓小平南行讲话后，股份制试点进一步扩大，中国资本市场开始快速发展。同年10月，中国证监会成立，标志着证券市场纳入统一监管框架。

1999年7月，《证券法》实施，以法律形式确定了资本市场的地位，规范了证券发行和交易行为，资本市场进入法制发展轨道。2004年，《证券投资基金法》实施，促进了证券投资基金的发展。截至2018年底，全国共有证券公司131家，境内外上市的证券公司合计37家。证券公司总资产6.26万亿元，净资产1.89万亿元，注册资本5138亿元，全年累计净利润666亿元。全国共有期货公司149家，总资产（含客户资产）5141亿元，注册资本704亿元，净资产1100亿元，客户保证金3880亿元，实现净利润63亿元。全国共有120家基金管理公司，其中79家设立专户子公司。基金管理公司总资产1820亿元，净资产1407亿元，管理资产合计19.1万亿元。其中，管理公募基金规模13万亿元，存续产品5792只；基金公司专户规模4.37万亿元；受托管理社保基金规模（含基本养老金）11561亿元；受托管理企业年金规模5167亿元。[①]

2001年11月，中国加入WTO，资本市场加快对外开放和国际化步伐。截至2018年底，累计有268家境内股份有限公司到境外上市，融资28365亿港元，共批准56家证券基金经营机构，在境外设立、收购了57家经营机构。2018年度共批准20家合格境外机构投资者（QFII）资格和人民币合格境外机构投资者（RQFII）资格。截至2018年底，共批准309家境外机构QFII资格，231家境外机构RQFII资格，准入条件放宽，制度更加完善，投资更加便利。[②]

2004年1月，国务院出台《关于推进资本市场改革开放和稳定发展的若干意见》（俗称"国九条"），将大力发展资本市场提升到了完善社会主义市场经济体制、促进国民经济发展的战略高度。2005年5月启动的股权分置改革，纠正了市场早期制度安排带来的定价扭曲，打造了股份全流通的市场，拓展了市场的深度和广度。

近年来，我国逐步建立起主板、中小板、创业板、代办股份转让系统构成的多层次资本市场体系，以适应多元化的投资与融资需求。上市公司大股东清欠工作共清欠金额数百亿元，保护了中小投资者的利益，提高了上市公司质量。证券公司的综合治理化解了行业风险，夯实了发展基础。基金业的市场化改革带来了行业的迅速成长，基金规模已占到流通市值的近10%，并

---

① 数据来源：2018年证监会年报，部分数据做了四舍五入处理。
② 数据来源：2018年证监会年报，部分数据做了四舍五入处理。

带来了市场投资理念的深刻转变。

经过近 30 年发展，我国资本市场法律体系逐步健全，监管规则日臻完善，层次结构日渐丰富，资金、人才、技术等生产要素通过资本市场配置的效率明显提升，资本市场规模已位列全球第二。截至 2018 年底，沪深两市共有上市公司 3584 家。其中，主板 1923 家，中小企业板 922 家，创业板 739 家。沪深两市总市值 43.5 万亿元，流通市值 35.4 万亿元；流通市值占总市值的 81.3%（见表 5-1、图 5-2）。沪深两市总市值占 2018 年国内生产总值的 48.3%，居全球第二位，仅次于美国。①

资本市场推动了现代金融体系建设。20 世纪 90 年代以前，我国主要是银行主导的间接融资。资本市场的出现和发展提升了直接融资占比，丰富了企业融资渠道。2018 年底，我国股市市值为商业银行资产的 21% 左右，当年社会融资规模中，直接金融占当年社会融资规模的 24% 左右。② 虽然仍然低于美英等发达国家，但无疑大大改善了我国的金融结构。同时，资本市场也拓宽了商业银行融资和中间业务范围，并为银行和保险等机构提供了多元化的资金运用渠道。

资本市场支持了我国企业发展。上市公司日益成为我国经济体系的重要组成部分。仅交易所市场看，2018 年，沪深两市发行 A 股股票 105 只，合计融资 11378 亿元（见图 5-3），同比下降 26.8%，其中首发融资 1378 亿元，定向增发（现金认购）融资 3864 亿元，定向增发（资产认购）融资 4557 亿元，配股融资 228 亿元，优先股融资 1350 亿元。不仅国有企业通过股份制改革走向资本市场发展壮大，中小板和创业板也支持了众多中小企业和科技企业的发展，在创业板上市的几乎全部是民营企业。2018 年，核准 73 家民营企业 IPO，占全部核准上市企业的 72%，全国股转系统民营挂牌公司共实施定向发行 1332 次，占比达 95%，融资额 491 亿元，占比 81.2%，民营上市公司并购重组 3105 单，占比 75%，交易金额 15644 亿元，占比 61%，较上年提升近 10 个百分点。2018 年底，全国股转系统挂牌公司 10691 家，总市值 3.45 万亿元，其中小微企业占 63%，民营企业占 93%。③

---

① 2018 年证监会年报，部分数据做了四舍五入处理。
② 根据证监会、银保监会和人民银行网站相关数据计算得来。
③ 2018 年证监会年报，部分数据做了四舍五入处理。

第五章 资产价格渠道：现状、问题和对策

表 5-1 中国证券期货市场主要统计数据（2009—2018）[1]

指标	单位	2009 年	2010 年	2011 年	2012 年	2013 年	2014 年	2015 年	2016 年	2017 年	2018 年
境内上市公司数（A、B 股）	家	1718	2063	2342	2494	2489	2613	2827	3052	3485	3584
境内上市外资股（B 股）	家	108	108	108	107	106	104	101	100	100	99
股票总发行股本（A、B 股）	亿股	20606.26	26984.49	29745.11	31833.62	33822.04	36795.1	43024.14	48750.29	53746.67	57581.02
流通股本（A、B 股）	亿股	14200.19	19442.15	22499.86	24778.22	29997.12	32289.25	37043.37	41136.05	45044.87	49047.56
股票市价总值（A、B 股）	亿元	44103.91	265422.59	214758.09	230357.62	239077.19	372546.96	531462.7	507685.88	567086.08	43424.02
股票流通市值（A、B 股）	亿元	151342.07	193110.41	164921.30	181658.26	199579.54	315624.31	417880.76	393401.68	449298.15	353794.19
股票成交金额	亿元	535986.77	545633.54	421644.58	314583.27	468728.61	742385.26	2550541.31	1277680.32	1124625.11	901739.39
上证综合指数（收盘）	点	3277.13	2808.07	2199.42	2269.13	2115.98	3234.68	3539.18	3103.64	3307.17	2493.90
深证综合指数（收盘）	点	1201.34	1290.85	866.65	881.17	1057.67	1415.19	2308.91	1969.11	1899.34	1267.87
交易所债券现券成交金额	亿元	4698.08	5847.54	6843.93	9882.53	17411.83	28191.38	34464.32	53294.20	55441.79	59286.81
证券投资基金只数	只	547	704	914	1173	1551	1899	2723	3873	4848	5792
证券投资基金规模	亿份	23518.55	23955.33	26510.37	31708.41	31167.18	42032.72	76674.13	88428.32	110182.12	128966.33
证券投资基金成交金额	亿元	10340.02	8996.44	6365.81	8123.61	14785.47	47230.89	152684.59	111444.32	98051.89	102704.60
期货总成交量	万手	107871.49	156676.46	105408.87	145046.24	206177.33	250585.57	357791.06	413776.83	307102.17	301069.67
期货总成交额	亿元	652553.80	1134883.54	937475.68	952824.54	1264673.31	1279712.53	1364707.05	1774124.99	1633003.86	2108057.48

[1] 2018 年证监会年报。

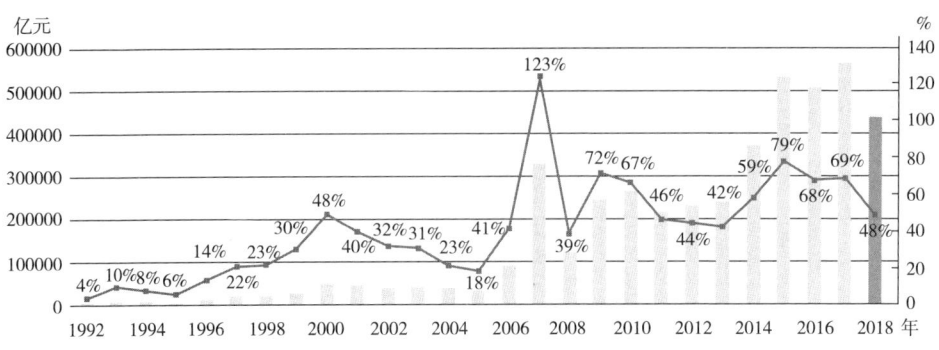

图 5-2　沪深两市股票总市值与 GDP 比值的变化（1992—2018）

（二）股票市场价格指标

为反映股票价格变动和运行状况，提供投资者的标尺指数和投资基准，创新股指期货等金融衍生工具指数产品，我国编制了几百种股票指数。

上海证券交易所股价指数分为样本指数、综合指数、分类指数三类，样本指数包括上证成分股指数、上证 50 指数、上证红利指数等；综合指数包括上证综合指数、新上证综指①等；分类指数又包括 A 股指数、B 股指数、工业类、商业类、地产类、公用事业类、综合类等指数。

深圳证券交易所股价指数也分为样本指数、综合指数、分类指数三类，样本指数包括深证成分股指数、深证成分 A 股指数、深证成分 B 股指数、深证 100 指数；综合指数主要指深证综合指数；分类指数包括农林牧渔指数、采掘业指数、制造业指数、水电煤气指数、建筑业指数、运输仓储指数、信息技术指数、批发零售指数、金融保险指数、房地产指数、社会服务指数、传播文化指数、综企类指数等。鉴于深圳证交所上市的企业类型较多，特别是侧重中小企业和科创企业。因此，深交所 2010 年 6 月 1 日起正式编制和发布创业板指数，以 2005 年 6 月 7 日为基日，从深交所中小企业板上市交易的 A 股中选取的，具有代表性的股票编制发布的中小板指数。深证成指、创业板指数、中小板指数共同构成反映深交所上市股票运行情况的核心指数。

此外，还有 2015 年 3 月 18 日正式发布的新三板指数，即全国中小企业股份转让系统指数，首批指数为全国中小企业股份转让系统成分指数（三板成

---

① 2006 年 1 月 4 日首次发布。新上证综指选择已完成股权分置改革的沪市上市公司作为样本，股权分置改革方案实施后的第 2 个交易日纳入指数。这是一个全市场指数，包括 A 股市值，B 股公司的 B 股市值同样计算在内。新上证综指以 2005 年 12 月 30 日所有样本股票的总市值为基点 1000 点，以样本股的发行股本数为权数进行加权计算。

第五章 资产价格渠道：现状、问题和对策

指），及全国中小企业股份转让系统做市成分指数（三板做市）。

所有指数都从某个方面反映股票市场的变化情况。货币政策则主要是总量型政策，只有近几年才开始实施重点支持小微企业、"三农"等的结构性政策。因此，作为判断货币政策传导效果的股票价格指数，应该具有交易量大、代表性强、推出时间长等特点。从交易量看，上证综指因为包含全口径的上市企业，交易量和交易金额是最大的，最能代表全面的股票价格变化情况。区别于综合指数以全部市值加权，深圳成指根据自由流通市值加权计算，交易量比较大。从代表性看，上证综指包含的企业全面；深圳成指则是由最开始的 40 家企业到 2015 年扩容到 500 家，市值覆盖率、营业收入覆盖率、净利润覆盖率均超过 60%，且每年两次调整股票样本，确保指数代表性较强；中小板指数、创业板指数也都具有较强的时代特点，从侧面反映了货币政策重点，具有较强的代表性。从时间看，上证综指、深圳成指时间相对较长，中小板指数和创业板指数分别出现在 2005 年和 2010 年，也都具有较长的历史（见图 5-3）。鉴于新三板指数推出时间较短，暂不作为判断货币政策传导效果的中介指标。因此，本书选取判断货币政策传导效果的股票指数，以上证综指、深圳成指为主，以中小板指数、创业板指数为辅。

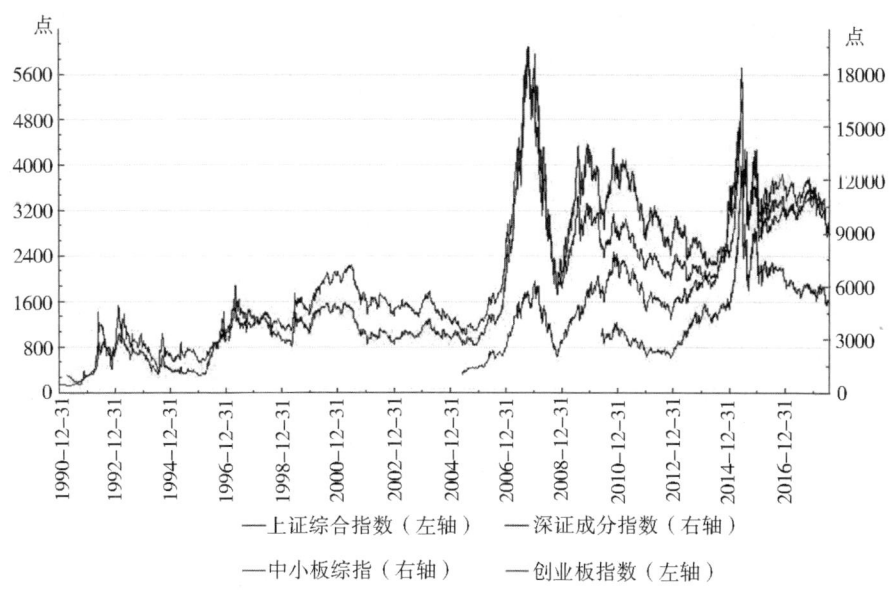

数据来源：Wind。

图 5-3 主要股票价格指数变化情况

二、债券市场发展和主要价格指标

(一) 债券市场发展历程和现状

我国债券市场 1950 年开始起步，现已成为我国金融市场的重要支柱之一，并在国际金融市场占有一席之地。60 多年来，债券市场交易由柜台交易为主到以银行间市场交易为主；债券发行主体由国家、政府、大型国企、金融机构为主到包括民营企业、中外合资企业、外资企业；债券交易主体由以银行为主到包括其他金融机构和非金融机构；债券品种由以国债为主到地方政府债、企业债、公司债、金融债等并存；债券规模不断扩大，2016 年底已达 56 万亿元。

1. 前市场时期（1950—1981 年）。1950 年，为支援解放战争，恢复发展经济，我国发行了以实物为计算标准的公债——人民胜利折实公债。为避免受物价波动的影响，规定公债的募集和还本付息均以实物为计算标准，其单位定名为分。① 公债第一期发行 1 亿分，第二期因国家财政经济状况好转，停止发行。到 1956 年 11 月底，一期本息全部偿清。

1954—1958 年，为加速国家经济建设，提高人民生活水平，连续五次发行"国家经济建设公债"。计划发行额，除 1958 年为 6.3 亿元外，其余四次均为 6 亿元，都以人民币为计价单位，利息率均为年息四厘。该项公债主要以城市私营工商业者、公私合营企业的私方人员、机关团体职工等为发行对象。人民银行及其所属机构经理公债发行和还本付息事宜，公债券不得当作货币流通，不得向国家银行和公私合营银行抵押。对实现社会主义改造，巩固和加强社会主义经济的物质基础，起了良好的作用。

1958 年，由于"大跃进""浮夸风"，国债被迫暂停，一直到 1980 年期间都没有发行国债。

2. 场外柜台交易为主时期（1981—1991 年）。1981 年 1 月，我国颁布了《中华人民共和国国库券条例》，财政部开始恢复发行国债。国债恢复发行之初，主要采取行政摊派方式，由财政部门直接向认购人（主要是企业和居民个人）出售国债，带有半摊派的性质，这 7 年基本是有债无市的状态。

1988—1991 年，实物券柜台市场主导时期——早期的场外市场。而债券市场真正的起步，还要从 1988 年算起。1988 年前后，为满足各方面改革和建设的资金需求，政府除国库券外，还发行了 5 个品种的国债。1988 年，我国

---

① 每分以上海、天津、汉口、西安、广州、重庆六大城市的大米（天津为小米）3 千克、面粉 0.75 千克、白细布 1.33 米和煤炭 8 千克的批发价，用加权平均的办法计算。此项平均市价，每 10 日公布一次。

尝试通过商业银行和邮政储蓄的柜台销售方式发行实物国债，开始出现了国债一级市场。同一年，为了解决先后发行的大规模国债能够得到流通变现，财政部在全国 61 个城市进行国债流通转让的试点，这是银行柜台现券的场外交易，中国国债二级市场（柜台交易市场）也初步形成。

1990 年 12 月上海证券交易所成立，开始接受实物债券的托管，并在交易所开户后进行记账式债券交易，首次形成了场内场外两个交易市场并存的格局。

1991 年初，我国将国债流通转让范围扩大到全国 400 个地市级以上城市，以场外柜台交易市场为主、场内集中交易市场为辅的国债二级市场格局基本形成。发行方式逐步由柜台销售、承购包销过渡到公开招标。期限品种基本上以 3 年期和 5 年期为主。

1988—1991 年，我国债券市场品种以国债和企业债（包括金融债）为主，发行目的是弥补财政赤字，筹集建设资金和解决改革中的微观问题，而不是站在发展中国债券市场的宏观视角出发的。发行主体是财政部，即使是发行企业债也需要央行核准，实质上仍是公债性质。发行方式以摊派分配为主。没有建立全国统一市场，债券经营机构各自为战。这一阶段，我国债券市场发展的推动力并不是战略性的，更多体现的是战术上的需要和发展的偶然性。

3. 以交易所交易为主时期（1991—1997 年）。交易所国债市场主导时期——场内市场创立与发展。1991 年随着交易所的成立，债券交易重心逐渐向交易所转移，形成了场内和场外交易并存的市场格局，但场内市场尚不成熟。此时，发行利率仍由行政确定。直到 1995 年，国债招标发行试点成功，标志着我国债券发行和国债利率开始市场化。

1991—1994 年通胀严重，债券普遍折价。其间，宏观管理的思路主要是通过增加保值补贴率变相提高债券收益率以吸引投资者，通过发展衍生品市场带动基础产品市场，从而提高市场整体流动性。

1992 年 12 月 28 日，上交所首次设计并试行推出了 12 个品种的国债期货合约。2.5% 的保证金制度可把交易量扩大 40 倍，有效提高了国债期货产品的流动性。但国债期货试行之初交易清淡。

1993 年 7 月 10 日，财政部颁布了《关于调整国库券发行条件的公告》，决定参照中央银行公布的保值贴补率给予一些国债品种的保值补贴，以对抗高通货膨胀。保值贴补率的不确定性为炒作国债期货提供了空间，大量机构投资者由股市转入债市，交易所现券交易量和期货交易量大幅增加。

1994 年财政部发行国债 1028 亿元，比上年增加近两倍，活跃了交易所债券交易。更为重要的是，交易所同年开始了国债期货交易，受此影响，交易所债券市场的债券现货交易开始明显放大。

这种状况一直持续到 1995 年 5 月，后因"327"事件，国债期货市场关闭。当时，财政部和市场管理部门将实物券流通中所发生的问题，归因于场外市场的存在，并认为记账式债券为交易所特有。同年 8 月，国家正式停止了一切场外债券市场，证券交易所变成了唯一的合法债券市场。1995 年财政部仅试点发行了 117 亿元的记账式国债。

到 1996 年，记账式国债开始在上海、深圳证券交易所大量发行。当年证券交易所发行了六期共 1116.7 亿元的记账式国债，占当年国债发行量的 52.5%。同时，二级市场成交量也迅速放大，1996 年上海和深圳证券交易所国债成交量比 1995 年增长了近 10 倍，其中上海证券交易所占 95% 以上。同时，随着债券回购交易的展开，初步形成了交易所债券市场体系。①

1997 年上半年，股市大涨，大量银行资金通过交易所债券回购方式流入股票市场。为抑制股市过热，人民银行决定商业银行全部退出上海和深圳交易所的债券市场，以上海证券交易所为代表的场内债券市场发展受到较大影响，我国债券市场必须探索新的组织和交易形式。完善的债券市场中，债券价格相对稳定，但当市场化程度不高时，流动性容易受到交易所竞价方式的制约，自动撮合无法随时配对买卖双方的交易需求，债券成交价格容易在大宗交易的影响下大幅波动。市场机构对债券的认识尚不充分，将债券当作股票来投机炒作，使其价格大幅偏离内在价值。交易方式方面，上海和深圳证券交易所先后开办了国债现券交易、国债期货和回购交易，以及企业债现货交易，极大丰富了我国债券市场的交易品种和交易方式。监管机构方面，建立了中国证券监督管理委员会，中国国债协会及中国证券业协会两家自律监管机构。基础设施方面，建立了全国性的国债登记托管机构和交易所电子交易系统。②

这一阶段，我国债券市场不断正规化，交易品种逐渐丰富，交易方式不断创新，但发行与交易目的却不匹配，发行目的仍然是宏观经济管理，交易主体却是为了满足自己的投融资需求。这就导致交易所债券市场难以完全实现设计初衷，还必须不断完善机制，并设计其他的交易市场作为补充。

4. 以银行间市场交易为主时期（1997 年至今）。1997—2001 年银行间债券市场产生并初步发展——场外交易市场的兴起。为了解决交易所市场问题，1997 年 6 月，人民银行通知商业银行全部退出上海和深圳交易所的债券市场，所持国债、融资券和政策性金融债统一托管于中央国债登记结算公司，并进

---

① 至此，交易所市场、现货债券交易和债券回购交易已经具备，国债期货虽然关闭，但已有过交易，因此可以认为初步形成了交易所债券市场体系。

② 完善的交易所债券市场包括：交易所市场、丰富的债券现货产品和回购交易、债券期货产品交易、完善的债券交易规则，交易监管机构和相应的交易基础设施等。

行债券回购和现券买卖,全国银行间债券市场启动。初期,银行间债券市场成员包括16家商业银行,由此逐渐发展成为一个大规模的债券场外市场。

银行间债券市场首先解决了银行间资金融通问题。1998年5月,人民银行债券公开市场业务恢复,以买进债券和逆回购投放基础货币,为商业银行提供了流动性支持,促进了银行间债券市场交易的活跃。同年,债券发行方面,财政部在银行间债券市场发行量达到4636亿元。[①] 9月,国家开发银行通过银行间债券发行系统,采取公开招标方式首次发行市场化金融债券,随后中国进出口银行也开始市场化发债,两家银行市场化发债规模不断增加。财政部和政策性银行发债的结果使1998年底银行间债券市场存量达到了10103亿元,一年增加两倍。虽然银行间债券市场尚未成为国债发行的最主要场所,但发展势头迅猛。

1999年开始,随着银行间债券市场规模的扩大,场外债券市场逐渐成为中国债券市场的主导力量。1999年财政部和政策性银行在银行间债券市场发行债券共计4426亿元,占当年中国债券发行总量的74%。2000年财政部、政策性银行又在银行间债券市场发债3904亿元,占当年中国债券发行总量的62%。至此,银行间债券市场成为中国债券发行的首要场所。

同时人民银行开始大量增加银行间债券市场的成员,推动商业银行将资金融通的方式转移到债券回购上来。1998年10月,人民银行批准保险公司入市;1999年初,325家城乡信用社成为银行间债券市场成员;1999年9月,部分证券公司和全部的证券投资基金开始在银行间债券市场进行交易;2000年9月,人民银行再度批准财务公司进入银行间债券市场。至此,代表中国批发债券市场的银行间债券市场,成员达到693家,基本覆盖了整个中国金融体系。2000年初,人民银行推出《全国银行间债券市场债券交易管理办法》,首次提出双边报价商的概念,到了2001年8月,工商银行、农业银行、建设银行等9家商业银行获准为双边报价商,我国银行间债券市场的做市商制度正式确立。[②]

1999年,银行间债券市场债券回购成交量迅速放大,直至2000年8月,人民银行公开市场业务开展双向操作之后,银行间债券市场日成交量稳定在200亿元左右的水平,远超过交易所债券市场。交易制度的创新,使大宗债券交易变成了现实,提高了银行持有债券的积极性。这不仅有力地降低了发债

---

① 其中包括补充国有银行资本金的2700亿元特种国债、对冲下调存款准备金率的423亿元专项国债、1000亿元建设国债和谈判发行的513亿元国债。

② 做市商制度,是指由具备一定实力和信誉的法人充当做市商,不断地向投资者提供买卖价格,并按其提供的价格接受投资者的买卖要求,以其自有资金和证券与投资者进行交易,从而为市场提供流动性,并通过买卖价差实现一定利润。简而言之,就是报出价格并按该价格买卖的制度。

成本、扩大了债券市场容量，支持了中国积极财政政策的实施，同时也使商业银行改善资产结构的愿望变成了现实。商业银行资产中，债券比重从1997年底的5%，提高到了2001年底的17%，商业银行资产单一、贷款比重过大的情况已有明显改观。

银行间债券市场快速而平稳的发展，为人民银行公开市场操作提供了基础，并使之逐渐成为货币政策的主要手段，同时也为利率市场化奠定了基础。

发达国家经验表明，场外债券市场的交易成本较低，投资者参与较为方便。但是，我国的场外债券市场以银行间债券市场的形式出现，主体以银行为主，使场外市场的交易主体的类型和数量少于交易所市场，不能覆盖全社会所有的债券投资者，限制了其功能的发挥。

2002年至今，市场融合与发展阶段。2002年，我国债券市场体系基本确立。在交易主体方面，将银行间债券市场准入由核准制改为备案制。先后扩充了非金融机构法人和个人（通过间接方式）；在市场统一性方面，首次实现跨市场同时发行国债，使得债券品种开始能够在多个市场发行流通。允许商业银行承办记账式国债柜台业务，从而连通了银行间债券市场和柜台债券市场。允许保险公司、基金公司、证券公司等非银行金融机构在银行间债券市场和交易所债券市场交易，连通两个债券市场。至此，我国统一的、多层次的、以银行间市场为主的债券市场体系基本形成。

2002年以后，债券市场的债券品种尤其是企业债品种不断丰富。2002年，在吸取1996年发行人民银行融资券经验的基础上，适时推出了央行票据，并成为公开市场业务的有效工具之一。2004年，由兴业银行首发30亿元的金融次级债，开辟了银行次级债的投资品种，并为商业银行补充附属资本增加了渠道。2005年5月，短期融资券试水，在发审上实行注册制，为企业债的市场化发行奠定了基础。2006年2月，资产支持证券获准发行，结构性债券诞生。2007年9月，15500亿元特别国债获批通过，其中2000亿元国债通过银行间债券市场向公众发行，为国有资产的管理和重组奠定了基础，也增加了公开市场业务工具。同年10月，第一只公司债面世交易所市场。2008年4月，注册制中期票据问世，一般是1~10年，在期限上丰富了企业债券品种。2009年4月，由财政部代发的第一只地方政府债问世，填补了我国地方公债的空白。同年11月，我国第一只中小非金融企业集合票据正式发行成功，集合票据仍采用注册制，在银行间债券市场公开发行，这一集合债务工具进一步丰富了企业债品种。

第五章 资产价格渠道：现状、问题和对策

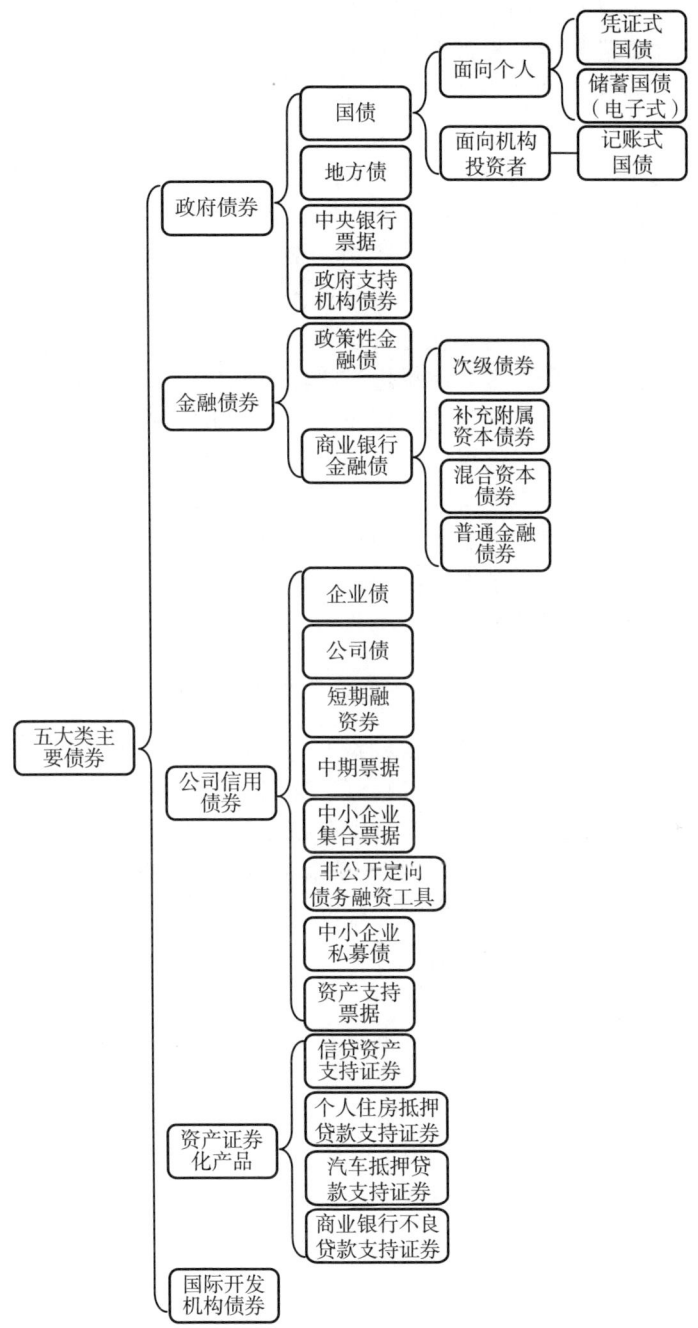

图 5-4 我国债券种类构成示意

整体看，经过多年发展，我国已初步形成面向机构投资者的债券产品较为丰富的场内外交易市场。实行场外询价、大宗交易的银行间市场是债券市

场的主体，主要满足机构投资者需求，实行场内撮合、零售交易的交易所市场是补充，主要满足中小投资者和个人需求。银行间市场建立了规范的电子交易平台，以及相应的债券托管、清算、结算制度。银行间与交易所市场间联通互动初见成效，跨市场发行、交易、转托管均已实现，上市商业银行进入交易所进行债券交易试点工作也在逐步推进中。

这期间，随着债券市场主体不断丰富，机构投资者类型更加多元化。我国债券市场发行主体从政府、大型国企、金融机构拓展到民营企业、中外合资企业、外资企业。债券市场投资主体已涵盖银行、券商、基金、保险、信用社、企业等各类机构。随着债券市场参与主体范围不断扩大，机构投资者已成为债券市场的主要力量。市场运行机制不断健全。市场化定价程度逐步提高；市场约束与激励机制逐渐发挥作用，信息披露制度对相关利益主体的约束力持续强化；推出了信用风险管理工具，提供市场化的风险分散和转移手段。债券市场持续快速发展，功能不断深化，2018年底，债券余额已超76.5万亿元，仅次于美国和日本，位列世界第三，逐步成为货币政策和财政政策实施的重要媒介，金融机构投融资管理和流动性管理的抓手，在促进金融机构改革方面发挥了重要作用。

（二）债券市场价格指标：收益率曲线

债券市场相对复杂，根据发行主体分为国债、地方债、金融债和企业债，根据债券交易环节分为债券发行、托管、交易、清算结算等，根据债券市场分为交易所市场、银行间市场、银行柜台市场等，根据期限分为短期、中期和长期，从3个月到50年不同期限，根据债券价格指标分为债券收益率曲线、债券指数等。从上述维度出发，可以衍生出繁杂的债券价格指标，绝大多数价格都只反映某种债券、某个环节的供求和市场信息，不能代表债券市场整体情况。

研究债券渠道货币政策传导效果，需要结合国际经验和国内金融市场实际，找到能够较好反映债券市场整体变化的价格指标。发达国家比较常用的是债券收益率曲线。就我国而言，随着国债市场的发展，我国国债收益率曲线研究应用不断推进。1999年，中央国债登记结算有限责任公司（简称：中央结算公司）率先推出了第一条国债收益率曲线。此后，相关机构开始陆续编制。目前，公开发布人民币国债收益率曲线的机构，一是市场服务中介机构，包括中央结算公司、外汇交易中心、中证指数公司等。二是国内外信息商等机构，如Wind、新华08、路透、彭博等。目前被市场广泛接受的是中央结算公司的中债国债收益率曲线。

1. 中债国债收益率曲线。该曲线早期直接采集交易结算数据，用直线法将各样本债券收益率连接起来得到。但由于国内市场条件所限，曲线的可靠性很差。2002年改为二次多项式，数据源也扩大为包括交易结算数据、国债做市商双边报价数据及人工询价数据在内的比较广泛的价格信息，并在此基础上构建了银行间国债、交易所国债、中国国债（合成）、浮动利率国债四条国债收益率曲线。受制于当时市场条件欠佳，曲线形态仍不够合理。2006年改用Hermite插值法和Boot strapping（拆鞋带法），并推出到期、即期和远期利率曲线。该曲线已广泛应用于财政政策的制定实施中。2009年开始，财政部在代理招标发行地方政府债时，以中债银行间固定利率国债相应期限5日均值上下15%作为招标区间。2011年起，财政部招标发行30年、50年期固定利率记账式国债时，以招标日前5个工作日的中债银行间固定利率国债相应期限5日均值上下10%作为招标区间。2014年11月2日，财政部首次发布关键期限国债收益率曲线，曲线由中央结算公司提供。

2. 外汇交易中心等的国债收益率曲线。近年来，外汇交易中心相继推出了债券实时收益率曲线和收盘收益率曲线。前者是在每个选样周期末筛选出各个券种的各关键时点的基准债券，分为买入价/卖出价/中间价收益率。后者以当日对应债券类型固定利率债券的双边报价和成交数据为样本，有即期和远期的收盘到期收益率。此外，中证指数公司采用多项式模型编制收益率曲线，每天向市场成员公布。

3. 信息商的国债收益率曲线。路透、彭博公司每天通过其终端发布银行间固定利率国债到期收益率曲线。曲线构建方法采用的是折线法，数据来自境内十余家商业银行对关键期限债券的报价。Wind数据库2013年推出了10年期以内的实时国债收益率曲线，每五分钟更新一次。

国际上，多数发达国家债券市场以国债为基础，国债不仅为各国政府提供赤字融资渠道，同时建立了以政府信用为基础的国债收益率曲线，标志着各国无风险利率水平，为企业债、金融债、资产抵押债券等信用风险定价提供参考和基础。同时，国债收益率曲线对各类融资主体的融资成本和融资规模的影响，决定了他在货币政策传导中的重要性。

研究表明，越是成熟的国债市场（期限结构完善、市场流动性强、产品丰富、交易主体多元），无风险定价越有效，对货币政策传导能力越强。就我国而言，2002年1月至2015年3月，人民银行先后39次调整大型存款类金融机构人民币存款准备金率（其中，下调7次，上调32次），观察公告日与后一个交易日各期国债收益率及其点差的变动幅度，发现存准率上调或下调，会引起各期国债收益率非对称的上升或下降。2002年1月至2015年3月，央行进行的24次存贷款基准利率调整（下调10次，上调14次），观察公告日与前一个交易日各期国债收益率及点差平均变动幅度，发现存贷款基准利率上调或下调,会引起各期国债收益率同向变动。[①]

综合上述国际国内债券市场发展规律,结合我国债券期限结构和发行数量结构(见图5-5),为更好反映我国货币政策债券渠道传导的效果,本书选取中债国债到期收益率曲线,重点观察1年、3年、5年、7年、10年、20年等期限国债到期收益率变化对货币政策的反应。

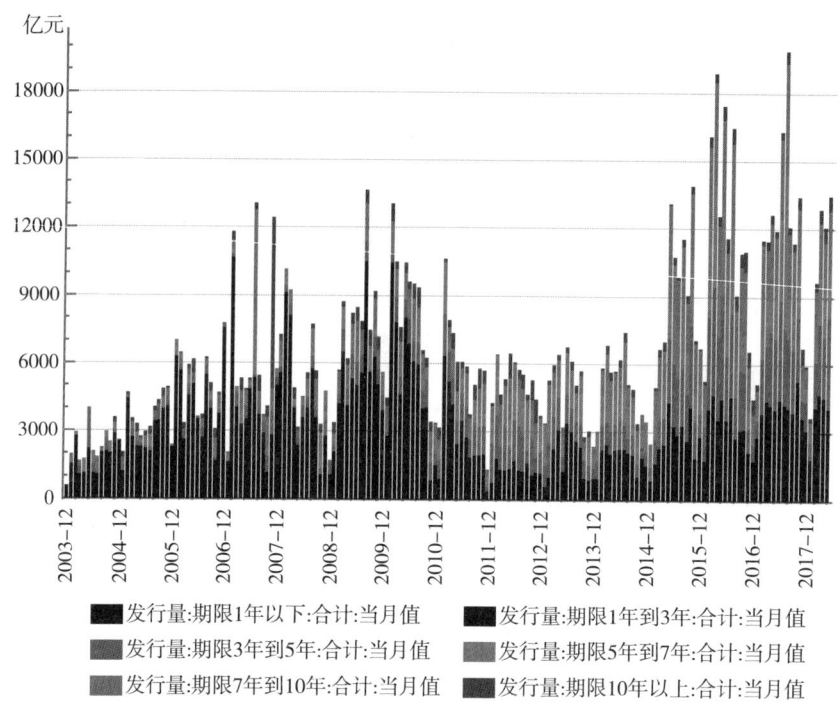

数据来源:中国债券信息网 Wind。

图5-5 近年来各期限国债发行量对比情况

三、房地产市场发展和主要价格指标

(一)房地产市场发展历程和现状

改革开放之初,我国城镇住房制度改革就开始酝酿。40年来住房制度不断改革,进程曲折。改革大体分为四个阶段:1978—1987年为福利住房制度破冰时期,1988—1997年为福利住房制度与市场化住房制度双轨制时期,1998—2012年为市场化住房制度主导住房市场加速发展时期,2013年之后为住房供求基本均衡,结构调整和质量升级时期。

---

① 马骏,纪敏等.新货币政策框架下的利率传导机制[M].北京:中国金融出版社,2016.

第五章 资产价格渠道：现状、问题和对策

表 5-2　　　　　　　　我国住房市场改革发展历程

时间	改革进程
住房改革启动和探索	
1978—1980 年	城镇人均居住面积仅 3.6m²，住房缺口达 869 万户，占当时城镇总户数的 47.5%。邓小平 1978 年 9 月"解决住房问题能不能路子宽一些、把个人手中的钱动员出来"和 1980 年 4 月"出售公房、分期付款、调整租金，提倡个人建房买房、鼓励公私合营"的两次谈话为标志，中国启动了住房体制改革之路。
1982—1985 年	试行"三三制"售房，即以国家、单位和个人共同分担的办法推进住房出售，房价按土建成本确定。
1986 年	国务院成立住房制度改革领导小组，提出了"提高工资、变暗补为明补、变实物分配为货币分配、以提高租金促进售房"的整体房改思路。同时选定烟台、蚌埠、常州、唐山等四个城市开始"提租补贴、租售结合、以租促售、配套改革"的房改方案。
市场化雏形	
1988 年	国务院发布《关于印发在全国城镇分期分批推行住房制度改革实施方案的通知》，力图通过把住房补贴纳入职工工资，提高租金，彻底把住房的实物分配改变为货币化分配，进一步实现住房商品化。
1991 年	国务院发布《关于继续积极稳妥地进行城镇住房制度改革的通知》，房改体现"以售带租"的特点，房租加速上调。
市场化推进阶段	
1994 年	市场被确立为各项经济活动的主要运行机制。1994 年 7 月国务院发布《关于深化城镇住房制度改革的决定》，对住房领域内市场机制和政府责任之间关系做了阐述。一方面要坚持市场在住房资源配置中的基础性作用，另一方面政府要提供必要的住房保障，构成对市场机制的必要补充。
市场化全面发展	
1998 年	1998 年 7 月发布的《国务院关于进一步深化城镇住房制度改革加快住房建设的通知》明确提出停止住房实物分配，逐步实现住房分配货币化的目标，为彻底告别旧的福利分房制度创造了条件。
2003 年	国务院发布《关于促进房地产市场持续健康发展的通知》（国发〔2003〕18 号），将房地产业定位为拉动国家经济发展的支持产业之一。
2004 年	国土资源部、监察部联合下发了《关于继续开展经营性土地使用招标拍卖挂牌出让情况执法监察工作的通知》，规定当年 8 月 31 日后，国有土地使用权必须以公开的招标拍卖挂牌出让方式进行交易

续表

时间	改革进程
2006 年	国务院 37 号文中要求各个城市都要在 2006 年底前建立廉租房制度。
2008 年	中国住房政策具有住房保障与住房市场调控的双重体系；中国政府为应对全球金融危机对外宣布 4 万亿元刺激内需计划，其中 4000 亿元用于保障性住房投资。住房和城乡建设部随后也宣布了高达 9000 亿元的保障性住房投资计划。
2009 年	住房和城乡建设部等七部委联合发布《关于利用住房公积金贷款支持保障性住房建设试点工作的实施意见》，试点利用住房公积金闲置资金支持保障性住房建设。
2012 年	财政部公布《关于切实做好 2012 年保障性安居工程财政资金安排等相关工作的通知》，进一步提出拓宽资金来源渠道，包括地方政府债券收入、个人住房房产税试点地区取得的房产税收入、国有资本经营预算和城市各类税收等。
2015 年	财政部等六部门联合发布《关于运用政府和社会资本合作模式推进公共租赁住房投资建设和运营管理的通知》，号召要充分认识运用政府和社会资本合作（PPP）模式推进公共租赁住房投资建设和运营管理的重要意义，并提出运用政府和社会资本合作模式推进公共租赁住房投资建设和运营管理的基本目标和原则、适用范围和实施办法。
2016—2018 年	坚持"房子是用来住的，不是用来炒的"理念，调控房地产市场 因城施策加强房地产市场调控；实施限购、限贷、限售等非常规举措，防止房价大幅上涨； 推出租售并举、租售同权，租房与上学等挂钩政策，探索共有产权住房； 13 个省份开始试点农村建设用地建公租房；同时加快建设房地产健康发展的长效机制。

1. 当前住房市场总量已基本均衡。1998 年住房制度的改革是我国住房市场化的正式起点，也是货币政策与住房价格联动的起点。2012 年以前特别是金融危机以前，我国房价持续上涨的主要原因在于，住房供不应求，货币环境宽松，替代投资渠道有限。如 1998 年城乡居民人均住房建筑面积分别为 18.7 平方米和 23.3 平方米，2008 年分别为 30.6 平方米和 32.4 平方米，户均不足 1 套。如今，形势已经发生显著变化，住房发展进入新常态。

一是住房供求总量已近基本均衡。2018 年全国居民人均住房建筑面积为 42.4 平方米，城镇居民人均住房建筑面积为 39 平方米，农村居民人均住房建筑面积为 47.3 平方米。其中，城镇、农村居民人均住房建筑面积分别比 1978 年增加了 32.3 平方米和 39.2 平方米，年均分别增长 4.5% 和 2.4%。[①] 2016

---

① 根据国家统计局《2018 年国民经济和社会发展统计公报》中城镇人口、农村人口及《建筑业持续健康发展，城乡面貌显著改善》中住房面积计算得来。

年农村居民居住在钢筋混凝土或砖混材料结构住房的户比重为64.4%，比2013年提高8.8个百分点。①

另根据相关数据估算，截至2014年底，农村普通住房200亿平方米左右，小产权房约60亿平方米，共计约合2.6亿套。②农村人均住房面积超过40平方米，户均住房1.3套左右，这一水平不仅高于城镇住房水平，也高于中等发达国家平均水平。③如果与我国人多地少的基本国情相比，农村住房更是已现资源浪费现象。城镇商品住房215亿平方米左右，保障性住房约24亿平方米④，约合2.55亿套住房。按照80%城镇居民通过购买和租赁商品住房、20%居住保障性住房计算，商品住房的居住对象人均36平方米，户均1.1套，保障性住房居住对象人均16平方米，户均0.93套左右⑤。可见，商品住房基本满足了居住需求，户均套数与发达国家平均水平大体相当。⑥但保障性住房供应还有缺口。

二是货币环境宽松变稳健影响商品住房资金供应。过去被动超发机制使流动性和信贷增量快速增加，M_2、当年新增加贷款总量都出现较快增长，为房地产特别是商品住房发展提供了充裕资金。1998—2008年，商品住房投资、销售额分别年均增长26.8%和26.6%。2014年以来外汇占款减少，被动超发大环境改变，M_2与GDP、CPI增速之差缩小。货币政策强调盘活存量、用好增量，要"精准滴灌"不要"大水漫灌"。房地产发展的货币环境明显趋于平稳。

三是替代投资渠道分流商品住房市场资金。过去，股票市场和房地产市场成为分流投资的"跷跷板"两端。2006—2007年股票市场一路上涨到6124点，商品住房均价上涨11.4%⑦。危机后，股市下行，大量资金通过影子银行、地方平台等进入房地产，快速推高房价，2009年上涨25%。2014年下半年以来，股票市场再度活跃，上证综指一年内上涨到5000点，中小板和创业板分别上涨1.5倍和2.1倍，大量资金涌向股市。与此同时，理财、债券、基金等投资渠道增加，商品住房一度出现大范围降价。虽然2015年后房价有所反弹，但投资渠道增加将分流住房投资的态势没变，房价持续大幅上涨的惯性有望打破。

---

① 国家统计局. 居民收入持续较快增长 人民生活质量不断提高——党的十八大以来经济社会发展成就系列之七［EB/OL］. 2017-07-06.

② 假设农村住房、小产权房、城镇商品住房都是户均100平方米，保障性住房套均60平方米。

③ 世界银行数据显示，2014年，中高收入国家人均住房面积29平方米/人，韩国和俄罗斯分别为23平方米/人和22平方米/人。

④ 截至2013年底，全国累计用实物方式解决了3400万户城镇家庭的住房困难（其中，2011—2013年，新增解决了约1200万户），假设2014年基本建成600万套，全部保障房套均60平方米。

⑤ 假设低收入家庭规模大于平均水平，户均3.5人。

⑥ 日本2008年户均住房1.17套，韩国户均住房1.08套，美国1965—2009年户均住房稳定在1.12套左右，英国20世纪60年代以来户均住房一直稳定在1~1.1套之间，德国户均住房1.28套。

⑦ 根据国家统计局公布商品住房销售额除以销售面积计算得来。

2. 未来住房发展趋势研判。未来我国住房投资和销售将进入中速发展新阶段，住房价格将进入双向波动新时期，房地产开发企业调整转型将加快，将更加突出住房的结构调整、质量提升和服务增加。

一是住房总体走向过剩。首先是农村住房过剩加剧。农村普通住房总量基本稳定，人口分母缩小使农村人均住房面积还将持续提高，但住房质量短期难有大幅提升。有效约束措施缺失情况下，小产权房还将继续增长。但房地产市场健康发展的长效机制的建立，将有望更好发挥小产权房增加城镇住房供给的作用。其次是人口转移速度放缓压缩城镇住房新增需求。1998—2012年城镇人口年均增加2116万人，2013年和2014年分别仅增加1930万人和1835万人，2015—2016年有所有提升①，2017—2018年城镇人口分别较上年增加1790万人和2049万人，增进放缓，随着城镇化率的逐步提高，新增城镇人口已经接近顶峰，未来有望稳中趋降。再次是城镇住房潜在供给规模较大。2014年底，城镇商品住宅潜在供给达55.6亿平方米，消化需要5年多时间，如果考虑到每年12亿~14亿平方米的新开工面积，这个时间就更长。考虑家庭规模缩小、拆迁、改善需求等，预计未来5年住房新增需求66亿平方米左右。到2020年底，全部城镇居民住房有望达到户均1.1套左右，其中保障性住房达到1套/户。② 最后是房地产开发投资将进入10%左右的中高速增长阶段，投资需求空间收窄，房地产价格将改变单边上涨态势，进入双向波动新时期。

二是房地产开发企业将进行整合。2013年底，全国共有房地产开发经营企业13.2万家，从业人员335万人，资产47.5万亿元，资产负债率约为75%。房地产开发企业大量融入银行资金，靠的是房地产持续上行的大势和预期。随着房地产形势发生变化，未来房地产企业兼并重组在所难免，相应金融需求将明显上升。物业和中介服务将规范发展。③

三是调结构、提质量、增服务是未来住房发展方向。首先是未来城乡之间、城市之间、商品住房和小产权房及保障房之间结构调整将加快。其次是未来房地产开发投资新房比重将下降，旧房质量提升、功能增加、环境改善，特别是绿色、低碳、环保的增值性投入将增加。在英国，建筑产品一半的价值都来自修缮与维护。最后是过去房地产开发为主将向建房、管房、流转并重转变，居住需求更多靠存量房流转满足，这也是成熟房地产市场的发展规律。

---

① 2015年和2016年，城镇常住人口分别较上年增加2200万人和2182万人。

② 以"三去一降一补"为主要内容的供给侧结构性改革将房地产去库存作为重要工作。根据宁吉喆2017年10月10日答记者问，一年多来的商品房待售面积连续下降说明，房地产去库存效果较好，特别是三四线城市和县城进展更大。这可能加速户均住房面积的提升。

③ 截至2013年底，全国共有房地产业企业法人单位33.8万家，从业人员877.2万人，总资产52.6万亿元。其中，物业管理企业10.5万家，从业人员411.6万人，资产1.4万亿元，房地产中介服务企业6.6万家，从业人员77.6万人，资产5489.5亿元。

(二) 房地产市场价格指标

房地产的特点是地域性和异质性强、不可移动，价格与地理位置、朝向、楼层、户型、建筑年代、土地性质、供求、信息等多种因素相关，即使同一个小区，不同时期的不同住房，价格差异往往也很大。因此，发达国家往往靠编制价格指数反映住房价格情况。我国也借鉴发达国家经验，国家统计局曾经编制全国及 70 个大中城市住房价格指数，包括新建住房和二手房。但是由于数据反映全年、全国平均变化，不能体现更多差异性，与市场表现和人们感受相差较大，2011 年全国住房价格指数停止发布，在优化方法基础上继续公布 70 个大中城市房价指数。① 但是，如果考察货币政策的房价渠道传导效果，仅通过部分城市房价，难以全面反映。因此，从数据可得性看，结合历史数据反映现实的情况，本书选择以住房平均价格作为衡量货币政策传导效果的指标，即同一报告期内新建住房销售额与新建住房销售面积之商，得出的新建住房的平均销售价格。

第三节　资产价格渠道的关键环节和问题

资本市场是货币政策向债券、股票、房地产等资产价格传导，进而影响经济行为的载体。资本市场丰富了货币政策传导渠道，同时也使货币政策传导链中经济变量的关系更加复杂。特别是我国资本市场还存在很多缺陷，传导货币政策过程中存在一定阻碍。

一、股票市场传导货币政策效果判断和解释

2018 年底，我国存量社会融资中，股票和债券融资占比达 13.5%，当年增量社会融资中两者占比达 14.7%，两者在我国企业筹资方式中的地位日益重要，传递货币政策的功能有所增强。② 但由于融资主体和融资工具的多样化、市场主体行为的不确定性等原因，资本市场传递货币政策变得较为复杂，影响了货币政策效果。

(一) 直观观察股票市场传导货币政策效果

股票价格传导货币政策的机制，一是财富效应对消费的传导：货币供应量增加—风险偏好不变时高风险资产（股票）配置增加—股价上涨—家庭财富增加—消费增加。二是流动性效应对消费的传导：股价上涨—家庭高流动

---

① 具体方法参见《住宅销售价格统计调查方案》，国家统计局网站，2011 年 2 月 16 日。
② 数据来源：根据中国人民银行网站公布的社会融资规模增量/存量统计表计算得来。

性金融资产增加—消费者面临财务困难可能性减少—增加耐用消费品支出。三是托宾Q效应对投资的传导:股价上涨—q值增加—发行少量股票可以买到大量廉价投资品—企业投资增加。四是资产负债表效应对投资的传导:股价上涨—企业财富和净资产增加—借款能力增强—投资增加。① 就我国而言,货币政策对股票指数的影响不明显,股票指数对经济的影响同样有限。

1. M_2和降准对股价影响效果。近20年来,M_2增速高峰主要有1996年、2003年、2006年、2009年几次,按照货币政策传导理论,M_2放松一般应伴随股指上涨。实际上,M_2的增速提升不仅没有伴随着股指上涨,相反1996年、2003年、2006年三次M_2高增长后股指都有明显走低态势。而在2015年的股指大幅走高之际,M_2却历史性地降到了10%~15%的低位(见图5-6)。

类似地,降准对股指的影响也不明显。有研究认为,2007—2008年,我国资产价格剧烈波动,上证综指从2007年10月至2008年10月下跌了73%。虽然资产价格剧烈波动是由国内外各种宏观因素综合作用的结果,但与央行从2007年1月至2008年8月连续15次上调存款准备金率共8.5个百分点的从紧货币政策也是分不开的。当然,存款准备金率上调对资产价格的影响存在一定滞后。② 事实上,如果放在更长时间看,尽管过去相当长时期里存款准备金率是我国的主要货币政策工具之一,但是1990年以来的存款准备金率的变化和我国股市之间的对应关系也不明显,说明货币政策对通过股市传导的效应有限(见图5-7)。

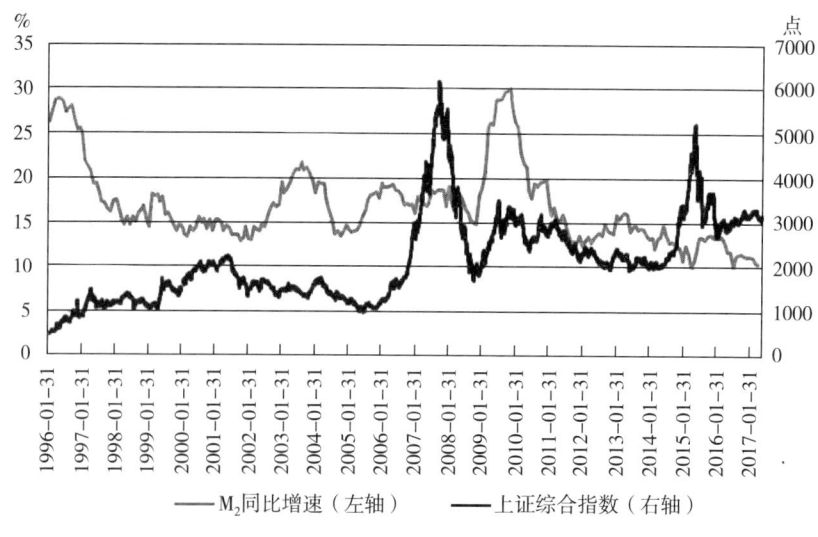

图5-6 M_2增速和上证综指变化情况对比

---

① 刘伟等. 我国货币政策体系与传导机制研究[M]. 北京:经济科学出版社,2015.
② 连平等. 资产价格应成为货币政策的重要参考因素[J]. 新金融,2009(10).

第五章　资产价格渠道：现状、问题和对策

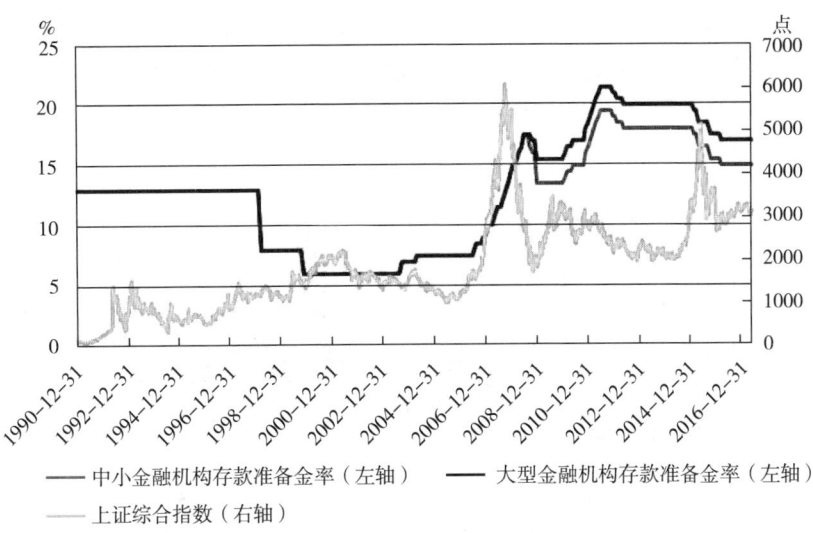

图 5-7　存款准备金率与股票指数

2. 信贷、利率政策对股票市场的影响。银行业贷款余额增速在 1996 年、2003 年、2009 年有三次快速增长期，最高时增长 45% 左右。但是与这三次相对应的上证综指分别为 1000 点、1500 点和 3500 点左右。2012 年以来贷款增速持续下行，但 2015 年仍然出现一次股指 5000 多点的高峰。这说明，贷款的政策效果也没有很好传导到股票市场。

图 5-8　银行贷款总额和股票指数

利率政策调整对股市的影响。股价对利率变动的反应相对敏感，一般降息当天或第二个交易日股价都会出现回落，上证综指往往低于前一交易日收盘。从中长期看，2004 年以前央行公布的 1 年期贷款基准利率基本上与股指是对应的，也就是利率提高股指降低，利率降低股指走高。但2006年以来这种对应关系也基本不存在了。从高频数据SHIBOR的7天同业拆借利率看，与股指之间基本没有相对稳定的对应关系（见图5-9）。

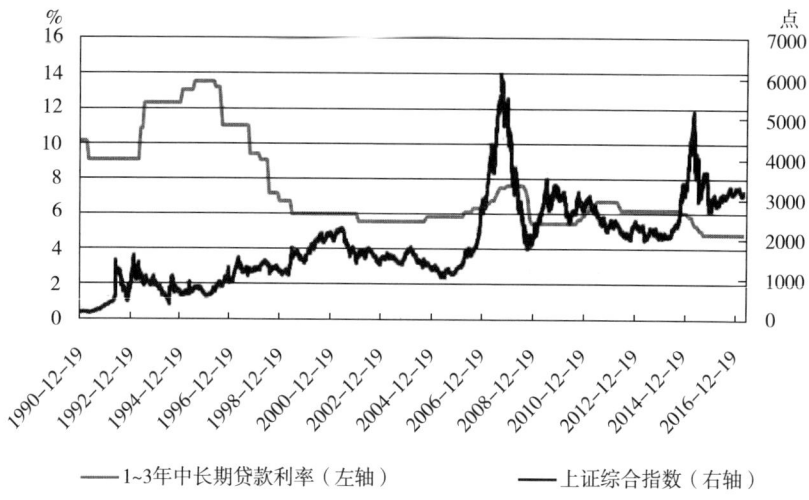

图5-9 贷款利率和上证综指

货币政策和信贷资金流入推动的股价上升，几乎没有通过财富效应、托宾Q效应等推动总需求，反而吹起了股市泡沫，增加了金融体系的不稳定性。其中原因主要包括：我国股票市场波动大，投资收益不稳定，货币政策变化后并没有使得投资在贷款和股市之间转移；股票一、二级市场价格差异较大，相对发行价，股票上市当日开盘涨幅偏高，刺激投资者"打新"炒作；股价波动吸引资金从银行流向股市，货币政策促进股价升高，企业融资成本下降，增加股权融资。

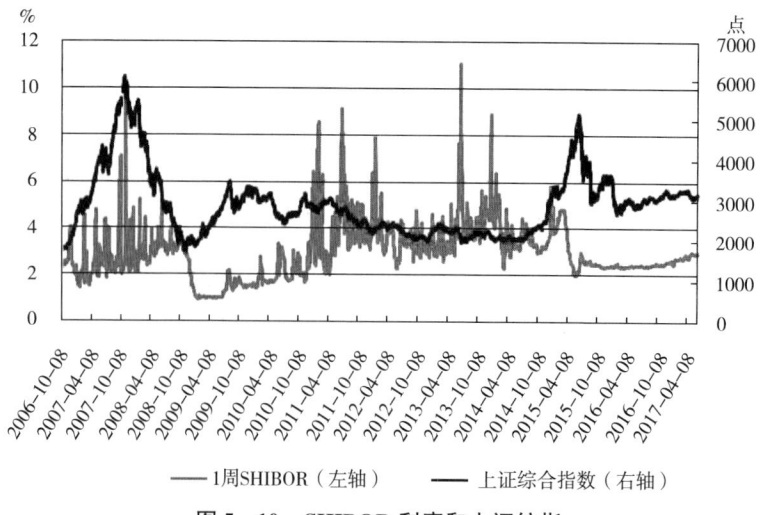

图5-10 SHIBOR利率和上证综指

3. 股价波动对投资和消费的影响。货币政策引起的股价上涨没有直接刺激投资。魏永芬、王志强以上证综合指数的月收盘指数代表股票价格水平,用1992—2001年固定资产投资检验股票价格的Q效应。结果表明,股票价格上升对投资没有影响。因为,股价上升诱使各类企业从股市中筹集资金,资金由生产领域流向虚拟经济。2000年末,股票平均市盈率的理论值为44.5倍,但沪、深股市的平均市盈率为60倍。q上升后,上市公司通过发行新股或配股筹措了更多资金,2000年比1999年筹资额增长了181%,但所募资金又以委托经营方式大量流回股市,进一步推动股价上涨。同时增加的还有委托理财资金。

我国股票市场的财富效应存在但不显著,因此股市刺激消费的作用不明显。股票市场刺激消费需求的前提是股市长期稳定上涨,我国股市却经常大幅波动。20世纪90年代以来,就经过4次大的周期性起落。股价上涨带来财富增加的同时,也是一个财富再分配的过程。就投资者结构看,边际消费倾向较高的个人投资者个数占99%以上,占比不足1%的机构投资者拥有资金和信息优势,获取收益远多于散户。考虑到股市投资者多为中高收入阶层,是汽车、旅游等中高端消费的主要群体。过去多年的历史证明,2007年和2015年的两次股市大规模上涨之后,社会消费品零售总额和家用轿车销售量一升一降,旅游人数和旅游收入则是与两次股票价格上涨基本没有关系,而是在两次高增长之间的2010年前后出现了一个较大的跃升(见图5-11、图5-12、图5-13)。这说明,股市涨跌与消费也没有明显的因果关系。

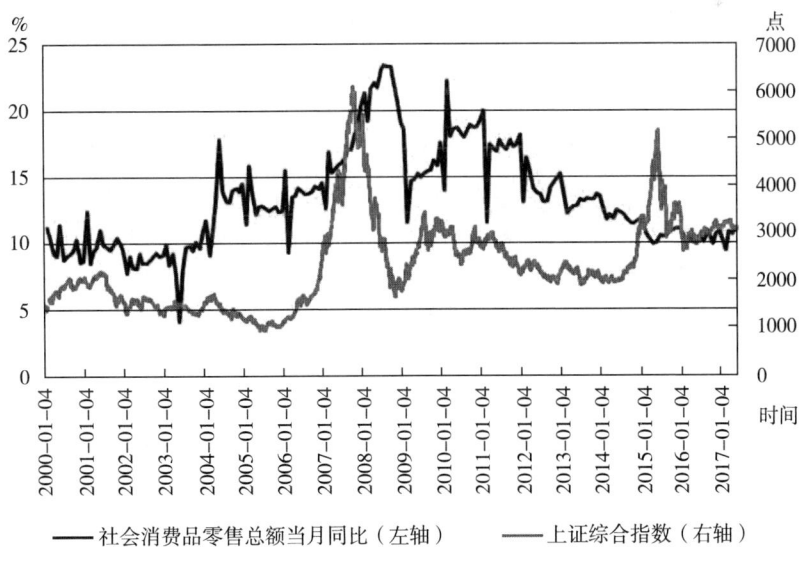

图5-11 社会消费品零售总额增速和上证指数

图 5-12 家用轿车零售销量和上证综指

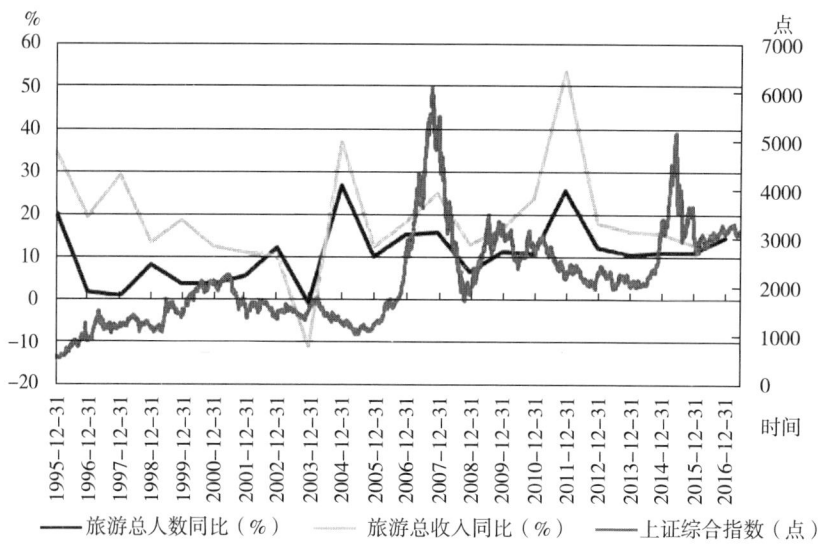

图 5-13 旅游人数、旅游收入和上证综指

(二) 量化分析股票市场传导货币政策效果

货币政策通过股票价格渠道最终影响市场主体行为的传导效果,可以通过两个阶段来检验,一是检验央行通过政策利率对股票价格的影响,二是检验股票价格变动对经济活动的影响。

1. 政策性利率到股票价格

(1) 变量选择。根据上文分析,选取逆回购利率(RRepo)和 MLF 利率代表政策性利率,分别检验政策性利率对股票价格的影响。其中,股票价格的主要衡量指标选取上证综指(SH)、深圳成指(SZ)、中小板指数(SM)和创业板指数(ChiNext)。

(2)数据处理与描述性统计。首先确定样本区间。央行于2012年重启逆回购,于2014年创设MLF,相比于股票价格数据,政策性利率的数据区间较短。为最大程度使用数据,以逆回购利率和MLF利率的数据区间作为样本区间,最终确定2012年7月至2018年5月为样本区间。

其次统一数据频率。当央行不进行逆回购操作或MLF投放时,当天相应的利率会形成空缺。本书以之前最近一天的利率对空缺数据进行补位,得到实证样本,如图5-14所示。

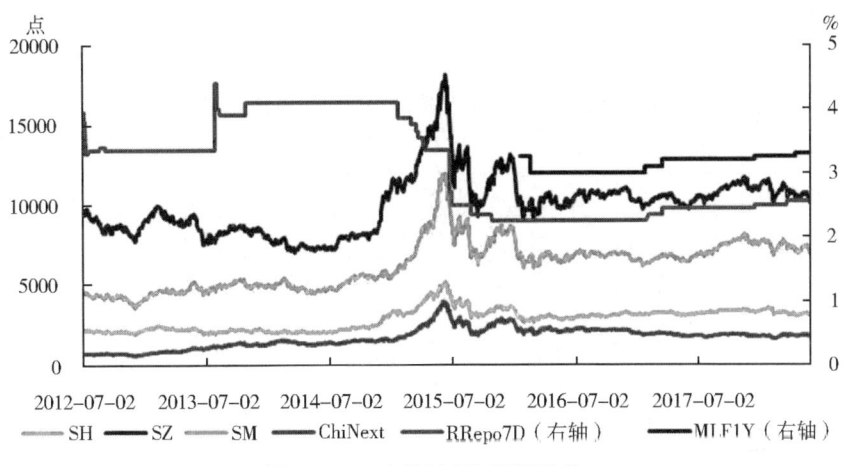

图5-14 政策利率与股票价格

对样本进行描述性统计,结果如表5-3所示。1年期MLF利率有576个观测值,其余变量有1440个观测值,样本量足够大保证了实证结论的可信性。

表5-3 政策利率与股票价格的描述性统计

变量	观察个数	最小值	25%分位数	平均值	75%分位数	最大值
RRepo7D	1440	2.25	2.35	3.06	3.90	4.40
MLF1Y	576	3.00	3.00	3.13	3.20	3.30
SH	1440	1950.01	2187.28	2841.25	3261.32	5166.35
SZ	1440	6998.19	8470.60	10000.15	10865.29	18098.27
SM	1440	3590.62	4883.29	6247.06	7098.76	11996.52
ChiNext	1440	593.66	1299.18	1707.16	2099.36	3982.25

(3)平稳性检验。对数据进行平稳性检验,结果如表5-4所示,所有变量都是一阶单整序列,可以建立VAR模型。

表5-4　　　　　政策利率与股票价格的平稳性检验结果

变量	ADF 统计量	P 值	检验结果	变量	ADF 统计量	P 值	检验结果
RRepo7D	-1.1022	0.2457	非平稳	ΔRRepo7D	-21.3421	0.0000	平稳
MLF1Y	0.1295	0.7231	非平稳	ΔMLF1Y	-23.9374	0.0000	平稳
SH	-2.1078	0.5405	非平稳	ΔSH	-16.3654	0.0000	平稳
SZ	-2.6138	0.2741	非平稳	ΔSZ	-11.5726	0.0000	平稳
SM	-2.6568	0.2551	非平稳	ΔSM	-11.2982	0.0000	平稳
ChiNext	-1.9428	0.6313	非平稳	ΔChiNext	-11.4684	0.0000	平稳

（4）格兰杰因果关系检验。针对不同政策利率分别与不同股票指数构建 VAR 模型，并确定最优滞后阶数。基于 VAR 系统对变量进行格兰杰因果关系检验，结果如表5-5所示。

表5-5　　　　政策利率与股票价格的格兰杰因果关系检验结果

变量	RRepo7D	MLF1Y	SH	SZ	SM	ChiNext
lag（RRepo7D）	—	—	0.0014	0.0009	0.0003	0.0002
lag（MLF1Y）	—	—	0.0000	0.0000	0.0000	0.0000
lag（SH）	0.0000	0.0020	—	—	—	—
lag（SZ）	0.0000	0.1170	—	—	—	—
lag（SM）	0.0000	0.2226	—	—	—	—
lag（ChiNext）	0.0000	0.0002	—	—	—	—

总体上看，第一阶段的传导过程相对有效，7天逆回购利率和1年期 MLF 利率及其滞后项都显著是四种股票指数的格兰杰原因，说明央行政策利率的变动能够有效影响股票指数的变动。另外，四种股票价格指数及其滞后项都对7天逆回购利率有显著的影响。

2. 股票价格到实体经济

（1）变量选择。以上证综指（SH）、深圳成指（SZ）、中小板指数（SM）和创业板指数（ChiNext）代表股票价格，考察股票价格变动对 GDP 和 CPI 的影响。

（2）数据处理与描述性统计。由于股票指数为日度数据，CPI 为月度数据，GDP 为季度数据，因此，对应 CPI 和 GDP 的数据频率，对股票指数在相应时间内进行加权平均，以保证与 CPI 和 GDP 的频率相同，样本区间最终确定为2002年1月至2018年5月，实证样本如图5-15所示。

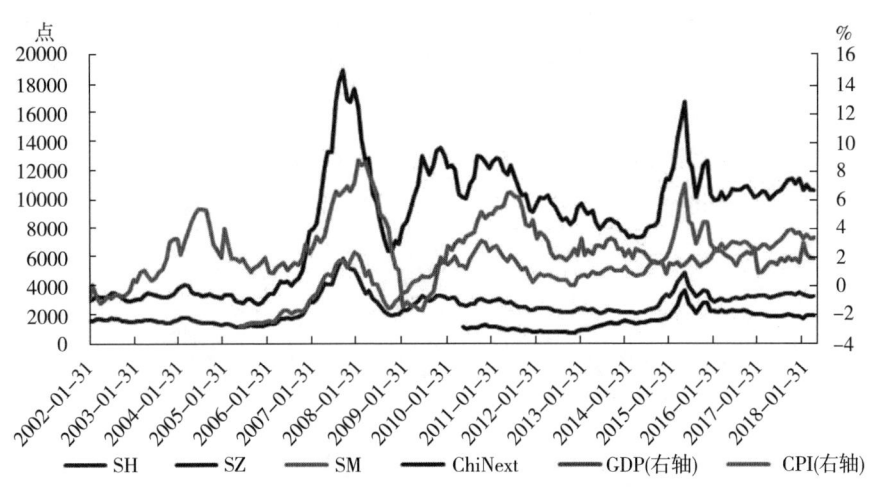

图 5-15　股票指数与主要经济指标

样本的描述性统计如表 5-6 所示，样本量可以保证检验结论的可信性。

表 5-6　　　　　　股票指数与主要经济指标的描述性统计

变量	观察个数	最小值	25%分位数	平均值	75%分位数	最大值
SH	197	1042.18	1636.69	2483.05	3085.99	5824.12
SZ	197	2682.89	3885.48	8473.75	11035.75	18965.51
SM	156	1142.46	4280.91	5117.43	6503.53	11010.59
ChiNext	96	655.94	925.56	1495.00	1908.01	3558.99
GDP	65	6.40	7.20	9.36	10.90	15.00
CPI	197	-1.80	1.38	2.40	3.21	8.70

（3）平稳性检验。检验股票指数与 GDP 和 CPI 的格兰杰因果关系之前，对各变量进行平稳性检验，结果如表 5-7 所示，所有变量都是一阶单整序列，可以建立 VAR 模型。

表 5-7　　　　　　股票指数与主要经济指标的平稳性检验结果

变量	ADF 统计量	P 值	检验结果	变量	ADF 统计量	P 值	检验结果
SH	-0.8365	0.3524	非平稳	ΔSH	-9.6497	0.0000	平稳
SZ	-0.8641	0.3405	非平稳	ΔSZ	-4.6350	0.0000	平稳
SM	0.3067	0.7732	非平稳	ΔSM	-10.2992	0.0000	平稳
ChiNext	0.1213	0.7185	非平稳	ΔChiNext	-8.0386	0.0000	平稳
GDP	-0.6259	0.4423	非平稳	ΔGDP	-7.0701	0.0000	平稳
CPI	-1.1989	0.2107	非平稳	ΔCPI	-6.1931	0.0000	平稳

(4) 格兰杰因果关系检验。针对不同股票指数，分别与 GDP 和 CPI 构建 VAR 模型，并确定最优滞后阶数。基于 VAR 系统对变量进行格兰杰因果关系检验，结果如表 5-8 所示。

表 5-8　股票价格与主要经济指标的格兰杰因果关系检验结果

变量	SH	SZ	SM	ChiNext	GDP	CPI
lag (SH)	—	—	—	—	0.0006	0.0970
lag (SZ)	—	—	—	—	0.0001	0.0662
lag (SM)	—	—	—	—	0.0005	0.2125
lag (ChiNext)	—	—	—	—	0.7287	0.7481
lag (GDP)	0.8382	0.7880	0.2594	0.1117	—	—
lag (CPI)	0.4832	0.1777	0.0101	0.2253	—	—

总体来看，股票价格的变动对不同经济指标的影响效果具有一定差异。首先，上证综指、深圳成指和中小板指数及其滞后项都显著是 GDP 的格兰杰原因，创业板指数及其滞后项不是 GDP 的格兰杰原因，说明股票发挥了明显的促进经济增长作用。反过来看，GDP 及其滞后项都不是各种股票指数的格兰杰原因，说明经济增长对股票市场的影响有限。其次，各种股票指数及其滞后项都不是 CPI 的格兰杰原因，说明股票指数到 CPI 的传导效果不理想。

(三) 股票市场传导货币政策低效的原因

一是货币政策目标没有对资本市场给予足够关注。我国货币政策目标为："保持币值稳定，并以此促进经济增长。"随着我国资本市场、股票市场的发展，上述目标面临挑战。一方面，低通货膨胀是经济健康运行的必要条件，但经济健康运行还与金融机构对中央银行政策的信心、居民金融资产及其经济行为等有关。另一方面，单一货币政策目标没有考虑到资产价格因素。我国货币政策中介目标 M_2，很大程度取决于金融机构的货币创造和货币乘数效应。如果货币创造和货币乘数效应欠佳，即使加大货币投放，M_2 快速增长，实体经济资金偏紧，融资难融资贵问题仍然存在。

二是利率管制造成金融资产间利率结构不合理。市场化条件下，中央银行调整基准利率，引起整个利率体系相应变动，投资者重新配置资产，货币政策传导到股票市场。我国利率市场化程度偏低，货币市场的利率与金融机构、企业和居民之间的利率不能联动，利率很难反映公众对未来的预期和风险情况，难以反映市场资金稀缺程度，利率信号不够灵敏，利率变动在股价上的反应较慢。

三是货币市场和股票市场分割且发展不均衡。中国金融业分业经营、分业监管的格局，使货币市场与股票市场分割。股票市场预期收益高于货币市场时，各类资金通过企业和居民大量流向股票市场。由于企业和居民的风险定价、风险控制能力偏低，监管存在较大难度，市场潜在风险较大。商业银行市场化意识和规避风险意识提升，倾向通过货币市场来经营存款，货币市场资金增加，并通过证券公司、投资基金流向股票市场，造成股市虚假繁荣，银行体系风险加大。

四是股票市场存在功能缺陷。（1）股票市场功能定位偏差。发达国家股票市场的首要功能是评估企业价值，优化资源配置，我国则是为缓解国有企业资金紧张，通过股票市场筹资，这一历史背景决定，我国上市公司普遍质量较低。而且，股市投资者的投资理念扭曲，投资气氛浓厚，加大股价波动。（2）信息真实性不高影响投资积极性。我国股市政策变动多，信息泄露易被少数人利用，加上上市公司对关联交易、财务指标、资金投向、利润构成等信息披露仍不够充分、及时、真实，常引起股价大幅波动，公众投资者的利益和积极性受到影响。（3）市场准入和退出制度存在缺陷。发达国家采用注册制，筹资者能够公平竞争。我国仍实行核准制，上市过程中的券商推荐、专家评审等信息透明度、公允度有待提升。因此投资者利益难以保障，企业上市门槛高、手续多、时间长，限制了企业根据股价选择发行时机，也限制了货币政策的传导。另外，对上市公司过于宽容，加上地方政府的保护，不符合条件的上市公司也无法及时退市，助长投资者投资垃圾股。（4）美国股票市场中，纽交所、纳斯达克、场外报价市场、粉单市场、灰色市场大致呈现公司数量从少到多的金字塔状，上市公司市值与 GDP 比重在 1.2 左右，各类企业股权融资需求得到较好满足，股市结构相对稳定合理。而在我国，经济中存在企业和资金"两头过剩"现象，急需良好的融资结构连接两头，但直接融资比重偏低，多层次资本市场体系尚待完善，还不能完全满足经济社会需求。资本市场结构呈倒金字塔形，主板、中小板、创业板企业上市数量逐级减少。我国大量中小型符合上市条件的企业无法获得股权融资，比如仅中关村科技园区符合创业板上市条件的公司就有1000多家，浙江省年销售收入超过亿元的企业就有 1 万多家，都无法获得股权融资。另外，我国股市波动过大，市场表现与经济增长不完全同步，投资者信心不稳，影响资源配置功能发挥。

五是股票市场规模偏小且投资者结构不合理。一般来说，大规模、高效率的股票市场可以反映资金供求，并及时反映中央银行货币政策效果。我国股市总体规模仍然偏小，与美国相比，在经济中的地位还显不足。从投资看，上市公司融资迅速增长，但股票融资占社会融资规模比重和股票融资占固定资产投资比重总体偏低。从消费看,我国股票投资者占居民总人数的比例较低。① 根据自然人投资者计算,股市价格变动影响的人口为1亿人左右,不到总人口的1/13。即使与美国股市涨幅一样,所产生的新增消费需求、投资需求也远小于美国。另外,我国股票市场投资者结构不合理,机构投资者数目较少,持有股票市值相对较低。2018年底,A股投资者1.47亿户,其中自然人1.46亿户,机构投资者35.3万户,分别占全部投资者的99.8%和0.2%。而且A股股票交易成交金额中,自然人占比也占80%以上。② 另外,机构投资者利用信息优势、资金优势操纵股价,造成投资者之间收益分配不均。庄家利用内幕信息或散布虚假信息,肆意炒作,股价严重背离上市公司基本面,对货币政策反应不敏感。再有就是,我国股票市场投资和风险对冲工具不足,削弱了投资者风险控制能力,限制了机构投资者入市步伐和发展空间。

六是贷款市场也制约了财富效应的发挥。财富效应假定消费者生命周期中可以自由贷出和借入。事实上,一些消费者行为只由其当前收入而非一生财富决定。消费者当前消费比他们意愿消费少,未来流动性约束会增加当前储蓄。我国居民流动性约束增强,借贷成本上升,即使股价持续上涨,也不能仅根据预期收入水平为现在或将来的消费融资。而且转型期的居民资产存量小,人力资本收入仍是居民收入的主要来源,多种因素导致消费者消费选择的财富效应弱化。

七是我国资本市场国际竞争力有待提高。尽管我国股票市场规模很大,但开放的深度和广度与发达市场相比还有很大差距,抗冲击能力尚显不足。我国证券期货经营机构与国际同行相比总体实力偏弱,不能满足我国经济国际化的需求。每年我国企业参与上万家海外并购,但几乎没有国内券商能为他们提供财务和战略咨询服务。同时,人民币国际化的进程也对资本市场国际竞争力提出了更高要求。2018年我国对包括资本市场在内的众多领域推出一系列改革举措,目的之一就在于以开放促改革,提升资本市场国际竞争力。

二、债券市场传导货币政策效果判断和解释

债券市场在货币政策传导中的作用主要体现在资本成本效应、财富效应和资产负债表效应。具体而言,资本成本效应:央行宽松货币政策—商业银行降低利率、增加放款、加大各类资产投资—债券市场拆借、回购利率降低—长期利率降低—企业资本市场融资成本降低—消费和投资增加、产量提高。财富效应:央行宽松货币政策—信贷市场和货币市场短期利率下降—长期利率下降—债券等金融资产价格上涨—市场主体金融财富增加—增加资金

---

① 作者根据证监会年报、国家统计局统计公报相关数据计算得出结论。
② 数据来源:中国证券登记结算统计年鉴2018。

购买商品、劳务或继续购买资本市场金融资产—总需求和国民收入增加。资产负债表效应：央行宽松货币政策—债券利率下降—企业利息支出减少—债券价格上升—企业资产负债表改善—可贷资金增加—投资和国民收入增加。①现实中，我国货币政策通过债券市场传导效果总体良好。

（一）直观观察债券市场传导货币政策效果

1. M_2 增速与国债收益率基本反向相关，因为 M_2 快速增长意味着货币政策宽松，贷款利率走低，投资购买国债的资金增加，国债价格上涨，收益率下降。比较明显的是，2003 年和 2009 年两次 M_2 的快速增长的峰值，其间 1 年期国债收益率分别跌至 2% 和 1% 左右，因此，从 M_2 到债券收益率这个渠道的货币政策传导效果良好。类似的道理，存贷款基准利率的调整会对整条国债收益率曲线产生显著影响，下调基准利率则国债收益率曲线下移，且对长短期利率的影响基本一致。2002 年 1 月至 2015 年 3 月，中国人民银行共进行 24 次存贷款基准利率调整（下调 10 次，上调 14 次）。商业银行中长期贷款利率的走势也与国债收益率走势高度吻合，2007 年 5% 左右的中长期贷款利率，对应的是接近 4% 的国债收益率，2016 年以来 4.8% 左右的贷款利率低点，对应的是略高于 2% 的国债收益率（见图 5-16、图 5-17）。

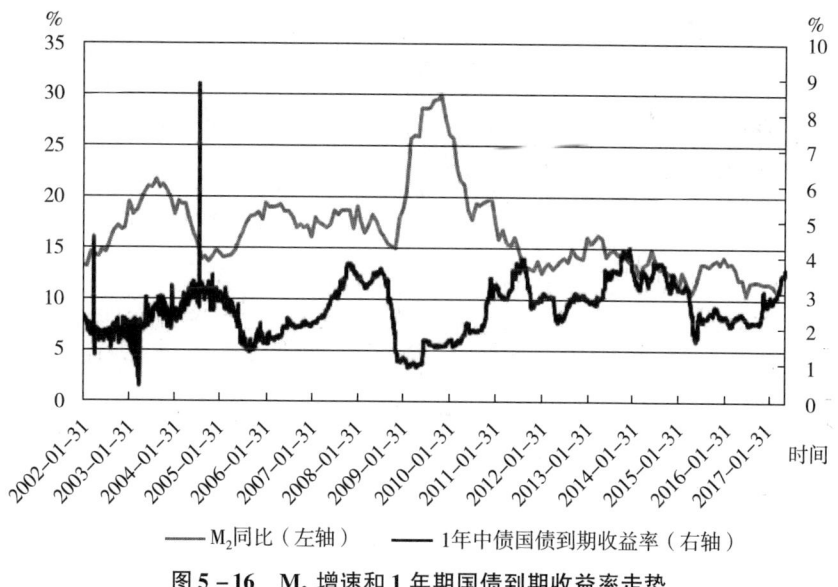

图 5-16　M_2 增速和 1 年期国债到期收益率走势

---

① 刘伟等. 我国货币政策体系与传导机制研究 [M]. 北京：经济科学出版社，2015.

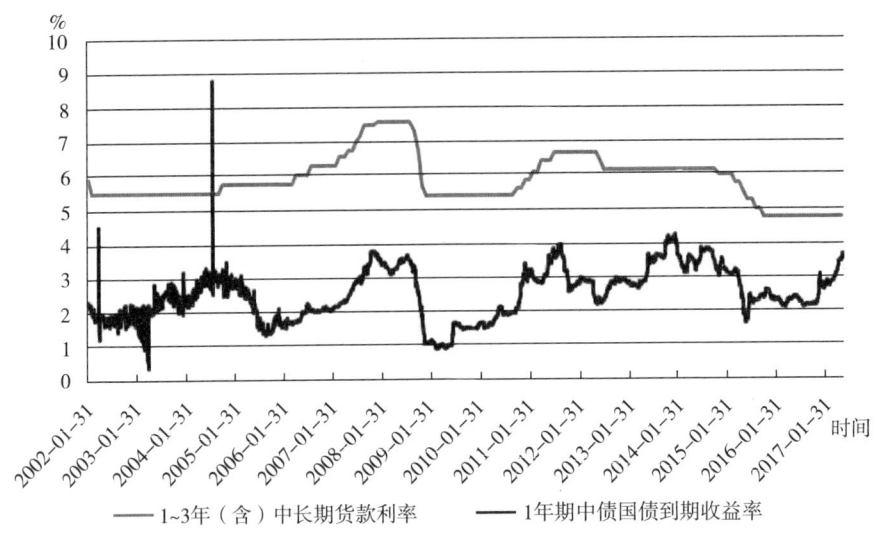

图 5-17 不同期限国债收益率走势

高频利率数据与国债收益率之间也呈现类似的关系。

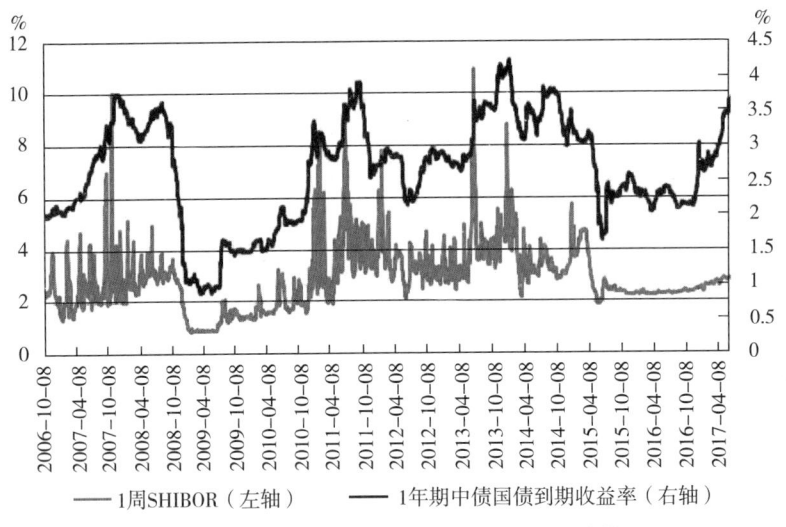

图 5-18 SHIBOR 和 1 年期国债收益率走势

2. 债券与非金融企业融资成本之间关系密切。国债收益率越高说明企业融资成本越高，融资意愿进而融资需求越低。2007—2008 年，10 年期国债收益率在经过上一阶段 3% 左右平均水平后，达到 4.5% 左右的高点，同期对应的非金融企业月新增贷款额度在 3000 亿~4000 亿元。在随后的 2009 年两者刚好相反，国债收益率再次回落至 3% 左右，新增贷款提高至 1 万亿元，最高升值 1.5 万亿元。此后的 2011 年和 2013 年国债收益率与企业新增贷款的对应

第五章 资产价格渠道：现状、问题和对策

关系也都比较明显。这说明，债券市场价格的变化的确较为直接地影响了企业的社会融资成本（见图5-19）。

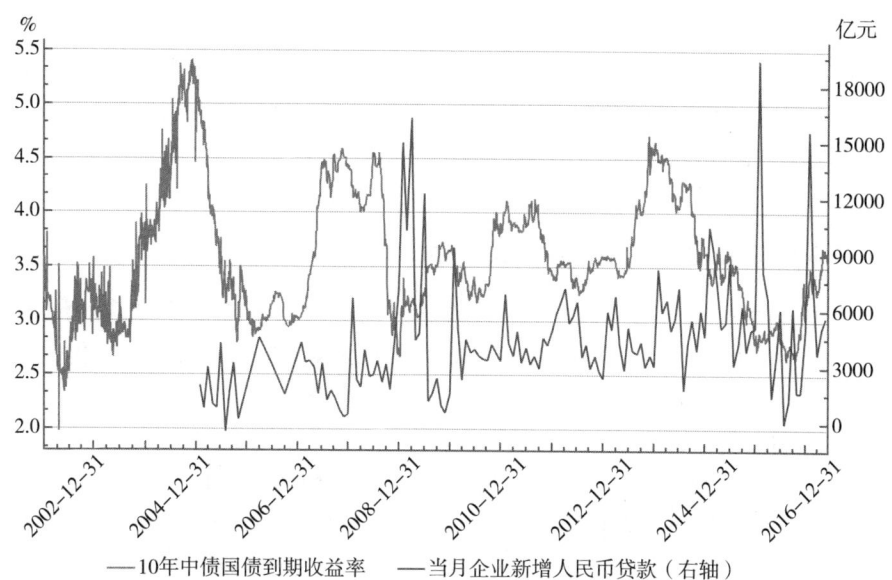

数据来源：Wind资讯，中国债券信息网。

图5-19 国债收益率和非金融企业新增贷款

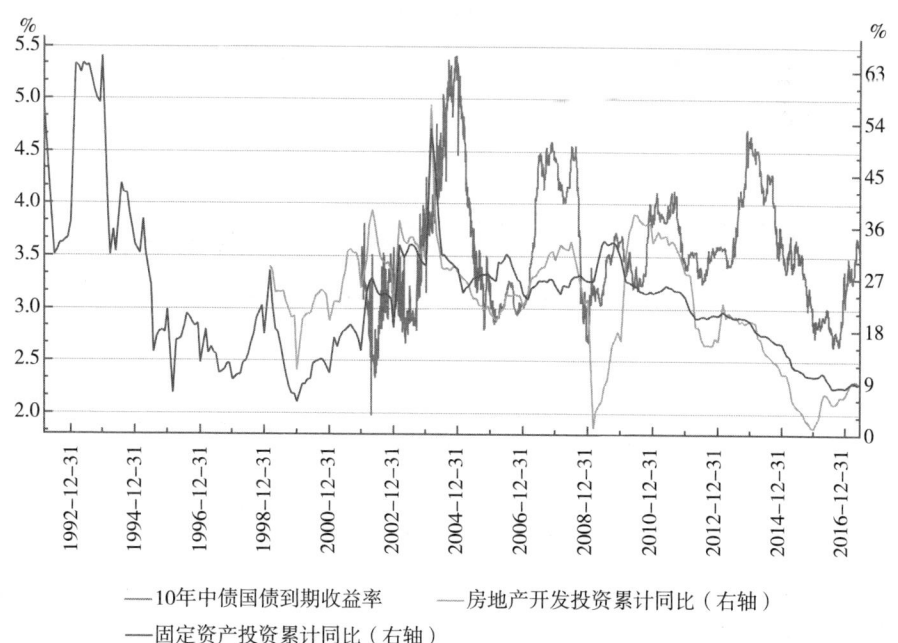

数据来源：Wind资讯，中国债券信息网。

图 5-20　国债收益率和固定资产投资、房地产投资

3. 与融资成本高度相关的是企业投资。企业在融资成本较低时扩大投资,成本提高则缩小投资。用 10 年期国债收益率和房地产开发投资增速相对比,两者高度相关。2003 年、2007 年、2011 年、2013 年四次国债收益率走高,几乎都跟随着房地产投资增速的放缓。相比而言,全社会固定资产投资增速与国债收益率的相关性较低。其中原因,可能和房地产企业通过债券融资占比较高有关。

（二）量化分析债券市场传导货币政策效果

本书分两个阶段检验我国货币政策通过债券价格影响实体经济的传导效果。一是检验央行通过政策性利率对债券价格的影响,二是检验债券价格变动对经济活动的影响。

1. 政策利率到债券价格

（1）变量选择。选取逆回购利率（RRepo）和 MLF 利率代表政策利率,分别检验政策利率对债券价格的影响。其中,以国债收益率（GB）为债券价格的代表指标,选取 1 年期和 10 年期分别考察中期和长期情况。

（2）数据处理与描述性统计。为最大程度使用数据,以数据长度较短的逆回购利率和 MLF 利率的样本区间为基准,最终确定样本区间为 2012 年 7 月至 2018 年 5 月,数据频率采用日度数据,实证样本如图 5-21 所示。

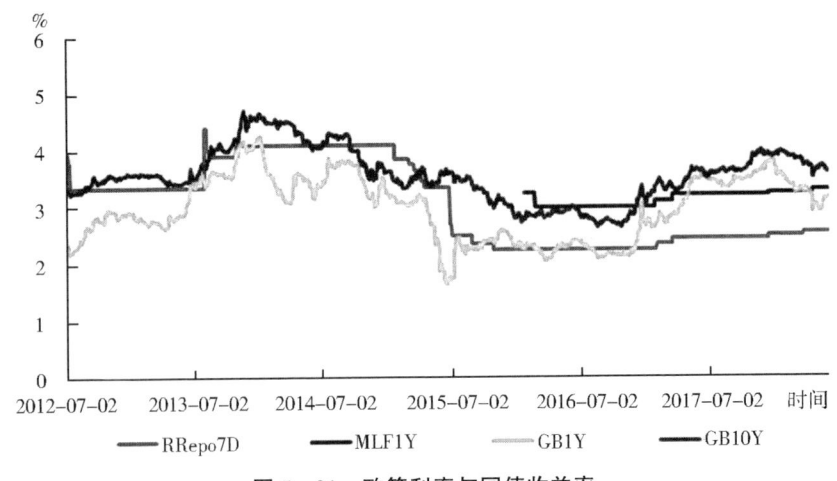

图 5-21　政策利率与国债收益率

对样本进行描述性统计,结果如表 5-9 所示。样本区间最短的是 1 年期 MLF 利率,共有 576 个观测值,其余变量有 1440 个观测值,可以保证实证结论的可信性。

第五章 资产价格渠道：现状、问题和对策

表 5-9　　政策利率与国债收益率的描述性统计

变量	观察个数	最小值	25%分位数	平均值	75%分位数	最大值
RRepo7D	1440	2.25	2.35	3.06	3.90	4.40
MLF1Y	576	3.00	3.00	3.13	3.20	3.30
GB1Y	1440	1.64	2.41	2.98	3.47	4.25
GB10Y	1440	2.64	3.30	3.56	3.87	4.72

（3）平稳性检验。对数据进行平稳性检验，结果如表 5-10 所示，所有变量都是一阶单整序列，可以建立 VAR 模型。

表 5-10　　政策利率与国债收益率的平稳性检验结果

变量	ADF统计量	P值	检验结果	变量	ADF统计量	P值	检验结果
RRepo7D	-1.1022	0.2457	非平稳	ΔRRepo7D	-21.3421	0.0000	平稳
MLF1Y	0.1295	0.7231	非平稳	ΔMLF1Y	-23.9374	0.0000	平稳
GB1Y	-1.8171	0.6962	非平稳	ΔGB1Y	-28.0495	0.0000	平稳
GB10Y	-1.5321	0.8183	非平稳	ΔGB10Y	-30.9456	0.0000	平稳

（4）格兰杰因果关系检验。针对不同政策利率分别与 1 年期和 10 年期国债收益率构建 VAR 模型，并确定最优滞后阶数。基于 VAR 系统对变量进行格兰杰因果关系检验，结果如表 5-11 所示。

表 5-11　　政策利率与国债收益率的格兰杰因果关系检验结果

变量	RRepo7D	MLF1Y	GB1Y	GB10Y
lag（Repo7D）	—	—	0.8794	0.0232
lag（MLF1Y）	—	—	0.1700	0.6040
lag（GB1Y）	0.0049	0.0021	—	—
lag（GB10Y）	0.0634	0.0001	—	—

总体上看，第一阶段的传导过程效果不佳。1 年期 MLF 利率及其滞后项不是 1 年期和 10 年期国债收益率的格兰杰原因，7 天逆回购利率及其滞后项不是 1 年期国债收益率的格兰杰原因，但却是 10 年期国债收益率的格兰杰原因，说明政策利率对中短期国债收益率的影响有限。另外，1 年期国债收益率和 10 年期国债收益率及其滞后项都是 1 年期 MLF 利率的格兰杰原因，1 年期国债收益率及其滞后项也是 7 天逆回购利率的格兰杰原因，表明国债收益率对政策利率具有比较明显的影响，说明央行在进行货币政策操作时，可能考虑进去了国债收益率变动的因素。

2. 债券价格到实体经济

第二阶段的传导效果,分析债券价格的变动对经济增长和通货膨胀等经济指标的影响。

(1) 变量选择。以 1 年期国债收益率(GB1Y)和 10 年期国债收益率(GB10Y)代表中短期和长期国债价格,考察债券价格变动对 GDP 和 CPI 的影响。

(2) 数据处理与描述性统计。将日度的债券收益率数据进行月度和季度平均,得到与月度 CPI 和季度 GDP 数据频率一致的样本,样本区间最终确定为 2002 年 1 月至 2018 年 5 月,实证样本如图 5-22 所示。

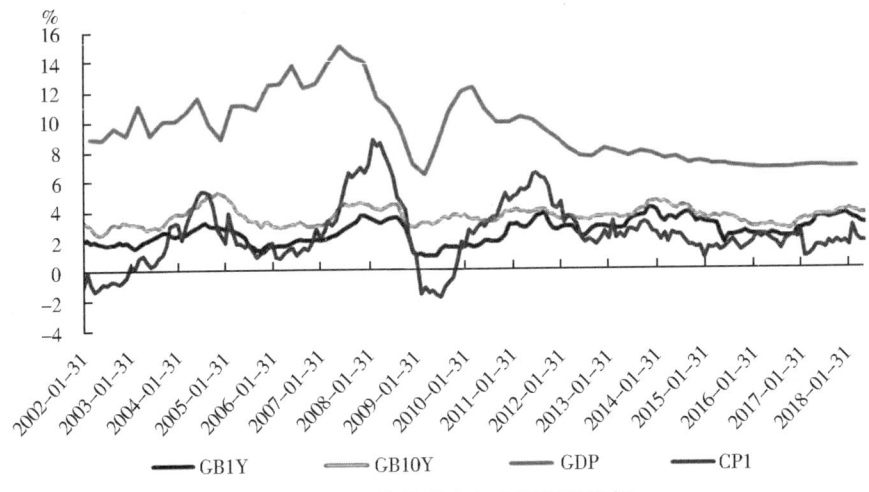

图 5-22 国债收益率与主要经济指标

样本的描述性统计如表 5-12 所示,季度的 GDP 共 65 个观测值,月度的 CPI 共 197 个观测值,样本量满足实证分析的要求。

表 5-12   国债收益率与主要经济指标的描述性统计

变量	观察个数	最小值	25% 分位数	平均值	75% 分位数	最大值
GB1Y	197	0.93	2.02	2.56	3.13	4.08
GB10Y	197	2.49	3.17	3.59	3.91	5.24
GDP	65	6.40	7.20	9.36	10.90	15.00
CPI	197	-1.80	1.38	2.40	3.21	8.70

(3) 平稳性检验。检验国债收益率与 GDP 和 CPI 的格兰杰因果关系之前,对各变量进行平稳性检验,结果如表 5-13 所示,所有变量都是一阶单整序列,可以建立 VAR 模型。

第五章 资产价格渠道：现状、问题和对策

表 5-13　国债收益率与主要经济指标的平稳性检验结果

变量	ADF 统计量	P 值	检验结果	变量	ADF 统计量	P 值	检验结果
GB1Y	-0.7081	0.4090	非平稳	ΔGB1Y	-8.7905	0.0000	平稳
GB10Y	-0.3388	0.5621	非平稳	ΔGB10Y	-8.9430	0.0000	平稳
GDP	-0.6259	0.4423	非平稳	ΔGDP	-7.0701	0.0000	平稳
CPI	-1.1989	0.2107	非平稳	ΔCPI	-6.1931	0.0000	平稳

（4）格兰杰因果关系检验。针对不同股票指数，分别与 GDP 和 CPI 构建 VAR 模型，并确定最优滞后阶数。基于 VAR 系统对变量进行格兰杰因果关系检验，结果如表 5-14 所示。

表 5-14　国债收益率与主要经济指标的格兰杰因果关系检验结果

变量	GB1Y	GB10Y	GDP	CPI
lag（GB1Y）	—	—	0.0005	0.0309
lag（GB10Y）	—	—	0.1600	0.0021
lag（GDP）	0.5125	0.8024	—	—
lag（CPI）	0.0102	0.0074	—	—

总体来看，短期国债收益率及其滞后项对经济指标的影响比较明显。1 年期国债收益率及其滞后项显著地为 GDP 和 CPI 的格兰杰原因，而 10 年期国债收益率及其滞后项是 CPI 的格兰杰原因，但不是 GDP 的格兰杰原因。反过来看，CPI 及其滞后项对国债收益率的影响较为显著，是两种国债收益率的格兰杰原因，但 GDP 及其滞后项对国债收益率的影响不显著。

总体上看，我国债券市场传导货币政策的效果要好于股票市场。与美国、英国、韩国、印度等国家相比，我国短期利率向债券收益率的传导效率仍然偏弱，不同期限之间的套利机会仍然存在，收益率曲线的有效性还不十分完整。其中主要原因有：债券期限结构不合理，债券市场的流动性不足，衍生工具市场不发达，某些金融机构的市场准入受限等，弱化或扭曲了利率传导效率，也容易产生套利机会。另外，商业银行产品定价的市场化程度较低，也使市场利率向存贷款利率和实体经济的传导受阻。西方发达国家政府要比新兴市场国家债务容量高，公债警戒线也更高，且发达国家能通过长期债券市场，如 50 年、100 年甚至无限期债券，把今天的财政赤字负担摊平到未来多年去支付。但包括我国在内的新兴市场国家，多数没有发达的长期债券市场，只能靠银行贷款和短期债券，债务容量和警戒线偏低。[①]

---

① 陈志武. 金融的逻辑 2 [M]. 西安：西北大学出版社，2015：141.

三、房地产市场传导货币政策效果判断和解释

房地产是重要社会财富形式和居民资产配置选择。多年来，我国住房供求缺口较大，价格持续上涨，加上国内投资渠道有限，土地所有和使用制度特殊，房地产业对国民经济带动作用明显等因素，货币政策对房地产市场的影响比较明显。宏观经济进入新常态，加上住房供求基本均衡，货币政策对房地产市场的影响在减小，过度刺激的风险在提升。

房地产价格传导货币政策主要有以下渠道：一是利率渠道。房地产价格较高，很多消费者用抵押贷款方式购买。利率的变化直接影响消费者月供，从而影响居民需求。利率变化会影响房企融资成本，资金成本增加趋向于压低房地产供给。利率调整对房地产价格的影响将取决于供、求力量对比。二是信贷渠道。中央银行可以运用公开市场操作、再贴现、再贷款和准备金等政策工具来改变货币供应量。其中，房地产价格上涨将导致企业和银行的资产负债表增强，企业信贷需求和银行信贷供给增加，推动房价进一步上涨。三是资产组合渠道。货币、债券、股票和房地产等资产共同组成投资者资产组合。理性投资者会根据收益、风险和流动性，调整组合中各种资产的比例，争取投资收益最大化。四是财富效应。房产价格上涨（下跌），导致所有者财富及资产组合价值的增加（减少），进而增加（减少）消费，提高（降低）短期边际消费倾向，促进（抑制）经济增长的效应。就我国而言，房地产在传导货币政策中发挥着比其他资产价格更重要的作用。

（一）直观观察房地产市场传导货币政策效果

1998年以来，我国住房制度改革提速，房地产商品化程度不断提高。几乎与此同时，为应对亚洲金融危机影响，促进房地产业发展，房地产信贷政策日渐宽松，银行信贷杠杆不断升高，不断向居民购置住房倾斜。此后数年，低利率、货币超发、流动性增加等宽松的金融环境，尤其是货币供应量增加，通过通货膨胀和货币贬值等渠道，加速了房价上涨甚至泡沫的形成过程。

1. 货币供应量（M_2）与房地产市场走势趋同。2009年底M_2增长27.7%，商品房销售面积增长51%，房价指数连续居于高位。2010年，限购、限贷令先后实施，但货币供应增速仍保持高位，因此房地产市场仅增速放缓，并未大幅下行。2010年底M_2增长19.7%，商品房销售面积同比增长11.3%，房价仍然增长。2012年底M_2增长14%左右，远低于过去三年，房地产量价均呈下行趋势。2013年下半年，面临经济发展降速，货币政策不再大幅放宽，而更多采取定向调控，货币供应量平稳增长。进入2015年下半年，降息降准等使部分城市特别是一线城市房价再次快速上涨，其中货币因素助推力量更加突出。2015年底，人民币房地产贷款余额21万亿元，比上年

增长21%，增速提高2.1个百分点；全年增加3.59万亿元，增量占全年各项贷款增量的30.6%，比上年提高2.5个百分点。房产开发贷款余额5万亿元，同比增长17.9%，增速比上年末低3.8个百分点；地产开发贷款余额1.5万亿元，同比增长12.8%，增速比上年末低12.9个百分点。个人购房贷款余额14万亿元，同比增长23.2%，增速比上年末高5.7个百分点。房产开发贷款中的保障性住房开发贷款余额1.8亿元，同比增长59.5%，增速比上年末高2.5个百分点。①

图5-23　M_2、银行业总资产、房地产销售面积和房价走势

2. 信贷政策与房地产市场变化方向一致。随着贷款购房不断增加，贷款利率的变化将直接影响购房成本，从而影响购房者的消费和投资计划。同时，银行等金融机构对开发企业融资需求的满足差异逐渐加大。优质房企可以较低成本通过银行贷款获取资金。受银行贷款从紧、信托降温、私募过窄等因素影响，中小房企融资难度不断加大。2011年，我国中长期贷款利率上调，房地产贷款同比下降38%。2012年中长期贷款利率下调，2013年全年房地产新增贷款同比大幅上升。2014年我国货币政策保持稳健，定向调控，引导资金流向小微企业和实体企业，流向房地产业资金有所下降。一线城市的中低端需求更多依靠贷款购房满足，改善型和投资购房需求全款占比较高，限贷在一线城市更多影响的是偏中低端需求，其他城市对改善型需求的影响则更为明显。②

---

① 2015年金融机构贷款投向报告。
② 参见中国指数研究院发布的《我国货币政策变化对房地产市场影响显著——2014年第三季度中国房地产政策评估报告》。

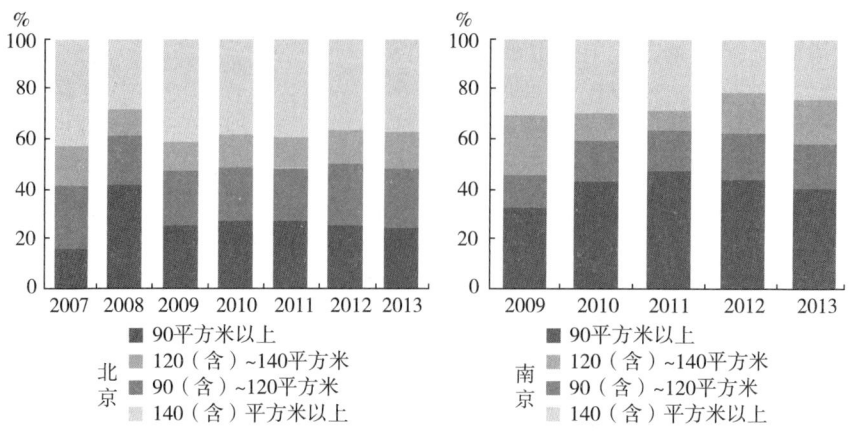

数据来源：CREIS 中指数据、fdc.fang.com。

图 5-24　北京和南京住房成交结构变化对比

3. 货币政策转向明显影响房地产市场。国际经验表明，货币政策由松转紧不利房地产市场稳定。日本、美国房地产泡沫破裂均经历了货币政策骤然紧缩的过程。1985 年，日本实现金融自由化，1986 年 1 月开始，日本银行连续五次降低利率至 2.5%，并维持低利率至 1989 年，随后基准利率开始连续上涨至 6.0%。宽松的货币政策，低保有税高交易税的土地税收政策，以及金融自由化导致的银行收益压缩进而激进贷款，共同推动了日本房地产业快速发展。六大城市土地价格指数于 1986 年开始快速增长，1991 年达到顶峰 285.3，较 1986 年增长 1.7 倍。货币环境变化，迅速传导至房地产市场，引发大幅震荡，短期内量价齐跌使资产价值泡沫或贬值风险迅速集聚。

2001 年以后，美联储连续 13 次降低基准利率，货币环境宽松，房价持续走高，2000—2005 年全美住房价格指数（HPI）年均增长 8.03%。同期，住房抵押贷款利率逐渐走低，次级贷款大量发出，MBA 购买指数超过 400，住房成交量持续上升，2003—2006 年新房销售套数连续超过 100 万套。在次级贷款增加的同时，金融机构加快资产证券化。2005 年开始，美联储频繁加息，两年共升息 12 次，2006 年 6 月基准利率升至 6.25%，美国房地产业开始下行。截至 2008 年第四季度，次级贷款断供比例达 13.71%，远高于 2006 年的 4.53%。在金融市场引起连锁反应，并最终引爆金融危机。

美国、日本的教训在于：宽松的货币政策激发房地产快速发展，吸引大量资本流入；货币政策收紧时，房地产业下行，泡沫快速破灭，导致市场危机。我国吸取国外经验，近年在货币环境总体稳健情况下，针对实体经济中的薄弱环节实施定向宽松，同时严格首付比例和差别化信贷，降低市场违约风险。2008 年金融危机爆发后，连续四次下调存款准备金率，2009 年出台 4

第五章 资产价格渠道:现状、问题和对策

万亿元救市计划,货币环境极度宽松。2010年M_2同比增长近20%,CPI保持较高水平。为控制通货膨胀,2010年第四季度先后三次上调存款准备金率共1.5个百分点。2011年第四季度,央行提出更加注重政策的针对性、灵活性和前瞻性,适时适度进行预调微调,货币政策稳中趋松。2013年下半年以来,在深化改革的指导下,货币政策以稳为主,灵活运用多种货币政策工具,保持适度的流动性,改善和优化融资结构和信贷结构。2014年连续两次定向下调存款准备金率,并向国开行发行1万亿元抵押补充贷款以支持棚户区改造,此外央行向五大行定向投放5000亿元的常备借贷便利以保证流动性。2015年在经济下行和资本外流等作用下,连续降息降准。①

4. 房地产市场变化与经济增长关系密切。1998年以后我国房地产市场化程度不断提高,特别是2003—2007年经济适用房等保障性住房供给量相对较小,商品住房成为住房市场的主要组成部分。再加上新增劳动年龄人口快速增长,城镇化水平持续提高等因素,货币政策尤其是宽松的货币政策对房地产的投资、销售和价格上涨作用十分明显,以至于管控房价必须用限购限贷等行政性手段。但是随着住房供给不断增加,劳动年龄人口进入下降阶段,尽管一些城市相继放松了限购等手段,钢铁、煤炭等传统行业产能过剩导致风险上升,部分信贷资源被挤入房地产行业,再加上当时在实施宽松的货币政策,效果也很难引起像2009年以后的房价快速上涨。

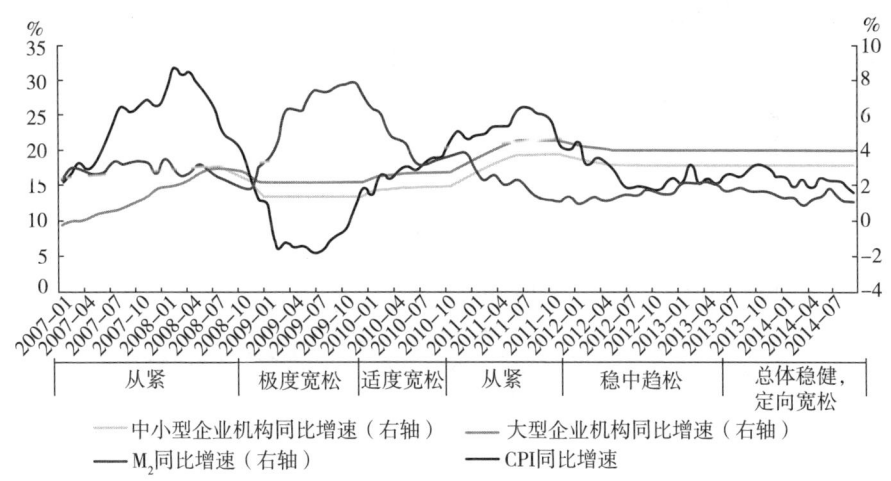

数据来源:国家统计局,中国人民银行,中国房地产动态政策设计研究组整理。

图5-25 2007年以来我国货币政策及宏观经济关键指标走势

---

① 参见中国指数研究院发布的《我国货币政策变化对房地产市场影响显著——2014年第三季度中国房地产政策评估报告》。

图 5-26 2007 年以来房价增速和房地产增加值占比、GDP 增速

5. 房地产市场变化与通胀之间关系相对松散。从房地产价格和 CPI 之间的关系看,二者之间相关关系并不明显。2000 年以来住房价格除个别月份有所下降,总体呈上涨态势,CPI 也是仅在 21 世纪初和 2008 年前后有所回落,大部分时间里呈上涨态势。但是,"房价上涨—居民消费增加—CPI 上涨"的财富效应并不明显(见图 5-27)。其中原因:消费品生产能力充足,普通消费品难以出现价格普遍大幅上涨;消费升级对中高端消费品提出需求,但住房在家庭资产中占比较高,房价上涨一定程度上挤占了中高端消费。

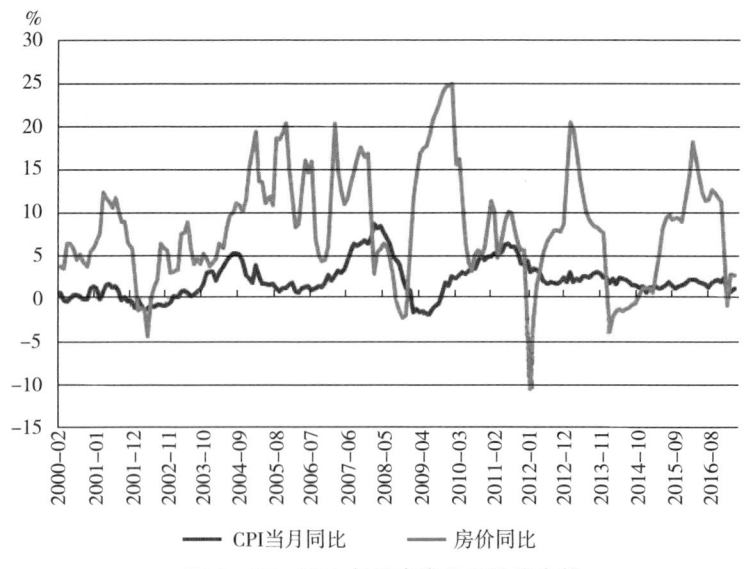

图 5-27 2000 年以来房价和物价走势

各类资产对货币政策的传导作用不同,特别是,美国债券作用明显,而

第五章 资产价格渠道：现状、问题和对策

中国则是房地产影响较大。一个重要原因是，不同经济体中金融资产结构不同。根据2001年人民银行对50个大中城市家庭的资产结构的调查，中国家庭大约84%的流动资产投在银行储蓄账户上，8%在股票，6%在债券，2%在各类保险上。相比之下，美国家庭大约23%的流动资产投在银行储蓄账户上，70%在股票（含退休金、基金投资），5%在债券，2%在各类保险上。与美国相比，中国家庭资产结构不利于升值（因股权型投资太少），也不利于规避未来风险（因为保险和退休金投入比例还太低）。这当然和总体金融发展水平有关，也和人们对理财的认识程度有限有关，中国急需专业的理财服务。[①] 这种资产配置结构，客观上使中美货币政策传导效果存在一定差异。

（二）量化分析房地产市场传导货币政策效果

本部分分两个阶段检验房地产市场传导货币政策的效果，首先检验政策利率对房价的影响，然后检验房价变动对实体经济的影响。

1. 政策利率到债券价格

（1）变量选择。选取逆回购利率（RRepo）和MLF利率代表政策利率，分别检验政策利率对房地产价格的影响。房地产价格主要由新建住房平均销售价格（HP）来衡量，计算方法为新建住房销售额与新建住房销售面积之商。

（2）数据处理与描述性统计。由于新建住房销售额和新建住房销售面积的数据频率为月度数据，因此要将两种政策利率的频率统一成月度数据，方法为求得相应月的平均值。最终确定样本区间为2012年7月至2018年5月，如图5-28所示。

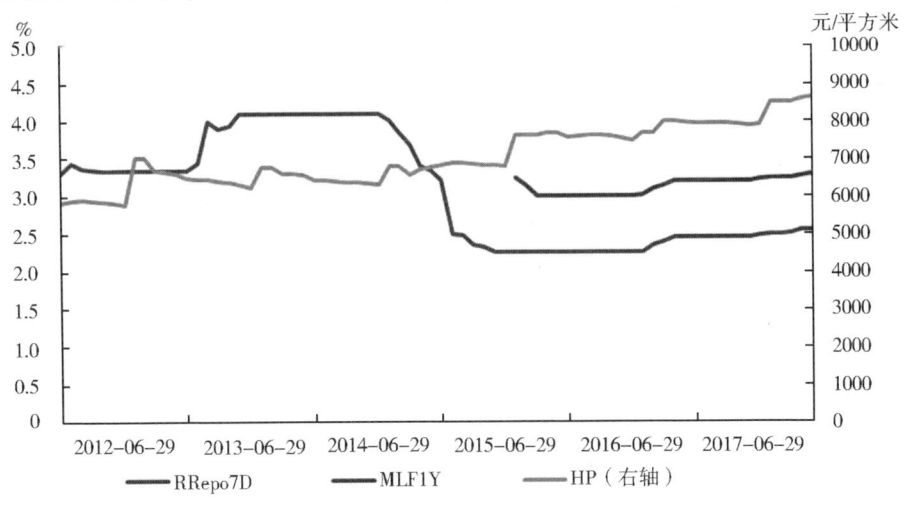

图5-28 政策利率与房产地价格

---

① 陈志武. 金融的逻辑1 [M]. 西安：西北大学出版社，2014：134-135.

对样本进行描述性统计,结果如表 5-15 所示。样本区间最短的是 1 年期 MLF 利率,共有 29 个观测值,其余变量有 72 个观测值,数据量基本能保证实证分析的要求。

表 5-15　　　　政策利率与房地产价格的描述性统计

变量	观察个数	最小值	25%分位数	平均值	75%分位数	最大值
RRepo7D	72	2.25	2.39	3.06	3.86	4.10
MLF1Y	29	3.00	3.00	3.13	3.20	3.30
HP	72	5790.99	6450.03	7057.78	7671.54	8647.11

(3) 平稳性检验。对数据进行平稳性检验,结果如表 5-16 所示,所有变量都是一阶单整序列,可以建立 VAR 模型。

表 5-16　　　　政策利率与房地产价格的平稳性检验结果

变量	ADF 统计量	P 值	检验结果	变量	ADF 统计量	P 值	检验结果
RRepo7D	-0.8289	0.3534	非平稳	ΔRRepo7D	-6.7719	0.0000	平稳
MLF1Y	0.9498	0.9043	非平稳	ΔMLF1Y	-3.4477	0.0013	平稳
HP	1.3885	0.9576	非平稳	ΔHP	-8.5658	0.0000	平稳

(4) 格兰杰因果关系检验。针对不同政策利率分别与房地产价格构建 VAR 模型,并确定最优滞后阶数。基于 VAR 系统对变量进行格兰杰因果关系检验,结果如表 5-17 所示。

表 5-17　　　　政策利率与房地产价格的格兰杰因果关系检验结果

变量	RRepo7D	MLF1Y	HP
lag (Repo7D)	—	—	0.0694
lag (MLF1Y)	—	—	0.1701
lag (HP)	0.9089	0.3718	—

整体上看,政策利率对房地产价格的传导效果不佳,两种政策利率及其滞后项都不是房地产价格的格兰杰原因,同时房地产价格也不是两种政策利率的格兰杰原因。

2. 房地产价格到实体经济

关于房地产价格的变动对经济增长和通货膨胀等经济指标的影响。

(1) 变量选择。同样以新建住房销售额与新建住房销售面积之商计算新建住房平均销售价格,代表房地产价格 (HP),考察房地产价格变动对 GDP 和 CPI 的影响。

(2) 数据处理与描述性统计。本检验的样本区间为 2002 年 1 月至 2018

年 5 月，CPI 和房地产价格是月度数据，GPD 是季度数据，实证样本如图 5 - 29 所示。

样本的描述性统计如表 5 - 18 所示，所有变量的样本量都比较充足，可以满足实证分析的要求。

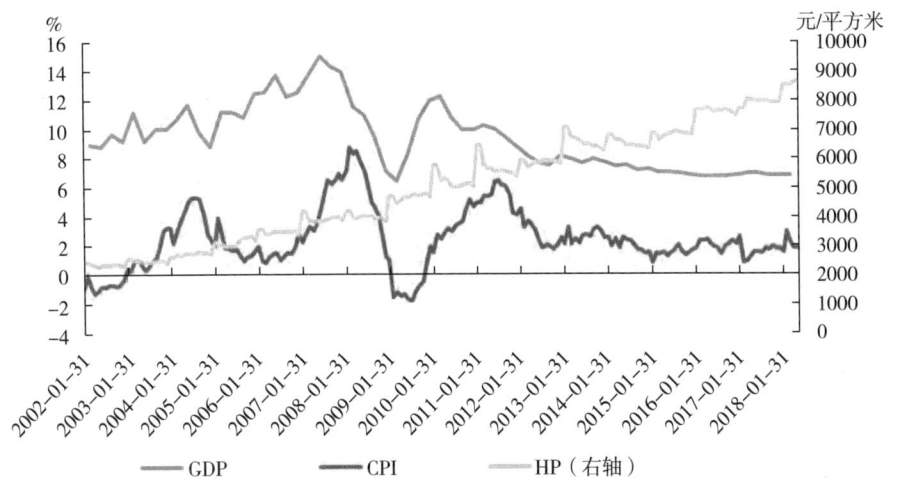

图 5 - 29　房地产价格与主要经济指标

表 5 - 18　　　　房地产价格与主要经济指标的描述性统计

变量	观察个数	最小值	25% 分位数	平均值	75% 分位数	最大值
HP	197	2287.05	3375.41	5015.65	6586.38	8647.11
GDP	65	6.40	7.20	9.36	10.90	15.00
CPI	197	-1.80	1.38	2.40	3.21	8.70

（3）平稳性检验。检验房地产价格与 GDP 和 CPI 的格兰杰因果关系之前，对各变量进行平稳性检验，结果如表 5 - 19 所示，所有变量都是一阶单整序列，可以建立 VAR 模型。

表 5 - 19　　　　房地产价格与主要经济指标的平稳性检验结果

变量	ADF 统计量	P 值	检验结果	变量	ADF 统计量	P 值	检验结果
HP	3.3028	0.9998	非平稳	ΔHP	-1.9484	0.0493	平稳
GDP	-0.6259	0.4423	非平稳	ΔGDP	-7.0701	0.0000	平稳
CPI	-1.1989	0.2107	非平稳	ΔCPI	-6.1931	0.0000	平稳

（4）格兰杰因果关系检验。分别建立房地产价格与 GDP 和 CPI 的 VAR 模型，并确定最优滞后阶数。基于 VAR 系统对变量进行格兰杰因果关系检验，结果如表 5 - 20 所示。

表 5-20　房地产价格与主要经济指标的格兰杰因果关系检验结果

变量	HP	GDP	CPI
lag（HP）	—	0.2166	0.7546
lag（GDP）	0.2413	—	—
lag（CPI）	0.8597	—	—

总体来看，房地产价格渠道对货币政策的传导效果并不理想。房地产价格及其滞后项既不是 GDP 和 CPI 的格兰杰原因，同时 GDP 和 CPI 及其滞后项也不是房地产价格的格兰杰原因。

第四节　疏通我国货币政策资产价格传导渠道

应该说，不同国家金融结构各异，中国以银行间接融资为主的金融结构中，资本市场发展相对滞后，股票本身在货币政策传导中的地位不会太高。因为银行的深度参与，使债券传导货币政策的效果有所提升。房地产传导货币政策效果略好，但由于房地产在经济中一枝独秀，房价上涨过快难免蕴藏经济风险，因此也不是理想渠道。疏通资产价格的货币政策传导渠道，需进一步完善股票市场、债券市场和房地产市场。

一、疏通传导货币政策的股票渠道的建议

一是恢复股市的优化资源配置功能。股市政策的目的是防系统性风险，不是防指数下跌或者仅仅照顾股民利益。系统性风险的关键是保证券商和银行资金的安全。根据各类工具去杠杆和股票指数的大致对应关系，目前杠杆率水平下，上证 3000 点左右是系统性风险的底线。一旦临近安全线，救市应以为商业银行和券商等金融机构提供流动性为主，防止"挤兑"危机。

二是完善制度保证股票市场稳定发展。股票市场波动是正常现象，上涨时期政府并未获得额外收益，下跌期政府用全部纳税人的钱补贴部分投资者，有失公平。只要不是恶意做空，没有恐慌性集中抛售，政府就不该介入市场。政府作用应限定为维持秩序、信息披露。如何判定恶意做空和恐慌，需要有量化界定和立法，建议对此加快研究。建议进一步完善信息披露机制，加大监管部门市场秩序的监督检查力度，保证市场的平稳发展。

三是完善股票交易紧急情况处置机制。芝加哥交易所在"1987 股灾"后引入了股指期货的"熔断机制"和"涨跌停板制度"，还建立了履约保证金、盈余基金、安全存款等 5 级结算及财务风险管理制度。建议借鉴国际经验，结合国情制定《金融领域紧急事态法》。用法律为市场提供稳定预期，同时为政府介入提供法律依据和行为规范。

四是完善股票市场监管的基本制度规范。首先是对杠杆工具进行严格规范，利用其积极性的同时，制定量化监管标准，将其负面影响缩小到最低程度。其次是加强信息统计和披露。建立包括信息披露、证券交易、股指期货/期权等衍生品的信息及时统计和披露制度，避免紧急情况出现"情况不明决心大"。再次是政府在开放市场体制和信息社会下，加强运用大数据迅速决策，及时掌握完整准确信息，简化决策流程，提高决策效率。最后是发展机构投资者，逐步增加机构投资者数量，丰富机构投资者类型，引入养老金、保险资金、QFII等机构投资者，形成专业投资、长期投资和价值投资理念。

二、疏通传导货币政策的债券渠道的建议

一是完善国债发行结构和品种。美联储公开市场账户中持有的国债70%为三年期以下短期债券，因此操作短期国债能较好影响短期利率。特殊情况下，也可通过买卖中长期国债来调控中长期利率。[①] 相比之下，我国短期国债占比较低，国债市场流动性不足，影响货币政策效果。要进一步明确国债对金融市场和货币政策的作用。制订发债计划要同时兼顾财政赤字融资需要和公开市场操作的需求，合理安排国债发行的期限结构、频率和数量，保证国债市场的流动性，提升国债收益率曲线的完整性和基准作用，促进短期利率向中长期利率有效传导。增加2年及以内短期国债及10年以上长期国债发行量和发行次数[②]，为银行间市场短期货币工具的发行（如同业存单、短融和超短融，甚至银行理财产品、承兑汇票等）提供定价参考。短期国债暂时不足时，建议加强财政和央行在国债发行、市场监管和国库现金管理等方面的协作，协调国库现金管理与公开市场操作，通过国债一级市场引导利率预期。建议研究开发与通胀指数挂钩的国债产品，强化收益率曲线对政策传导作用，增加投资机会，为政府提供资产对冲工具，控制预算盈余或赤字规模。

二是进一步提高国债二级市场流动性。加快对境外投资者开放我国债券市场，提高QFII、RQFII的额度、放松审批条件和投资约束（如QFII/RQFII投资人必须在6个月内用完额度的要求，制约了部分投资人申请意愿），进一步放松对人民币清算行、跨境贸易人民币结算境外参加银行等机构的准入要求，允许境外资产管理公司、保险公司、养老金管理机构等机构投资者进入银行间债券市场。进一步扩大国债担保品应用。加大对国债的投资和交易需求，提高国债市场的流动性，不仅改善货币政策通过国债市场的传导效果，也促进货币政策对有质押担保融资的短期融资成本的传导。进一步推动担保

[①] 如美联储2011年9月的"扭曲操作"通过购买6670亿美元6年期至30年期国债，同时出售相同规模的3年期或更短期的国债来进行的。

[②] 数据表明，我国2年内国债年度发行次数仅为美国的1/10。

品管理业务发展，允许国债充当商品期货保证金，推动保险机构通过债券借贷盘活存量资产。适度降低国债在国库现金管理等业务中的质押比例，提高国债资产使用效率及二级市场流动性。完善国债二级市场做市机制，开展针对国债做市商的随卖等常规市场化操作工具，保障做市商头寸。在国库现金管理招标过程中优先考虑国债做市商的需求，以保障国债做市商的流动性，提高其做市积极性。整合并统一公开市场一级交易商、国债承销团、二级做市商等多项牌照资格，提高国债承销团积极性和效率。完善国债市场的相关税收和会计制度，引导国债市场健康规范发展。

三是进一步发展国债期货和衍生工具市场。国债期货和利率期货为国债市场投资者提供套期保值功能。重启国债期货市场之后，已对提供利率风险对冲工具、提升国债市场的流动性起到积极作用，未来应继续加大改革力度。建议允许商业银行参与国债期货市场，改善市场流动性。发展以 3 个月 SHIBOR 和 7 天回购为基础的利率期货产品，提高利率活跃度，为市场提供多元化的利率风险对冲工具。适应我国养老金、保险的长期资产负债管理需求提高态势，增加 5 年以下和 30 年国债期货。建议培育市场基准利率，发展利率掉期市场，通过利率掉期与现券之间的交易管理预期，提高货币政策传导效率。在完善国债期货制度的基础上，允许国债承销团和国债做市商银行进入国债期货市场，为国债承销团成员锁定利率风险，提高国债发行价格的有效性，保障做市商头寸，对冲做市商风险，鼓励国债做市商做市。

四是进一步提高商业银行市场化程度。货币政策传导的一个重要渠道是通过货币与债券市场收益率变化，影响银行存贷款定价，进而影响实体经济。目前，我国商业银行定价模式及负债和资产的市场化程度较低，阻滞货币政策传导效果。建议完善利率走廊制度，稳定短期利率，逐步健全"政策利率"；发展同业和大额存单，提高银行负债市场化水平；发展资产证券化，提高银行资产方市场化水平，提升商业银行资产证券化动力，提高资产支持证券信息披露水平，以及规范化、标准化程度；进一步发展信用债券市场，通过债券市场与贷款市场相互替代推动贷款定价市场化。

五是建立民主法治的社会环境。在制度缺失的社会中，遍及全国的现代银行体系、现代证券市场，只会为当权者个人和有权力关系的机构提供近似无限的金融资源，最后酝酿成危害全社会的金融危机。而且，国家拥有的银行和证券市场，会带来太多的道德风险和利益扭曲，虽然国家信用做金融后盾能提供一时之便，但他会制约金融业的创新、阻碍金融所需要的制度变革，且必然导致资源配置不合理，让太多资源浪费在形象工程。没有民间金融的自由发展空间，没有现代法治，就难有现代金融。过去 100 年，特别是过去 50 年中国在工业技术和证券技术上丧失的发展机会、耽误的发展时间，都是有代价的。比如，由于中国自己的资本市场不发达，所以国企改制时基本只能出售股权给外资，因为外资能找到大量资本；为了赶上现代技术，中国企业不得不靠进口核心部件、进口核心生产设备，或者以市场换技术。这些都是在为过去的战争和政治运动代价埋单，也是为过去几十年的国有企业、国家垄断金融埋单。因此，落实全面依法治国战略，确保政府、各类企业和资本市场都在公开、透明的市场环境中运行、发展和创新。

三、疏通传导货币政策的房地产渠道的建议

一是增强货币政策的连续性、一致性和透明度。房地产市场会形成不合理的预期，一个重要原因是其信息不透明、不对称，如部分开发商、中介机构误导市场预期。央行和住房主管部门应加强房地产市场信息的收集、处理和披露，建立预警预报体系，使市场主体能够正确判断市场价位和市场走势，形成合理预期，促进房地产市场平稳运行。建立全面完善的个人诚信系统，为商业银行分析贷款人的贷款行为和资信状况提供依据，保证个贷发放更为安全、及时。严格企业融资风险评级，防范房地产市场波动引发金融风险。

二是加强货币政策之间及与其他调控政策的配合。不同种类的货币政策之间可能存在相互抵消等现象，应该统筹政策设计，减少政策之间的冲突和效果漏出，形成合力。货币政策、税收政策、土地政策和行政手段等都会对房地产市场产生影响，要协调各类调控政策，加强整体调控效果。

三是拓宽融资渠道，化解流动性过剩。房地产价格过快上涨以致形成泡沫风险，与央行的货币超发是离不开的。解决银行流动性过剩问题，关键是让银行资金流向实体经济，或投向央行票据、债券、股票、期货等金融市场，或通过提高存款准备金率及贷款利率，加快人民币汇率形成机制改革。

四是坚持差别化信贷，构建政策性住房金融体系。随着我国社会经济及房地产市场形势的变化，货币信贷应在坚持差别化的同时适时调整。建议改革公积金管理体系，以公积金制度为基础建立政策性住房金融体系，不断优化公积金制度，通过住房人之间的互助机制以及政府适当的利率补贴机制，提高公积金利用效率，建立适应不同收入群体的政策性住房信贷体系。

五是创新住房金融工具。2014年7月，中国版"住宅银行"起步，国开行住房金融事业部挂牌，实行单独核算，采取市场化方式发行住宅金融专项债券，向邮储等金融机构和其他投资者筹资，重点用于支持棚改及城市基础设施等工程建设。实施开发贷款差异化政策。在贷款对象、贷款规模及利率水平等方面，给予商业银行更多自主权。创新货币政策，多途径拓宽企业资金来源。丰富房地产企业发行中期票据、A股再融资等融资方式。

六是应尝试将房价纳入货币政策目标。资产价格对经济运行和公众预期变化更为敏感，资产价格持续上涨可以作为一种判断流动性的早期和直观预警。但现实中，由于统计、价格传导等因素影响，资产价格向物价也就是通

胀预期传导还不够通畅，多数情况下货币政策紧盯通胀预期，资产价格传导慢会影响货币政策效果。因此，建议探索将房地产价格纳入整体物价指数中加以监测。为避免"搭便车"，建议加强与美国等国货币政策合作，维护长期可持续发展的货币金融环境。为避免资产和初级产品价格大幅波动、金融投机等，建议加强对杠杆和金融交易的监管，防止金融市场大起大落，疏通货币政策的资产价格传导渠道。

第六章 信贷渠道：现状、问题和对策

按照货币渠道的观点，紧缩性货币政策导致利率上升、总需求下降和信贷需求萎缩，因此所有信贷存量指标都应该下降。20世纪50年代以来，托宾、斯蒂格利茨以及伯南克等经济学家指出，货币观点存在的前提和基础并不符合实际情况。他们认为，市场竞争并不完全，信息也并不充分，信用创造过程不完善，贷款、债券、股票等非货币金融资产之间的差异明显。如果忽略这些差别，将这些非货币金融资产简单归纳为"债券"并不恰当。基于此，银行贷款渠道的观点发展了起来，货币政策在银行贷款供给方面影响独特。随着贷款供给减少，借款人将试图通过其他渠道筹集资金，增加对非银行信贷资金需求。因此，如果银行贷款渠道成立，企业融资结构也将发生变化，在货币紧缩时期，银行贷款占全部融资来源的比重将下降。①

第一节 信贷渠道理想传导过程

关于银行职能，货币金融学存在两大观点：信用媒介论和信用创造说。前者认为，银行的功能在于提供信用媒介，主要是转移和再分配经济体内外的有形资本，使之充分发挥作用。后者认为，银行的功能首先是为经济体创造信用，而不是作为信用媒介。银行能够超过其所吸收的存款来贷款，而且可以先放款，而后由此创造存款。银行通过信用创造能为社会创造出新的资本，推动经济发展。事实上，银行的职能是随着经济社会的发展而发展的，银行既媒介了信用又创造了信用。

银行吸收的是货币或各种其他金融资产，经营并生产信用。相比个人和企业而言，银行、投资公司、保险公司、信托机构等金融机构将资金的供给方与需求方连接在一起，并利用技术和信息优势降低了匹配借贷双方的交易成本，帮助企业和个人实现投资最佳组合，获得最大收益。

假如货币政策完全通过传统货币渠道传导，那么贷款、政府证券以及公司债券之间完全可以相互替代，银行的资产组合就没有必要对货币政策或者

---

① 姚余栋，李宏瑾. 中国货币政策传导信贷渠道的经验研究：总量融资结构的新证据[J]. 世界经济，2013（3）.

宏观经济的变动做出全面、系统的反应，即银行资产组合中不应该每个要素都发生变动。然而事实并非如此。如果说货币紧缩引起的银行贷款下降，是信贷需求下降造成的，那么，企业借入的所有形式的资金都应该下降，事实也并非如此（Bernanke、Blinder，1992）。① 与货币渠道强调银行负债方的作用不同，信贷渠道更加看重金融资产在货币政策传导中的作用。② 理论界将信贷渠道细分为资产负债表和银行贷款两个子渠道。

资产负债表渠道主要指，由于信息不对称，借款者（无论是企业还是家庭）的财务状况，特别是其资产净值，对借款者自身外部融资成本有着决定性影响，而清偿能力的变化将可能大于经济周期（Bernanke 和 Gertler，1995）。资产负债表渠道之所以存在，原因是货币政策的变动不仅影响市场利率本身，而且直接或间接地影响借款者的财务状况，即改变贷款企业的净价值。进而通过逆向选择和道德风险与抵押品价值上升的直接效应，影响其信贷的获得性。一方面，货币紧缩至少可以通过提高借款者还款负担、降低其抵押物价值，进而恶化借款者资产负债表。另一方面，货币紧缩通过影响下游企业需求，间接增加企业存货，减少企业需求，进而减少企业的净现金流量、降低其抵押资产的价值。③

货币政策的银行信贷渠道是，银行信贷供给能力受调控政策影响，而其他融资方式又不能完全代替银行贷款，因此货币政策改变企业可融资金，进而影响企业的投资和生产的过程。在信息不对称条件下，银行利用评估、筛选贷款申请人以及监督贷款的使用方面的专业技术，向难以在公开市场上获得资金的借款者提供贷款。中央银行通过货币政策降低银行超额准备金规模，客观上限制商业银行提供贷款的能力，使银行贷款供给下降，那些依靠银行贷款的企业和个人由于贷款资金来源减少和贷款成本增加，它们的资金需求得不到满足，支出水平必然下降，从而使总需求减少（Bernanke、Blinder，1992）。银行贷款渠道须具备两个前提条件：一是在银行资产负债表的资产方，银行贷款与证券不能够完全相互替代，这样紧缩性货币政策才能够引起银行贷款的下降，否则，银行可以通过出售所持有的证券，抵消或者缓解货

---

① 夏德仁，张洪武，程智军. 货币政策传导的"信贷渠道"述评 [J]. 金融研究，2003 (5).

② 姚余栋，李宏瑾. 中国货币政策传导信贷渠道的经验研究：总量融资结构的新证据 [J]. 世界经济，2013 (3).

③ 一般地，借款者可用于抵押的资产包括：(1) 有形资产如各种不动产、耐用品等；(2) 金融资产如各种企业股权、债务证券等。对房产等有形资产，利率水平与其价值（价格）往往反向变动。对无形资产也类似，首先是市场利率上升时，债券价格一定下跌。因为债券的到期收益率被定义为使债券的支付现金与债券价格相等的利率，市场利率其实是债券的到期收益率。其次是股票价格与利率水平呈反向变化。利率变化影响企业利润、股票预期收益的折现率以及进入股票市场的资金量。当然，利率与股价运动呈反向变化的情况也不能绝对化，也有一些例外情况，如美国在1978年就曾出现过利率和股票价格同时上升的情形。

第六章　信贷渠道：现状、问题和对策

币紧缩对银行贷款供给的下调压力。二是在企业资产负债表的负债方，银行贷款与非银行资金来源之间不能相互替代。只有这样，银行贷款下降才能引起企业经济活动变化，否则，企业可从银行以外获得资金，影响货币政策效果。①

理论上，信贷渠道就是货币政策影响了企业贷款能力和银行的贷款供给，进而影响企业融资和投资、产出的。虽然在机理上和货币渠道有明显区别，但在现实中主要表现为存款准备金变化和贷款规模的关系。在这点上，资产负债渠道和银行贷款渠道并无显著区别。企业获得银行资金能力对银行贷款渠道有重要影响，但现实中不同类型企业对银行信贷依赖程度不同。例如，中小企业更依赖银行信贷，而大企业更容易在资本市场进行融资（Gertler 和 Gilchrist，1994）。②

银行和借款者都以利润最大化为目标。银行通过贷款利率和抵押品数量来实现其利润最大化目标；借款人则通过其投资项目来实现利润最大化目标。银行为利润最大化，往往通过合同规定的贷款利率、贷款数量以及抵押品或证券的数量搜寻"好的借款者"。贷款利率和抵押品数量都可能通过逆向选择效应或激励效应③影响银行贷款组合的风险程度，从而影响银行的预期回报，而且，贷款利率和抵押品数量都存在一个最优值，大于或小于最优值都会影响银行预期回报。

在我国，信贷可获得性往往更重要。在一个有信贷配给的均衡中，货币政策能够通过利率和信贷可获得性影响资金的供给，进而影响投资。研究表明，在我国，对于有信贷约束的企业，是信贷可获得性而不是利率决定了企业投资；对于无信贷约束的企业来说，是资本市场的真实资本成本决定了其投资。

货币政策的信贷传导渠道分为两个步骤：货币政策改变银行可贷资金，银行贷款影响企业和居民行为（见图6-1）。如果央行实行紧缩性货币政策，银行往往通过其他途径（如发行CDs）部分抵消政策效应。只要银行通过其他途径获得的预期回报，不等于货币政策操作减少其预期回报数量，那么货币政策操作就将影响银行的贷款供给，从而影响到投资和产量，也就意味着

---

① 夏德仁，张洪武，程智军.货币政策传导的"信贷渠道"述评[J].金融研究，2003（5）.
② 姚余栋，李宏瑾.中国货币政策传导信贷渠道的经验研究：总量融资结构的新证据[J].世界经济，2013（3）.
③ 贷款利率的逆向选择效应：贷款利率上升时，借款者的平均风险上升，可能降低银行的利润；贷款利率的激励效应：当贷款利率上升时，原来比较保守的企业可能从事高风险、高回报项目，借款者平均风险上升，银行利润下降。抵押品数量的逆向选择效应：抵押品数量大于最优值，则会降低借款者组合的平均风险厌恶程度，进而降低银行利润；抵押品数量的激励效应：抵押品数量大于最优值时，投资者会选择高风险的项目，从而降低银行利润。

信贷渠道在发挥作用。例如，商业银行发行 CDs 获得的预期回报小于利率水平的上升导致的预期回报下降数，银行预期回报将减少，紧缩政策发挥了紧缩效应。相反，如果银行发行 CDs 获得的预期回报大于利率上升导致的银行预期回报的下降数量，银行的预期回报将增加，银行的贷款供给将增加，紧缩性政策变为扩张性政策。因此，如果仅看信贷渠道，货币政策的效果还不一定与政策初衷一致，而是要具体分析。

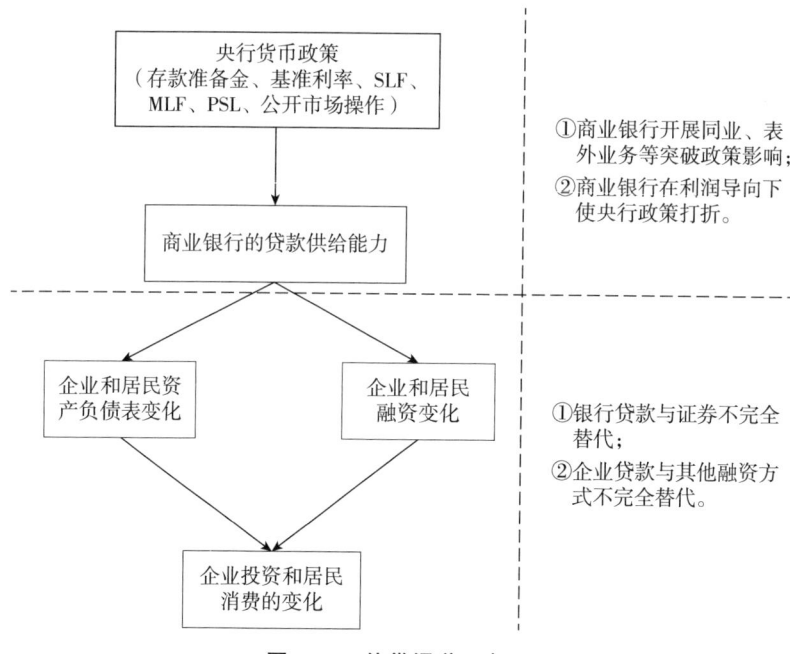

图 6-1 信贷渠道示意图

信贷渠道传导货币政策需要两个前提：一是中央银行能够影响贷款供给。当央行增加银行体系的准备金时，商业银行就会增加贷款，而不只是增加证券持有量；通过公开市场出售国库券能够减少银行体系的准备金从而减少资金供给。二是借款人对银行融资的依赖程度高。银行贷款对他们来说是一种无法被完全替代的融资方式，政策紧缩时借款人不会转向银行以外的渠道，如股票、商业票据等筹集资金。这与我国货币政策传导过程的实际基本一致。

另外需要说明的是，信贷渠道对中小企业的影响大于大企业。因为中小企业的信用级别比较低，高昂的信息摩擦成本阻碍了他们在资本市场上的直接融资，绝大多数中小企业只能通过利润积累等内源融资或向银行借贷的办法来解决资金短缺问题。银行信贷因此成为中小企业最主要的外部融资方式。银行信贷是介于货币和证券之间的融资工具，与其他金融资产不可完全相互替代。因此，信贷渠道在我国是主要的货币政策传导渠道之一。[①] 这也是近年来我国不断推进结构性货币政策，促进银行发展小微金融的重要原因。

第二节　我国信贷渠道情况和主要指标

我国信贷政策先后经历了信贷配给、存贷款管理、风险资产权重管理、MPA 考核等阶段，对信贷数量和信贷渠道产生不同程度的影响。从指标看，我国社会融资规模与货币供应量，分别反映在金融机构资产负债表的资产方和负债方，分别体现了货币政策传导机制的信用观点和货币观点。最近十多年，我国货币政策以货币供应量作为中间目标，同时也注重监测贷款和社会融资规模。[②] 如果从货币政策信贷渠道角度看，主要观察指标应该是聚焦到新增贷款或者贷款余额。

一、现实情况

货币政策信贷渠道传导的实现途径有两条：一是银行贷款途径，即货币政策对存款机构的贷款供给产生影响，进而对经济产生作用；二是资产负债表途径，强调货币政策的变化对借款者的资产负债表及利润表的影响。近年来，我国企业的外部融资方式呈现多样化趋势，但仍以银行间接融资为主，在这种情况下贷款途径在信贷渠道传导中占主要地位，我国非金融企业的融资 70%~80% 来自银行贷款，比重远超过企业债券、股票和国债的融资量，且融资总量逐年增加。这意味着我国企业对银行贷款资金的依存度非常高，资本市场价格变化对企业影响较小，换言之，我国信贷渠道的资产负债表效应不明显。

（一）信贷渠道作用的不同阶段。进入 21 世纪以来，我国货币政策信贷渠道传导大体分为五个阶段。第一阶段：2003—2006 年，为了管理通货膨胀预期，实施稳健的货币政策，中央银行分别通过公开市场业务、调整存款准备金率和利率、加强窗口指导来影响商业银行的贷款。其中，2006 年为回收银行体系流动性剩余，分三次上调金融机构存款准备金率共 1.5 个百分点达到 9%，累计冻结银行资金约 1 万亿元；两次上调金融机构贷款基准利率，使一年期贷款利率达 6.12%。

第二阶段：2007—2008 年上半年，我国实施稳健的货币政策，但此时政策偏向从紧。这一时期十五次上调存款准备金率，累计上调 8.5 个百分点达到 17%，累计冻结银行资金约 2.89 万亿元；六次上调金融机构人民币存贷款

---

① 裴平，熊鹏等. 中国货币政策传导研究 [M]. 北京：中国金融出版社，2009：41-42.
② 陈雨露. 社会融资规模与金融业综合统计 [J]. 中国金融，2016 (9).

基准利率，使一年期存款利率达到4.14%，一年期贷款利率达到7.47%；对金融机构进行窗口指导和信贷政策引导，提示金融机构加强信贷管理和风险防范，优化信贷结构。

第三阶段：2008年下半年到2009年，为应对国际金融危机的影响，开始实施适度宽松的货币政策。其间五次下调存贷款基准利率；四次下调存款准备金率，使大型存款类金融机构的存款准备金率达到15.5%，中小型存款类金融机构的存款准备金率达到13.5%；同时对金融机构进行窗口指导，引导其扩大信贷总量，并与结构优化相结合，向"三农"、中小企业和灾后重建等倾斜，保持银行体系流动性充裕。

第四阶段：2010年，继续实施适度宽松的货币政策，搭配使用存款准备金率和公开市场操作等工具对冲银行体系部分过剩流动性，促进银行体系流动性总体适度；六次累计上调人民币存款准备金率3个百分点，使大型金融机构的准备金率达到18.5%，中小金融机构的准备金率达到15%，累计冻结银行资金约2.02万亿元。第四季度，为稳定通货膨胀预期，抑制货币信贷快速增长，两次上调金融机构人民币存贷款基准利率，使一年期存款利率达到2.75%，一年期贷款利率达到5.85%，同时上调再贷款利率；对金融机构进行窗口指导，鼓励和引导金融机构合理调整信贷结构和投放节奏，执行差别化房贷政策，促进房地产市场健康平稳发展。

第五阶段：2011年，为稳定物价，加强宏观调控，开始实行稳健的货币政策，但趋向于适当收紧。截至2011年4月21日，中央银行已经两次上调存贷款基准利率，累计调整0.5个百分点，一年期存款利率达到3.25%、贷款利率达到6.31%；同时四次上调存款准备金率，使大型金融机构的存款准备金率达到20.5%，中小金融机构的存款准备金率达到17%；并优化信贷结构，引导商业银行对重点领域和薄弱环节的信贷支持，严格控制对"两高"行业和产能过剩行业的贷款。

第六阶段：2012年到2019年9月，为稳增长，央行先后12次降准合计达8个百分点，到2019年9月末，大型和中小型金融机构法定存款准备金分别降至13%和11%，相应地，存贷款基准利率也有所下调。值得一提的是，这一期间，多次定向降准支持"三农""小微"等重点领域，发挥了货币政策调结构的作用。

可见，在我国货币政策传导过程中，主要通过调整存贷款利率和存款准备金率以及窗口指导的方式来影响银行资金供给的规模和结构，从而达到调整货币供应量、稳定物价、促进经济可持续发展的目标。[①]

[①] 孟钊兰，刘粟．我国货币政策传导中的信贷渠道分析［J］．重庆工商大学学报（社会科学版），2011（5）．

第六章　信贷渠道：现状、问题和对策

货币当局可通过货币创造实施货币政策。银行存款是货币供给的最大组成部分，创造货币过程是简化的货币供给的主渠道。中央银行通过法定存款准备金率、公开市场操作、再贴现及再贷款等途径，改变商业银行储备时，其负债能力跟着发生变化。中央银行通过商业银行放大或收缩存款效应控制货币供给。

货币当局可通过基础货币（通货＋银行总储备）实施货币政策。基础货币不受借款人行为影响，即央行公开市场购买时，债券出售者将所得款项以通货或存款形式持有，都只影响银行总储备，不影响基础货币。货币当局因不能单方面决定和准确预测银行从央行借款数量，而不能完全控制基础货币。央行无法完全控制由其贴现贷款创造的基础货币；能够完全控制公开市场操作所创造的基础货币。因此，需要通过货币乘数将货币供给与基础货币联系起来，即货币供给等于货币乘数乘以基础货币。

（二）影响银行贷款的因素。我国计划经济时代，几乎没有现代意义上的货币政策，国家对经济的调控主要是通过贷款规模等，进行量化管控。随着"商业银行"的分立，特别是开始建立社会主义市场经济体制以来，20世纪90年代中期，我国开始构建货币政策框架，公布 M_2、存款准备金、利率等信息。经济形势的变化和经济体制改革不断深入，推动了货币政策框架不断完善。商业银行贷款的预期回报不仅决定贷款数量，而且决定贷款的空间结构（给谁贷款）和时间结构（贷款的利率、期限等）。在给定经营技术、存款利率、市场环境等条件下，银行贷款的预期回报率的影响因素主要包括：

1. 资本市场的影响。随着股票市场和债券市场的发展壮大，企业减少了间接融资，削弱了信贷渠道的传导效应。从股票市场看，2006年之前，企业通过股票市场筹资额十分有限，占比偏低。随着社会融资规模总量的扩大，以及股票市场的发展，股票市场配置资金的能力不断增强，2006年全年股票市场筹资额5560亿元，较上年增长195%，占同期银行贷款增量的18%。2007年继续较快增长。但2008年股市出现较大幅度调整，融资功能受到限制。2015年在新一轮牛市作用下，股市融资规模再度上涨。此后随着股市进入熊市和资本市场部分政策制度实施，股票市场融资功能再次趋弱，但是毫无疑问未来股票市场有较大发展空间，对传统的信贷渠道传导政策效果继续形成挑战。

从债券市场看，截至2018年底，全国债券市场总托管量76.45万亿元，交易所债市的存量约为9万亿元。而其中，政府债券和央行票据占市场总量的55%，政策性银行债、商业银行债等金融债券约占32%，以纯商业信用为基础的公司和企业债券的总量占6%。在全社会融资规模中，2018年债券融资占比达12.9%。虽然债券在企业融资额中占比较小，但已经比前几年有明显提升。公司债作为固定收益产品的重要种类，其风险低于股票，收益高于

国债和金融债，为机构投资者提供了较好的投资工具。未来，随着债券市场信用评级市场的完善，参与者风险意识的提高，发债审批程序的简化，债券规模还将扩大，也将进一步挑战信贷渠道的政策效果。

2. 商业银行独立性的影响。商业银行独立性与信贷传导渠道效果负相关。中央银行主要通过存款准备金率和存贷比上限，控制商业银行信贷量。商业银行的应对策略有：改变自身资产负债结构抵销准备金变动的影响；提升风险控制能力及资本充足率水平。

央行改变准备金的数量，对银行贷款的影响，取决于银行调整资产负债结构的能力及其放款意愿。央行减少准备金时，商业银行可通过金融债券、衍生产品等获得资金，抵销准备金变化和信贷渠道的影响。另外，银行放款意愿还与其风险承受能力相关。一般而言，风险资本比例控制的要求会削弱扩张银行贷款供给能力，银行已达到资本充足率底线附近时，宽松的货币政策也无法促使银行增加贷款，只能是增加低风险债券持有。同时，由于银行客户的锁定效应，特定客户难以轻易从其他银行获得资金，减弱扩张性政策效果。

银行间同业拆借市场的发展、自身金融工具的创新、券商保证金存款等都提高了银行获取资金的能力。而央行制定的75%存贷比上限并没有考虑同业存款、券商保证金存款、同业拆借等影响。因此，2008年4月，众多股份制银行超过75%的存贷比上限，比如兴业银行达到88%，说明银行负债来源多样化某种程度上有利于货币政策的信贷渠道传导。

现阶段，我国货币当局可以通过改变商业银行的放款能力，进而对经济产生影响。但是，商业银行独立性的增强是金融市场发展的必然趋势，当局对其控制力也会随之减弱，银行信贷渠道的传导效果会逐渐减小。但银行独立经营意识的增强在一定程度上加强了资产负债途径：银行能够以企业自身价值和抵押品的状况作为发放贷款的条件，减少了政策干预，这种行为客观上放大了货币政策效果。通过贷款利率中风险溢价的考虑，货币政策冲击对产出的影响在资产负债途径中能得到更好体现。

3. 银行信贷过于集中会弱化货币政策效应。从银行信贷行为看，随着一系列体制改革和防范金融风险措施的相继推出，商业银行尤其是国有独资商业银行的信贷行为，出现了越来越不利于货币政策传导的信贷集中化倾向。随着商业银行基层分支机构的撤并，一方面需要金融机构的服务可以覆盖的范围有所减小；另一方面在现有机构可以覆盖区域内也发生了一系列的变化：权限配置集中化、保留机构的内部控制逐渐强化、持续实行贷款终身责任制。采取严格的授权授信制度，授信条件收紧，流动性约束增强，致使国有商业银行基层分支机构虽然不能再追求福利最大化，但也不是追求利润最大化，而是安全稳定，被动地完成任务。在此背景下，国有商业银行基层分支机构的市场行为主要表现为存款竞争而贷款谨慎。慎贷甚至"惜贷"心理比较严重,部分机构只对2A级以上企业提供信贷。只存不贷、多存少贷等"狭义银行"行为成为部分银行的普遍现象。随着资金向上级银行和总行的集中,信贷投放也越来越向大城市和大企业集中,尤其是向东部发达地区的大城市和大企业集中。银企关系甚至发生了根本性变化,由过去的企业求银行,变成了现在的银行求大企业。但与此同时,对占大多数的小企业的资金支持明显弱化,企业资金供求的结构不平衡越来越突出,甚至出现了"马太效应"。少部分资金比较宽裕的大企业从银行和资本市场都可以融资,大多数资金比较紧张的中小企业本来融资渠道就比较少,银行贷款几乎是唯一可行的渠道,对银行贷款的依赖性比较高,不仅不能从资本市场融资,银行贷款支持也越来越窄,货币政策作用对于基层的小企业来说,几乎没有什么影响。如果说信贷资金越来越向大企业的集中,在短期内仅仅是加剧中小企业贷款难度,以及股票市场短暂繁荣和实业投资的持续低迷的话,那么,从长远看,则可能是信贷资金向大企业集中所造成的新的银行不良资产的隐性累积,使目前主要分散于商业银行基层分支机构的不良资产逐渐汇集成为长期性、集中化而又隐性化的巨额不良资产。如果不加以警惕,长此以往,甚至将出现类似于日本和韩国的大银行、大企业恶性传染的金融风险,重蹈日本和韩国的覆辙。

4. 地方性金融机构作用偏小影响货币政策向县域经济传导。国有商业银行和股份制商业银行是信贷投放的主要渠道,但股份制商业银行基本分布在大中城市,随着近几年国有商业银行基层机构撤并,信用社体制改革推进,机构网点压缩,中小城市和农村金融服务日趋薄弱。在此背景下,货币政策传导渠道收窄,在整顿民间信用和农村"三金"①的背景下,货币政策效果进一步打折。在小城市和农村地区,国有商业银行收缩网点的同时,地方性中小金融机构和非正规地方性金融机构也在不断减少,对防风险有积极意义,但也影响了金融服务需求的满足,以至于出现了货币政策覆盖的"盲区"或"死角"。

(三)近年来货币和监管政策变革。2017年,十九大报告中正式提出"要健全货币政策和宏观审慎政策双支柱调控框架"。双支柱框架是在总结金融危机以来的经验,立足我国货币政策实际基础上提出的变革,既加强货币政策对经济的调节,也强化金融体系自身管理,经济周期和金融周期并重。双支柱框架核心目的是,既发挥货币政策作用于经济总量和价格的调节作用,也发挥宏观审慎政策(MPA)作用于金融机构,引导金融机构根据自身资本水平和经济发展需要,适当投放广义信贷,防止货币政策"顺周期"问题,同时着力从宏观角度防范跨机构、跨市场的金融风险(见图6-2)。

MPA既是宏观审慎政策工具,也是货币政策工具。主要指标包括:资本

---

① 农村"三金",即农村合作基金会、农村信用社社员股金服务部、乡镇企业投资公司。

和杠杆、资负、流动性等七大类、14个指标（见表7-2），核心是宏观审慎资本充足率；MPA实现了从微观审慎向宏观审慎、从狭义信贷向广义信贷、从狭义负债向广义负债转变。①

另外，为更好防范金融风险，2017年以来，国家制定实施一系列金融监管新政（见表6-3），对金融工作提出了"维护国家金融安全""整治金融乱象""强化监管问责"等新的要求。人民银行提出，要"一手抓金融机构乱搞同业、乱加杠杆、乱做表外、违法违规套利，一手抓非法集资等严重扰乱金融秩序的非法金融活动"。银监会提出，今后趋势是金融监管越来越严，严格执行法律、严格执行法规、严格执行纪律。2017年将同业业务、理财业务、表外业务作为监管重点，强力推出"三三四十"新政，对促进金融服务实体经济、防范金融风险发挥了积极作用。

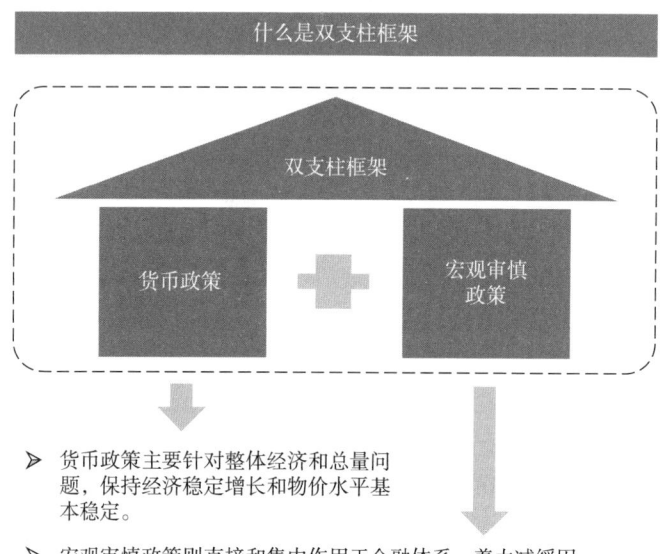

图6-2 双支柱框架的内容和目的

2018年推出的资管新规进一步要求，银行的资产管理业务要回归"受人之托、代客理财、投资者风险自担"的本质。比如要求统一资管产品标准，提高合格投资者要求；要求打破刚兑，实行净值化管理；要求金融机构之间、

---

① MPA指标和权重往往随着形势变化和调控需要进行动态调整：比如为规范表外理财业务监管，2017年第一季度将表外理财纳入广义信贷；为全面监管银行负债行为，2018年第一季度将同业存单纳入同业负债。再如，为强化全口径外汇业务监测，防范汇率风险，将"外债风险情况"扩展为"跨境业务风险"；为强化房地产市场调控，完善因城施策的住房金融政策，等等。

第六章 信贷渠道：现状、问题和对策

机构与通道之间打破刚兑；要求规范"资金池"，禁止非标与资管产品期限错配；统一产品杠杆，分级产品设计要求更高；消除多层嵌套和通道，等等。

表 6-1　　　　　　　　　2017 年以来实施的监管新政情况

类型	日期	监管机构	核心内容
重要会议	2017/7/24	中央政治局会议	深入扎实整治金融乱象，加强金融监管协调，提高金融服务实体经济的效率和水平
	2017/7/14	全国金融工作会议	金融回归本源，以强化金融监管为重点，以防范系统性风险为底线
	2017/10/18	党的十九大	深化金融体制改革，增强金融服务实体经济能力
	2018/1/25-26	银监会工作会议	重新定位监管职能"防范和处置风险"，同业、理财、杠杆、市场乱象是 2018 年监管重点
一行三会	2017/11/17	一行三会	规范金融机构资产管理业务指导意见（征求意见稿）
	2018/1/5	一行三会	规范债券市场参与者债券交易业务的通知
央行	2017/8/31	央行	自 2017 年 9 月起金融机构不得新发超过 1 年 1 期的同业存单
	2017/8/14	央行货币执行报告	规模 5000 亿元以上的银行和期限 1 年以下的 NCD 纳入 MPA 考核
银监会	2017/3/29	银监会	开展银行业"监管套利、空转套利、关联套利"专项治理工作
	2017/4/6	银监会	开展银行业"违法、违规、违章"行为专项治理工作的通知
	2017/4/12	银监会	提升银行业服务实体经济质效的指导意见
	2017/5/8	银监会	银行业风险防控工作的指导意见
	2017/6/26	银监会	进一步规范银行业金融机构吸收公款存款行为的通知
	2017/12/6	银监会	商业银行流动性风险管理办法（修订征求意见稿）
	2017/12/22	银监会	规范银信类业务的通知
	2018/1/5	银监会	商业银行大额风险暴露管理办法（征求意见稿）
	2018/1/5	银监会	商业银行股权管理暂行办法
	2018/1/6	银监会	商业银行委托贷款管理办法
	2018/1/13	银监会	进一步深化整治银行业市场乱象的通知
	2018/2/28	银监会	关于调整商业银行贷款损失准备监管要求的通知
	2018/3/12	银监会	关于进一步支持商业银行资本工具创新的意见

综合看，2012—2016 年是以金融自由化、影子银行、资管繁荣为特征的金融扩张周期。2017 年"防风险、严监管"成为关键词，金融迎来规范和紧缩期。随着上述系列监管新政的实施，监管效果日益显现：一是宏观杠杆率整体

回落，银行资产增速与 M_2、信贷等实体经济融资需求趋势一致，但放慢速度更快（见图6-3）。二是债市微观杠杆大幅下降，银行间债券回购成交额一度快速回落，无风险利率快速上行（见图6-4）。三是以回归服务实体经济为主要方向的严监管政策，导致同业、理财、非标、委外业务全面收缩，股份行和中小行资产增速放缓甚至缩表（见图6-5）。四是券商资管、基金子公司等影子银行通道业务快速缩水，资产管理业务规模几乎停止增长（见图6-6）。

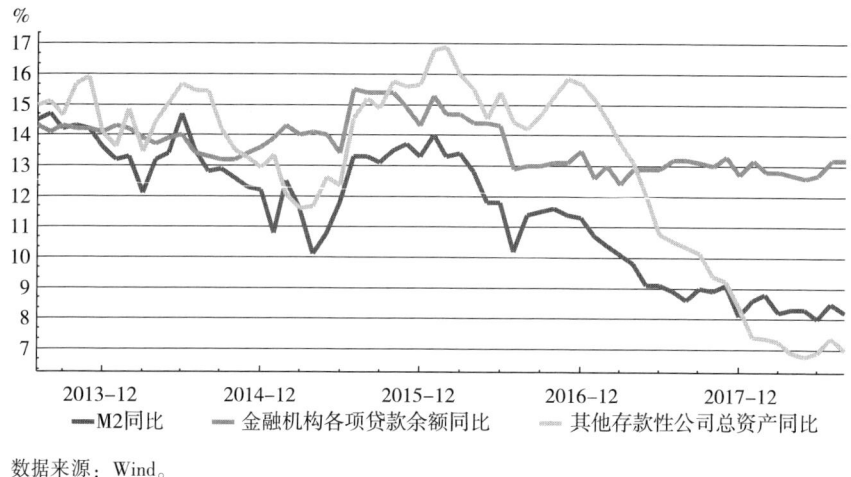

数据来源：Wind。

图6-3　M_2、银行贷款和资产增速比较

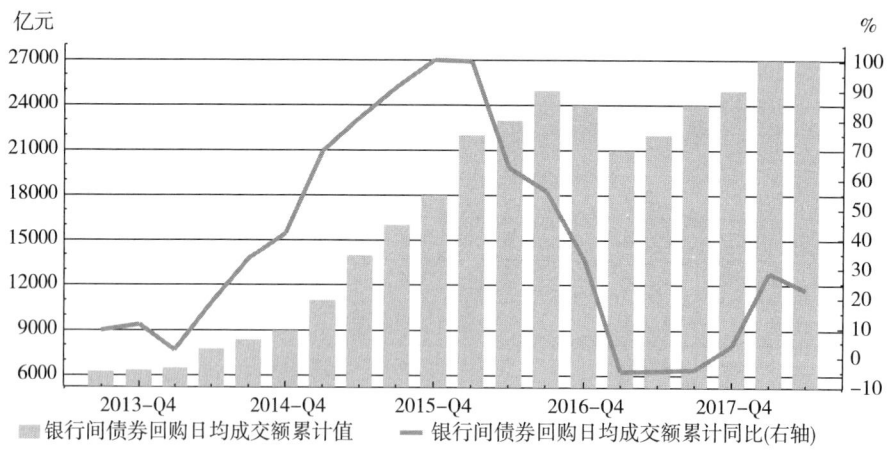

数据来源：Wind。

图6-4　银行间债券回购成交量增速变化情况

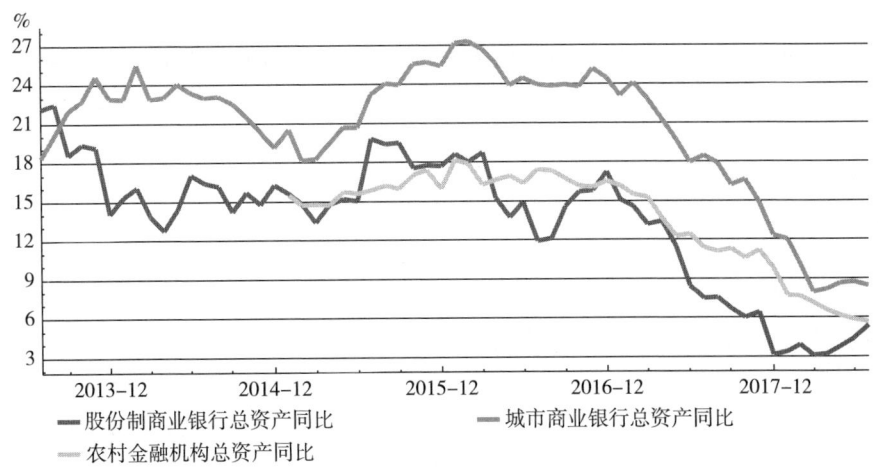

数据来源：Wind。

图6-5　股份制银行和中小银行资产变化情况比较

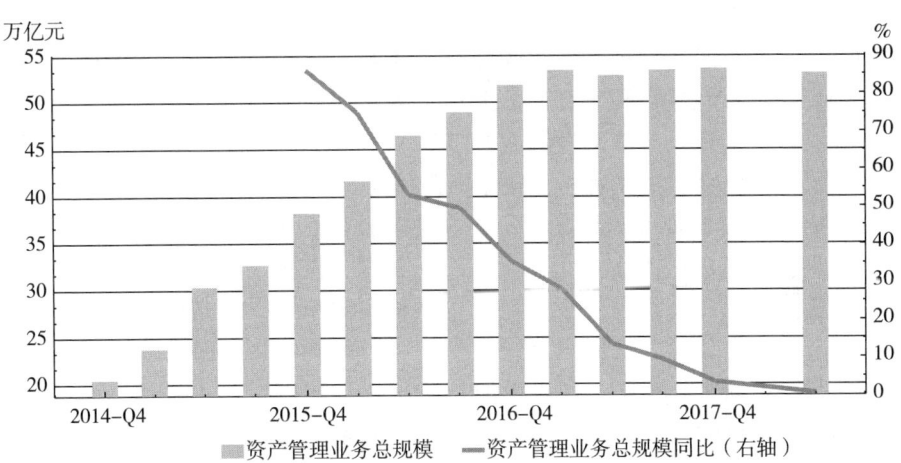

数据来源：Wind。

图6-6　资产管理业务规模变化情况

二、未来趋势

国有商业银行资金向重点城市、重点行业和重点企业倾斜，是兼顾安全性与盈利性的选择，比较符合银行业20%优质客户提供80%的盈利的"二八"规律。但这可能造成少部分企业资金过剩、大部分企业资金匮乏，不利于信贷资金的有效配置和充分利用，加剧资金脱实向虚，造成宏观经济波动，甚至形成泡沫经济和金融风险。日本和韩国对大企业过度集中的贷款造成巨额不良资产就是前车之鉴。

短期内，信贷渠道仍是我国货币政策传导的主要渠道，是保证我国货币政策有效的前提。但从远期看，随着资本市场逐步完善和发展、利率市场化的推进、我国商业银行独立性的不断增强，我国货币政策银行信贷传导渠道的作用逐渐减弱，应积极拓展其他货币传导渠道。[①] 与此同时，货币政策渠道将以规范化的利率传导渠道作为货币政策传导的主体，而信贷传导途径将成为辅助性机制。所以，深入推进利率市场化改革，加快培育货币市场和资本市场，提高股份制银行市场份额，将是大势所趋。[②]

（一）利率市场化下的银行信贷渠道。银行也是追求利润最大化的企业，利率市场化后银行因附加值低而减少传统的信贷业务，工商企业却因价格较低倾向于通过信贷获得更多融资。银行业收缩其传统信贷业务对银行信贷渠道的弱化趋势，将超过工商企业希望得到银行信贷的愿望对银行信贷渠道的强化趋势。于是，利率市场化将弱化银行信贷渠道的作用效果。

我国的利率市场化改革对商业银行的影响主要是，存款利率（以法定一年期存款基准利率来表示，以下贷款利率同）上升、贷款利率下降（对于大型、优质的借款者而言）以及存贷款利差变化。现实是，无论存贷款利率之间的差额是扩大还是缩小，我国的国有商业银行从其贷款业务中的收益总是在减少。主要原因是，利率管制放开后，各家商业银行为保持或扩大市场份额，争取资金来源，必然会竞相提高其存款利率；为扩大资金运用，又不惜降低贷款利率以吸引借款者，于是存贷款利差就自然会缩小。

存贷款利差下降情况下为什么贷款规模仍在迅速扩大？一是国有及国有控股企业的"投资饥渴症"仍然存在。在我国，投资冲动由来已久。二是我国的大多数企业（特别是中小企业）的融资渠道单一，这是由我国目前金融发展水平有待提升等客观因素所决定的。我国的经济、金融发展水平的制约以及一些政策的实施，使得我国的股权融资和债权融资都不发达，而且债券市场和股票市场的发展失衡，进而导致企业的融资渠道缺乏，很多中小企业只有依赖于银行信贷或者其他的非正规的融资渠道，如所谓的"草根金融"、地下钱庄等。三是我国绝大多数商业银行因为市场化程度不高、监管不够完善、人力资源欠缺，只有依靠传统信贷业务占有或扩大市场份额，获得收益。可见，我国银行信贷渠道短期内将被强化，长期内则可能出现弱化的趋势。

（二）利率市场化对资产负债表渠道的影响。利率市场化是金融市场不断

---

① 张浩. 我国货币政策传导的信贷渠道 [J]. 合作经济与科技，2010（8）.
② 范小云，肖立晟，王博. 我国货币政策信贷渠道研究 [J]. 当代财经，2010（11）.

第六章 信贷渠道：现状、问题和对策

完善的过程，市场工具的品种齐全、市场结构合理①是市场主体公平竞争并追求各自的收益最大化的必要条件。企业的现金流、财务杠杆以及其他一些资产负债表的要素都将对投资支出产生巨大影响。

在一个完善的金融市场中，企业资产负债表内容不断丰富。利率市场化后，利率水平的频繁波动，将使企业的现金流、企业资产净值随之波动。因为利率和企业权益价格的波动，将导致企业净值的不断变化。而在资产负债表渠道中，企业的净值将影响到企业融资行为中的逆向选择效应、道德风险效应和直接效应的相对强弱关系，这种强弱关系的变化又将影响到企业信贷可获得性，并最终影响到实际产出水平。另外，利率市场化还将通过影响名义利率水平（特别是短期名义利率），影响企业的现金流，进而影响企业的净值。可见，随着利率市场化的进行以及金融市场的不断完善，货币政策传导的资产负债表渠道的作用将明显强化。

银行信贷渠道与资产负债表一样，都是对货币渠道的一种扩展和延伸，也就是说，信贷渠道的政策效应对利率渠道的政策效应将产生一种强化作用（以资产负债表渠道为例分析这种强化作用）。同时，虽然银行信贷渠道和资产负债表渠道都对货币渠道产生了一种强化作用，但是，两者之间又存在着一些差别。例如，在银行信贷渠道中，主要强调的是真实利率，特别是长期真实利率的作用；而在资产负债表渠道中，不仅是真实利率，还包括名义利率，特别是短期名义利率，都起着重要的作用。因此，在信贷渠道传导货币政策时，资产负债表渠道将比银行信贷渠道起到更加重要的作用。也就是说，如果将信贷渠道视为一条农用"水渠"，那么银行信贷渠道和资产负债表渠道则是信贷渠道的两条"子水渠"。长期内，流入银行信贷渠道的"水量"很可能会不断减少；而与此相反，流入资产负债表渠道的"水量"则会不断增加。

我国的金融改革与其他经济领域改革不完全同步。信贷政策也是我国的一种货币政策工具，而且是一种有"中国特色的"货币政策工具。信贷政策在我国货币政策工具中的重要性超过完全市场经济国家。

---

① 市场工具的品种齐全是指，在金融监管制度许可的范围内，用于各种市场交易活动的载体丰富，能够充分满足各个市场主体为了追求其收益最大化的愿望。具体而言，完善的金融市场中，具有代表性的市场工具主要包括：（1）国库券（Treasury Bills）、大额存单、商业票据、银行承兑汇票、欧洲美元、回购协议、联邦基金、经纪人拆借等货币市场工具。（2）中长期国债（Treasury notes/bonds）、联邦机构债券、国际债券、市政债券、公司债券、抵押与抵押支撑证券等债券市场工具。（3）普通股票（即权益证券或股权）、优先股股票等股权证券市场工具。（4）道·琼斯工业平均指数、标准普尔指数、美林指数、所罗门美邦指数等股票市场指数与债券市场指数工具。（5）期权、期货合约等衍生市场工具。市场结构合理是指，金融市场的各个子市场的发展比例的协调，即股权、债券、贷款等各类金融市场发展程度与企业对不同类型融资偏好基本一致，价格大体相当。

在我国金融改革的大环境下，一方面，资产负债表渠道的作用原本不够明显，而银行体制的改革又使得我国银行信贷渠道的作用效果不断减弱；另一方面，利率市场化的改革则强化了银行信贷渠道（短期内）和资产负债表渠道。因此，判断货币政策信贷渠道传导效果时，要区分不同情况分析。

三、主要指标

我国现有金融统计中，主要的贷款指标有两种：一是社会融资规模统计中的人民币贷款和外币贷款，这个指标的含义是当地金融机构向非金融企业、个人、机关团体、境外单位以贷款、票据贴现、垫款等方式提供的人民币和外币贷款。[①] 主要统计对象是直接为实体经济融资的金融机构，不含人民银行。二是央行发布的"金融机构本外币信贷收支表"中的"各项贷款"，这里的金融机构包括：中国人民银行、银行业存款类金融机构和银行业非存款类金融机构（信托投资公司、金融租赁公司、汽车金融公司和贷款公司等）。

两类存款指标相同点是，都有余额和增量指标，都有本币和外币，不同点是，社会融资规模中的贷款反映实体经济通过贷款融资的情况，"金融机构本外币信贷收支表"中的"各项贷款"则包括央行贷款等情况，数据上后者多数情况下略大于前者。社会融资规模中的贷款推出时间较短，数据量相对较小。

研究货币政策的信贷传导渠道，主要考察的是货币政策实施后，对市场主体行为和对实体经济的影响，虽然选择社会融资规模中的贷款，理论上更能反映货币政策情况，但是因为缺少期限、利率、增速等指标，影响分析效果。相反，"金融机构本外币信贷收支表"中的"人民币贷款"尽管口径上略大，但数据和社会融资规模相差不大，且趋势一致（见图6-7）。因此，本书主要以"金融机构本外币信贷收支表"中的"人民币贷款"（包括增量和余额）作为判断政策效果的指标。

---

① 社会融资规模统计指标解释，见人民银行网站。

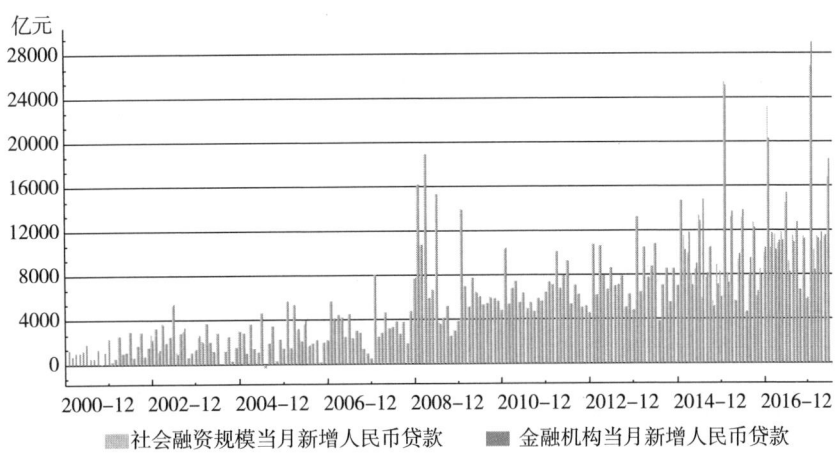

数据来源：Wind，民生银行。

图6-7 2000年以来两个口径新增人民币贷款比较

第三节 信贷渠道传导效果判断

货币政策的信贷渠道传导效果，一方面可以通过"货币政策变量—信贷—投资和消费—经济增长"的各环节代表性指标变化直接判断，另一方面，可以构建相关指标的模型，量化判断政策效果。

一、直观观察信贷渠道传导效果和解释

从数量方面看，过去M_2是货币政策主要中介目标，M_2增速变化能够体现货币政策意图，金融机构各项贷款余额大体代表实体经济获得信贷融资的数量。两者之间的变化关系，体现了货币政策对信贷的影响。数据表明，2013年以前，M_2和金融机构贷款余额增速基本吻合，政策传导效果较好。2013年以来，受货币政策转型影响，两者差距呈现扩大趋势（见图6-8）。

从价格方面看，结合前文分析，7天逆回购利率是政策利率之一，能够较好代表央行的政策意图，SHIBOR为货币市场利率，而金融机构人民币贷款加权平均利率为实体经济终端利率，三者之间变化反映的是货币政策对贷款价格的影响。数据表明，2013年以来政策利率、市场利率、贷款利率趋势相近。由于SLF推出时间较短，7天SLF利率与货币市场利率和人民币贷款加权平均利率趋势大体相同（见图6-9）。量价比较，从数据上看，货币政策通过贷款渠道传导的价格效果明显好于数量效果。

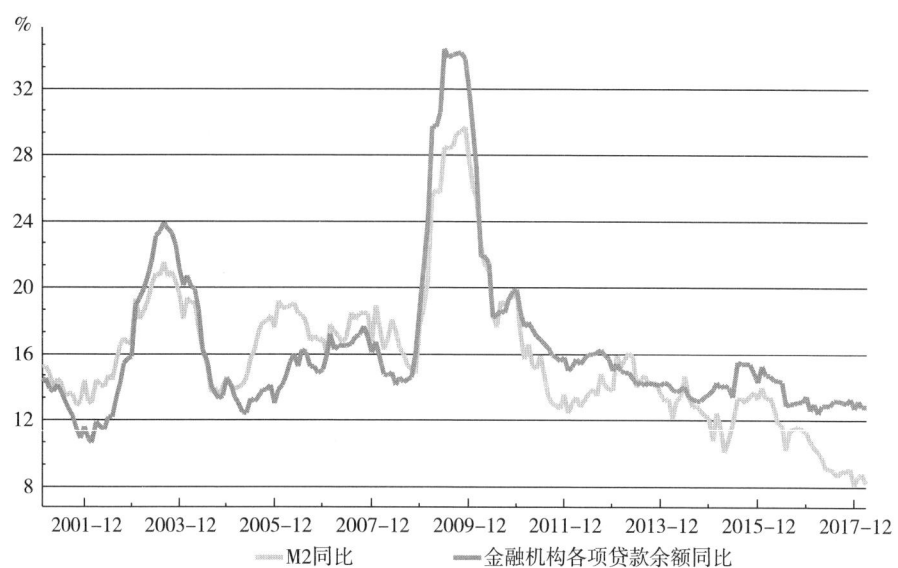

数据来源：Wind，民生银行。

图 6-8　近年 M_2 和金融机构贷款余额增速比较

为摆脱金融危机影响，促进经济增长，2008 年后的十年间，我国货币政策和监管经历了双宽松 -（稳健+宽松）-（稳健+收紧）的变化。相应地，我国金融机构资金运用呈现三个阶段：2007—2011 年是 4 万亿元刺激下银行的公司业务快速发展阶段，几乎所有银行都大干快上公司业务，因此金融机构贷款余额同比增速一度超过 30%。2012—2015 年是在经济新常态、金融宽监管情况下，金融同业业务加快发展阶段，资金在包括资本市场在内的金融领域循环运转，因此金融机构资金运用到股权投资等领域加快增长，连续几年超过 100%。2016 年下半年以来，金融监管和 MPA 考核趋严，金融同业业务收缩，银行纷纷向零售业务转型，贷款增速和股权投资增速纷纷回落（见图 6-10）。也正因为如此，"三去一降一补"提出几年后，2018 年提出结构性去杠杆的基本思路，即分部门、分债务类型提出不同要求。

10 年来货币政策和金融业务的发展变化中，资金一度呈现"脱实向虚"的过程。其中，实体经济主要是农业、工业特别是制造业；虚拟经济主要包括，金融行业+房地产行业+实体企业开展的房地产和金融业务。资金在金融体系和虚拟经济内循环，增加了实体经济融资的环节、提高了融资成本，影响了货币政策的信贷传导效果。比如，近年来金融业和房地产业增加值占比（从 8.54% 提高到 14.46%）逐步挤占工业（从 41.62% 降至 33.85%），相伴而来的是实体经济融资难、融资贵（见图 6-11）。

第六章 信贷渠道：现状、问题和对策

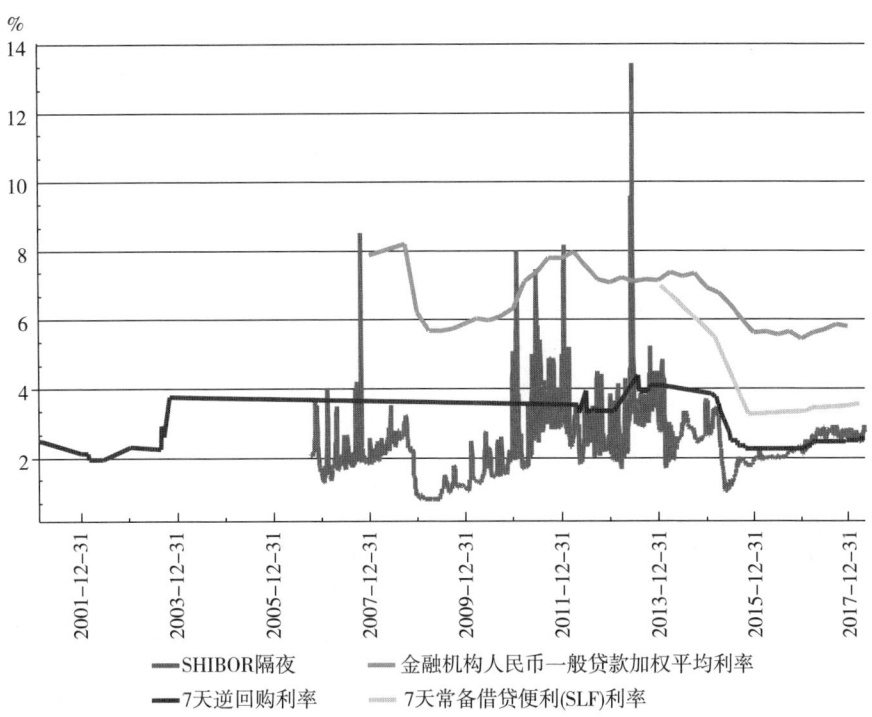

数据来源：Wind，民生银行。

图 6-9　近年政策利率、市场利率和贷款利率比较

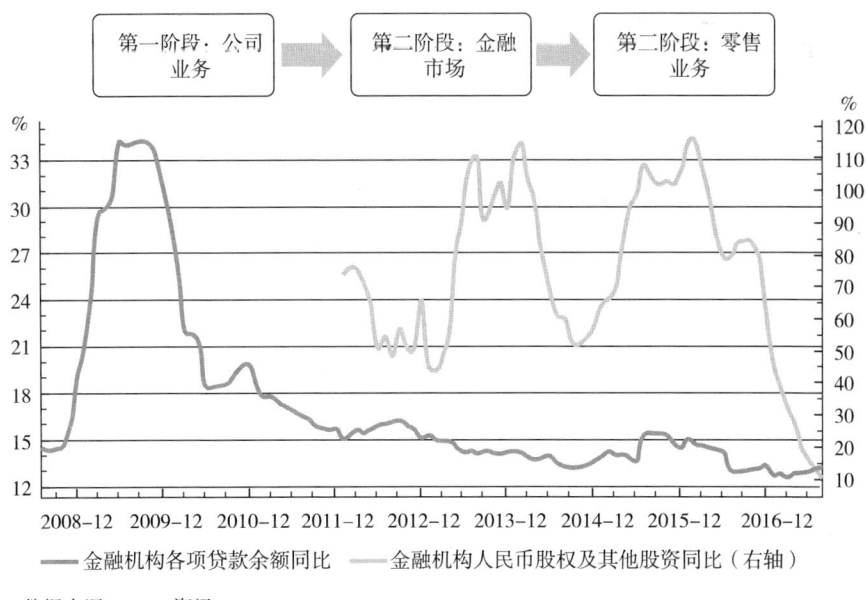

数据来源：Wind 资讯。

图 6-10　金融危机以来银行业务经历的三个发展阶段

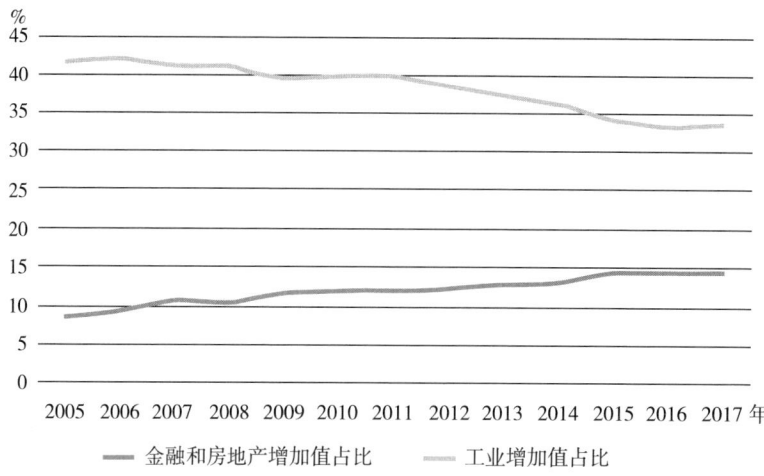

图6-11 近年来实体经济和虚拟经济增加值占比变化

从贷款增速和经济增速看,金融危机后GDP增长波动较大,特别是2012年后以可比价GDP衡量的经济增速逐步回落。纵观10多年来贷款和经济增速的关系,2016年以前,大部分时间里贷款与经济增速存在背离,表现出经济增速对贷款存在一定滞后效应。2016年中以后,以"三三四十"为代表的更加严格规范的监管政策相继实施,使银行信用有所收缩,再加上宽松货币政策趋于稳健,宏观审慎管理正式实施,银行经营环境和经营行为发生改变,贷款增速和社会融资规模增速整体呈现回落态势,与经济增速特别是扣除价格因素的GDP增速保持总体吻合,说明信贷渠道货币政策传导效果有所改善(见图6-12)。

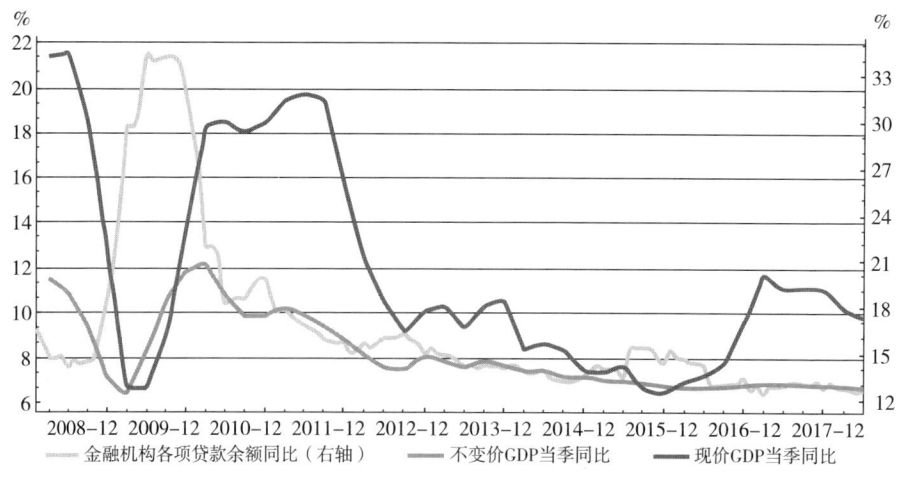

数据来源:Wind资讯。

图6-12 近年来金融机构贷款和GDP增速比较

二、定量分析信贷渠道传导效果

本节分两个阶段检验货币政策信贷渠道的传导效果,首先检验政策性利率对信贷的影响,然后检验信贷对实体经济的影响。

(一)政策性利率到信贷

1. 变量选择。选取逆回购利率(RRepo)和 MLF 利率代表政策性利率,以央行发布的"金融机构本外币信贷收支表"中的各项贷款的增速(Loan)代表信贷增速,检验不同政策性利率对信贷增速的影响。

2. 数据处理与描述性统计。根据信贷的绝对值数据计算每月同比增速,将两种政策利率的频率统一成月度数据,最终确定样本区间为 2012 年 6 月至 2018 年 5 月,如图 6-13 所示。

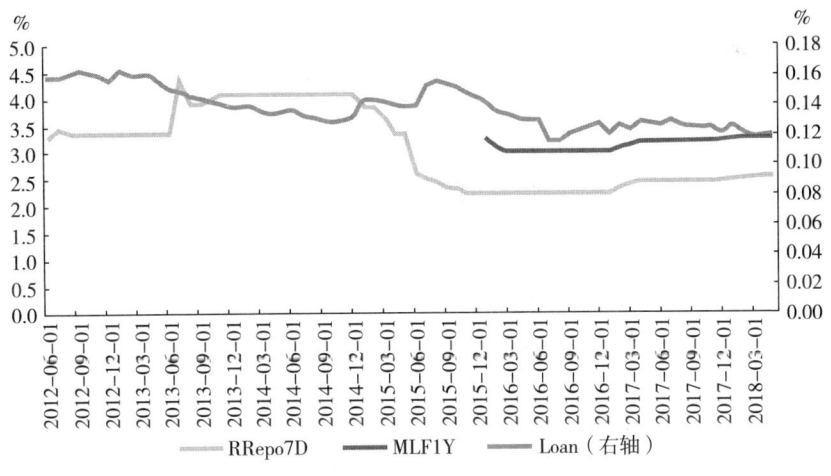

图 6-13 政策利率与信贷增速

对样本进行描述性统计,结果如表 6-2 所示。样本区间最短的是 1 年期 MLF 利率,共有 29 个观测值,其余变量有 72 个观测值,数据量基本能保证实证分析的要求。

表 6-2　　　　　　　政策利率与信贷增速的描述性统计

变量	观察个数	最小值	25% 分位数	平均值	75% 分位数	最大值
RRepo7D	72	2.25	2.38	3.07	3.86	4.40
MLF1Y	29	3.00	3.00	3.13	3.20	3.30
Loan	72	0.12	0.13	0.14	0.15	0.16

3. 平稳性检验。对数据进行平稳性检验,结果如表 6-3 所示,所有变量都是一阶单整序列,可以建立 VAR 模型。

表6-3　　　　政策利率与信贷增速的平稳性检验结果

变量	ADF统计量	P值	检验结果	变量	ADF统计量	P值	检验结果
RRepo7D	-0.7004	0.4100	非平稳	ΔRRepo7D	-9.7721	0.0000	平稳
MLF1Y	1.4433	0.9592	非平稳	ΔMLF1Y	-4.6096	0.0000	平稳
Loan	-1.3096	0.6209	非平稳	Δloan	-8.1789	0.0000	平稳

4. 格兰杰因果关系检验。针对不同政策利率分别与信贷增速构建VAR模型，并确定最优滞后阶数。基于VAR系统对变量进行格兰杰因果关系检验，结果如表6-4所示。

表6-4　　　政策利率与信贷增速的格兰杰因果关系检验结果

变量	RRepo7D	MLF1Y	Loan
lag（Repo7D）	—	—	0.0244
lag（MLF1Y）	—	—	0.9963
lag（Loan）	0.5068	0.0000	—

结果显示，7天逆回购利率及其滞后项是信贷增速的格兰杰原因，但1年期MLF利率及其滞后项不是信贷增速的格兰杰原因，说明短期政策利率对信贷的影响相对显著，而长期政策利率对信贷影响不明显。

（二）信贷到实体经济

1. 变量选择。同样以央行发布的"金融机构本外币信贷收支表"中的各项贷款（Loan）的增速代表信贷增速，考察信贷增速对GDP和CPI的影响。

2. 数据处理与描述性统计。计算信贷的月度增长率，最终确定样本区间为2008年12月至2018年5月，实证样本如图6-14所示。

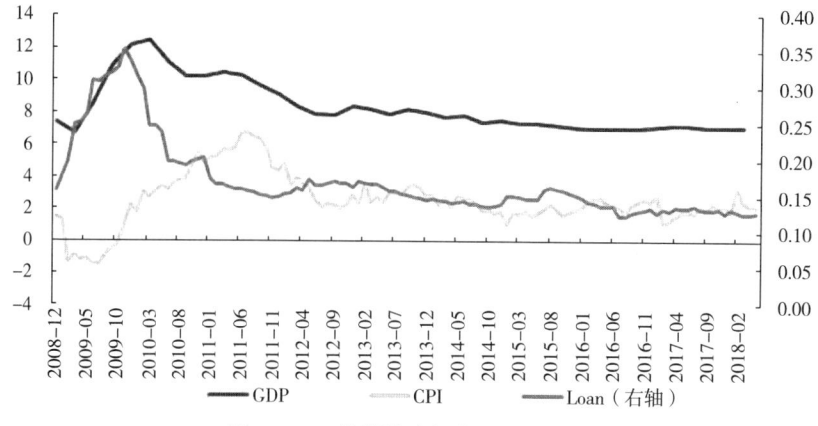

图6-14　信贷增速与主要经济指标

样本的描述性统计如表6-5所示，GDP数据共38个观测值，CPI和贷款增速指标共114个观测值，数据量可以满足实证分析的要求。

表6-5　　　　　信贷增速与主要经济指标的描述性统计

变量	观察个数	最小值	25%分位数	平均值	75%分位数	最大值
Loan	114	0.12	0.13	0.16	0.16	0.35
GDP	38	6.40	6.90	8.05	8.65	12.20
CPI	114	-1.80	1.50	2.24	2.90	6.45

3. 平稳性检验。检验信贷增速与GDP和CPI的格兰杰因果关系之前，对各变量进行平稳性检验，结果如表6-6所示，所有变量都是一阶单整序列，可以建立VAR模型。

表6-6　　　　　信贷增速与主要经济指标的平稳性检验结果

变量	ADF统计量	P值	检验结果	变量	ADF统计量	P值	检验结果
Loan	-0.9928	0.7541	非平稳	Δloan	-5.1370	0.0000	平稳
GDP	-0.3061	0.5685	非平稳	ΔGDP	-3.4779	0.0010	平稳
CPI	-0.82911	0.3546	非平稳	ΔCPI	-12.40517	0.0000	平稳

4. 格兰杰因果关系检验。分别建立信贷增速与GDP和CPI的VAR模型，并确定最优滞后阶数。基于VAR系统对变量进行格兰杰因果关系检验，结果如表6-7所示。

表6-7　　　　信贷增速与主要经济指标的格兰杰因果关系检验结果

变量	Loan	GDP	CPI
lag（Loan）	—	0.0000	0.0009
lag（GDP）	0.0947	—	
lag（CPI）	0.0002		—

总体来看，货币政策信贷渠道第二阶段的传导效果较好，信贷增速及其滞后项显著是GDP和CPI的格兰杰原因，说明信贷对经济活动具有明显的影响。另外，CPI及其滞后项是信贷增速的格兰杰原因，说明通胀情况会影响信贷的投放。

第四节　信贷渠道政策传导障碍及原因

我国经济进入新常态后，银行业同时面临传统产业不良增加、新兴产业风险较高、同业竞争加剧等局面。在金融监管相对宽松时期，商业银行在市场环境和监管政策共同作用下,通过资产出表、调整价格等方式,将大量资源集中投向房地产行业和大型国有企业,表面看金融业发展较快,实际上货币政策难以到达设计初衷。这一方面是由于经济转型期产业发展特点,以及商业银行是典型顺周期企业属性决定的。另一方面,也与银行资产布局监管、资本要求、利率管理等政策有关。这些都构成了影响货币政策贷款渠道传导效果的因素。

一、金融机构监管套利等影响信贷渠道效果

在巴塞尔Ⅲ等现代金融监管框架下,银行传统业务受到资本、规模、结构等多方面限制,为规避监管、应对竞争,机构纷纷从负债和资产两端开展表外、表表外等业务。其中比较典型的就是理财空转、票据空转、同业空转、信贷空转等资金空转①,增加融资成本,加剧金融风险。

(一)理财空转。据统计,经过十多年持续快速发展,2018年末我国银行理财产品的资产余额32.1万亿元,理财产品9.35万只(见图6-15)。商业银行理财产品分为保本型和非保本型两类,前者又分为保本浮动收益型和保证收益型两类。保本型理财产品属于表内理财,一般作为结构性存款,非保本型理财算作表外理财,也是银行信贷资产出表的一种重要方式。

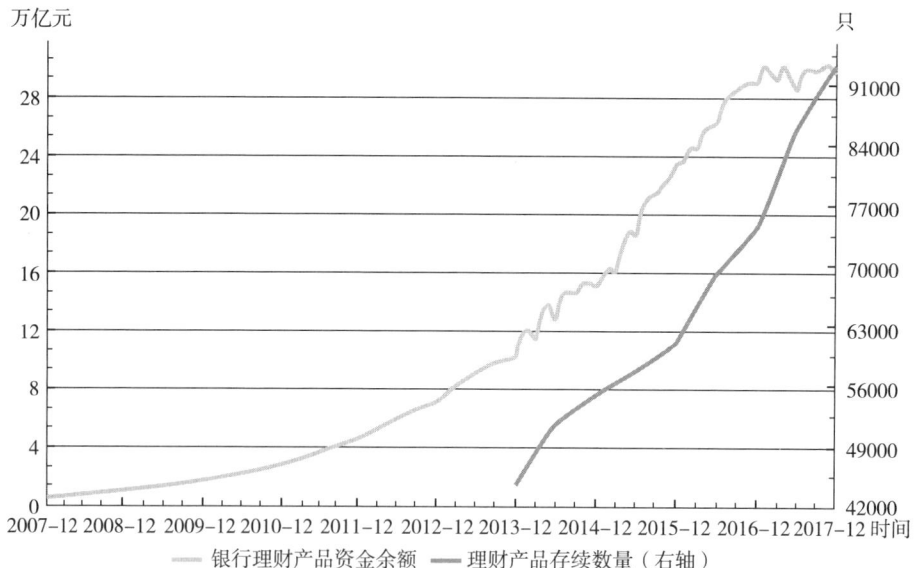

数据来源:Wind。

图6-15 近年来我国银行理财产品发展情况

---

① 杨荣. 银行资金四大空转模式解析 [EB/OL]. 票据网,2017-03-06.

第六章 信贷渠道：现状、问题和对策

银行理财的投资渠道主要有三类：一是银行直接投资监管允许的债券、货币基金等；二是通过信托、券商等通道投向信贷类资产、票据资产、股权类资产等；三是委外模式，即部分投资能力较弱的中小银行委托投资。现实中，金融机构往往交叉运用上述投资渠道，实现资金空转。

银行理财空转途径，一是银行超比例运用理财资金投资于信贷、票据等非标资产[①]，通过增加流转环节，规避监管某些限制，寻找资金需求方，使金融机构资产负债表膨胀。2011年后监管机构严禁向房地产业和地方融资平台放贷，非标开始发展并逐渐成为这些领域的主要融资方式。最先是银行理财资金借助信托计划绕过监管，投向信贷资产，后来发展出购买收益权的银信合作。之后证券公司、基金公司广泛参与其中。银证信定向业务、银行理财资金再次投向理财等复杂产品层出不穷。2012—2013年是非标发展的黄金时期，后随着8号文和127号[②]文的实施和实体回报率走低，非标融资需求和业务缩水。

二是银行将资金投放于同业理财，或者委外理财。同业理财是，大银行购买中小银行的同业理财，或银行将自有资金投资于货币基金，货币基金再配置于同业存单，同业存单投资于同业理财。委外理财是，接受部分资产管理能力不强的中小银行委托，非银机构通过加杠杆、加久期、加风险等增加收益率。2015年央行多次降息，银行流动性充足而资产匮乏，同业理财快速发展。根据中债登统计，2015年同业理财增长近2.5万亿元，占理财规模比重从3.57%升至12.77%。2016年末，银行同业类理财规模近6万亿元，占比达20.6%，比上年末提高近8个百分点，进入2017年，在严监管作用下，同业理财逐步收缩，2018年末余额1.2万亿元，占3.8%。

三是理财资金过度投资于二级市场，主要是债券，推高资产价格。2013年后实体经济收益率开始下降，再加上非标业务受到限制，银行直接投资或者委外都加大了债券的配置。较多的增量资金在二级市场上竞争较少的资产，资金流向实体少，债券收益率因此下行。银行的理财资金一定程度上推高了资产价格。因新发行债券量较少，理财对实体的帮助作用打折。此外，还有银行理财资金通过通道投向银行间债券市场发行和流通的超短期融资券、短期融资券、中期票据、PPN、ABS、ABN等非金融机构债务融资工具。

主要风险点：首先是非标业务错综复杂，信息披露不透明、估值不公允、

[①] 根据《关于规范商业银行理财业务投资运作有关问题的通知》（银监发〔2013〕8号），非标资产全称为非标准化债权资产，是指未在银行间市场及证券交易所市场交易的债权性资产，包括但不限于信贷资产、信托贷款、委托债权、承兑汇票、信用证、应收账款、各类受（收）益权、带回购条款的股权性融资等。

[②] 127号文，指银监会等部门于2014年印发的《关于规范金融机构同业业务的通知》（银发〔2014〕127号）。

内部交易涉嫌收益转换等问题叠加,银行无法把握资金运用者的情况,无法准确识别风险。2014 年以来,经济增速放缓,"非标"项目风险压力增大。其次是"非标"项目期限一般在 6 个月到 5 年不等,以 1~3 年为主,而银行理财产品主要以中短期限产品(6 个月及以内的封闭式理财产品)为主①。因此银行只能通过滚动募集中短期产品对接非标,期限错配风险升高。再次是存量投资风险。资产荒背景下,银行主动提升风险偏好,提高信用债占比。银行理财收益率维持在 4% 左右,而信用债的收益率却只有 3% 左右,银行理财加了杠杆。但随着债市进入调整期,委外收益严重缩水,而委外理财多属于保本型理财,收入主要来自保证收益率以上的超额收益,银行委外部门迫于业绩压力赎回委外,加速去杠杆。

(二)票据空转。商业银行的票据业务品种,包括承兑、贴现、转贴现买断/卖断、卖出回购/买入返售业务。银行票据业务 2013 年后开始下滑,2016 年严重下滑。典型的票据"空转"路径是:企业存入保证金,申请签发银行承兑汇票,收款人往往是关联企业,关联企业进行票据贴现,贴现资金返还出票人,由其再存入银行作为保证金,再签发银行承兑汇票,随之再贴现的循环。② 在这个过程中,银行通过收保证金揽存,企业可以利用银行承兑汇票推迟现金支付时间,经营困难企业无法贷款,可通过票据融资,三者各得其所,此业务因此规模不断扩大。但随着监管超严,银行承兑汇票贴现被纳入信贷规模,重新归入银行表内。所以票据空转也消耗银行信贷额度和资本占用,银行只能设法将票据资产在表内进行挪移或者转为表外。

一是农信社模式,部分农信社沿用老的会计记账方法,票据卖断和票据回购在会计处理上不做区分。银行 A 将票据卖断给农信社 B,同一天再从农信社 B 买入返售同批票据,返售到期日买回票据托收。对农信社 B 来说,先是买断票据,同一天卖出回购,远期再卖断,会计记账时卖出回购票据出表,不占用信贷规模,可赚取买断和卖出回购之间的利差。该类票据属于买入返售的同业资产,不占用商业银行的信贷额度。这种模式于 2011 年被叫停,之后产生了代理回购模式③,2013—2014 年代理回购发展很快,2015 年开始萎缩。

二是信托模式,银行将票据按约定利率转让给特定的信托计划,对接方

---

① 2016 年上半年 6 个月以内的理财占比为 80.48%。
② 票据空转首先是无真实贸易背景循环开票,之后为了将票据在资产负债表内转移出去或者在表内不同项目之间转移,通过卖断、买入返售、买断转贴同批票据等方式,逃避信贷规模管控、赚取买卖差价;违规出表,借助跨业合作通道,通过信托、券商等"通道"模式,运用理财资金投资票据资产。
③ 代理回购模式,银行 A 将票据卖断给银行 B,银行 B 同一天将票据卖断给农信社 C,B 再于同一天代理 C 将票据卖出回购给 A,A 在远期买回票据托收。从 A 看,它一直和 B 做交易,A 的业务台账上只有 B,没有农信社,看起来农信社安全了,被隐匿掉了。

为银行理财产品或者银行自身,票据资产顺利从贴现资产科目转为应收账款类投资。2012年3月后,信托公司不得与商业银行开展各种形式的票据资产转让/受让业务。对存续的票据信托业务,到期后应立即终止,不得展期[①]。此后,银行将汇票直接转让转换为票据收益权转让。2016年监管部门要求,与理财、信托等对接的业务,要按要求登记,登记过的产品不再计入非标资产,但收益权转让不能减少风险资产计提,只能减少信贷规模占用,且不能带有显性或者隐性的回购协议,否则信贷规模也不能减少。[②]

三是券商资管模式、农信模式、信托模式被监管后,券商资管模式逐渐出现,相比而言,该模式受到监管较少。主要是借助券商资管通道进行资产出表。

主要风险点:票据空转中,银行短期收益带来的是长期风险。特别是循环开票,只要一端出现问题,牵扯进来的资金面就会很大。票据资产出表的情况,隐藏的风险可能远高于账面体现值。2016年,银行发生的票据案件的金额超过100亿元,影响银行的利润。2016年12月,央行牵头成立的票交所试运行[③],票交所全面电子化交易,便于监管,此后银行票据空转情况逐步减少,票据业务风险降低。

(三)同业空转。同业业务低资金成本、低资本消耗,激励银行将企业项目风险转化为同业业务风险,因此同业资产规模巨大。同业资产下有存放同业、拆出资金、买入返售三项;同业负债下有同业存放、拆入资金、卖出回购三项。同业资产业务规模在2013年后规模开始转向,2014年进一步下滑,2015年有所上升。同业空转模式主要有:一是同业通道,主要对接非标。部分银行利用同业通道隐匿非标资产,将资产在不同科目间转换,调节监管指标。[④] 二是同业直融直投型,银行将吸收的同业资金对接投资理财产品、资管计划,放大杠杆,赚取收益。[⑤]

主要风险点:一是增大流动性风险和市场风险。同业业务期限错配,当

---

① 参见银监会《关于信托公司票据信托业务等有关事项的通知》。
② 参见2016年4月28日银监会下发的《关于规范银行业金融机构信贷资产收益权转让业务的通知》。
③ 试点机构43家,包括35家商业银行、2家财务公司、3家券商、3家基金。
④ 127号文之前主要模式:银行A通过银行B向信托公司等中介融出资金,中介拿到资金后再贷给如房地产企业、地方融资平台等特定融资需求方。根据监管规定,通道银行B不能直接对出售给银行A的信托计划或信托受益权提供担保回购,而需由另外一家银行C提供远期回购承诺。在这个系统当中,银行A获得的信托受益权属于同业业务,在银行A的资产负债表当中体现为买入返售金融资产,不属于贷款,不影响贷款额度和存贷比,也不受国家宏观调控对贷款的限制,同时银行A不直接承担贷款风险,而由提供担保的回购银行C直接承担贷款风险。
⑤ 应收账款类项目此后大幅发展,成为对接非标资产的重要项目。从《商业银行资本管理办法(试行)》来看,"商业银行对一般企业债权的风险权重为100%",应收款项类投资对资本的节约不能与买入返售金融资产相提并论,但银行仍旧用其躲避监管。

货币政策收紧,市场上流动性不足的情况下,很容易引发系统性流动性风险。2013年6月银行间市场"钱荒"就是重要例证。① 二是引发系统性风险。同业业务加剧金融机构之间的系统关联性和业务相似度,加上不用计提"风险减值准备",一旦某家机构发生流动性风险,追溯链条可影响多个金融机构,甚至可能影响金融体系的稳定。三是加剧经济泡沫化,推高融资成本,资金无法流向实体经济。

(四)信贷空转。主要模式有,一是贷款置换,包括表内自营贷款置换他行表内贷款、表内贷款置换他行表外融资等方式,多被用于企业举新债还旧债,未被真正运用到生产运营中。企业借新债还旧债放大了金融行业规模以及收益,但是提高了风险,没有持续性。

二是贷款被挪用,多集中在多头过度授信的集团企业和个人信用贷款中,部分信贷资金被挪用于委托贷款、理财信托投资,甚至投资股票市场。近几年资本市场比实体更为繁荣,这一类型的空转模式出现频率更高,甚至有些企业收益完全靠资本利得支撑。

三是违规放贷。如违规放大杠杆超比例向小贷公司融资,并合作进行"过桥贷款",个别银行人员内外勾结,套取银行资金进行民间借贷等。②

金融机构之间合作,加强资金空转,最终的结果是迅速扩大金融业资产负债规模,实体经济融资困难继续,与此同时埋下风险隐患,影响货币政策的信贷渠道的效果。

以上各种因素叠加,导致影子银行③一度快速增长。金融危机以后影子银行发展经历三个阶段:一是资产驱动+信托通道阶段(2010—2013年):银行为规避存贷比、贷款额度、投向、拨备、不良等监管考核,主要通过表内投资类项目投资信托等,转而投入实体经济。二是资产驱动+资管产品通道阶段(2013—2015年):随着监管部门严管信托和非标,鼓励基金子公司和券商资管,银行通道业务增量资金逐步转向后两者。三是资产负债双驱动+资管产品通道阶段(2015—2016年):利率市场化加剧银行负债竞争,一些中小银行发行NCD和同业理财扩张负债,再通过委外等投向非银金融机构,影子银行转向双驱动。2016年大约100万亿元的理财/资管产品中,大部分属于影子银行,带动证券、保险和信托资产占比从9.6%提高到15.4%,一度创造了极为宽松的信用环境(见图6-16)。

---

① 当时上海银行间隔夜拆借利率(SHIBOR)大涨578.4个基点,最高达到13.44%,银行短期流动性受到极大冲击。
② 杨荣. 银行资金四大空转模式解析 [EB/OL]. 票据网, 2017-03-06.
③ 影子银行主要指银行理财、信托公司资金信托、非银资管、部分公募、私募等不同牌照的金融机构,通道相互配合开展的业务。

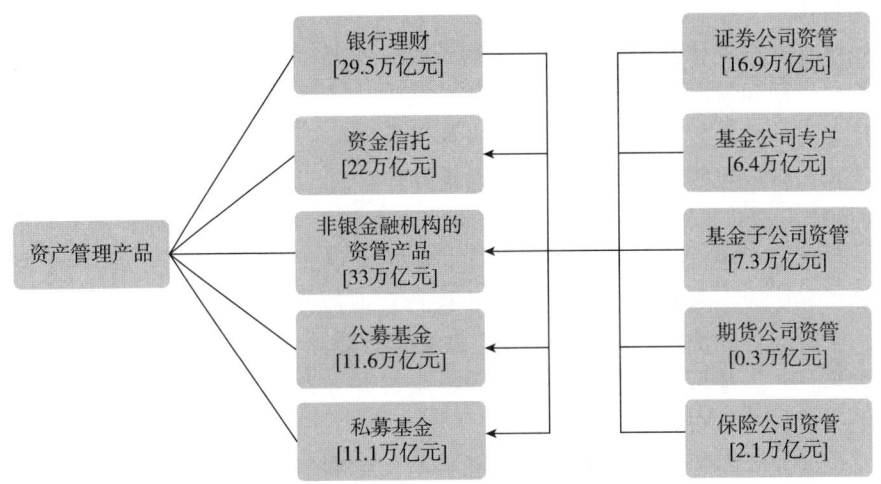

图 6-16 资产管理产品的构成情况

影子银行发展产生的直接影响包括：一是资管迅速扩大。2012—2016 年，大资管行业资产规模增速连续超过 50%，央行口径的大资管规模已突破 100 万亿元（含部分重复计算），各类机构争相规模竞争、通道为王、结构创新、野蛮生长，信用环境极为宽松。二是脱离监管视野。央行的社融主要反映实体经济资金来源，包括一些非银信贷和银行表外贷款。然而，由于影子信贷类型翻新、多层嵌套，社融以外的贷款类金融资产占比不断上升，监管难以全部及时纳入视野。三是金融风险升高。银行与非银机构通过同业业务、理财、NCD 等各种嵌套、隐性担保、久期错配和信用风险等，使银行原本简单的负债端变得极为复杂，同业杠杆率上升，一旦某个产品违约或发生亏损，单一产品或机构的流动性或信用风险迅速演变成整个金融体系的系统性风险。同时，资产端也变身为同业资产、投资、中间业务，风险权重因此降低、银行的实际资本和拨备变得日益不足。四是部分行业虚高。影子信贷很大一部分流向了地方政府融资平台、房地产和过剩产能等领域，杠杆率迅速升高。五是融资成本提高。影子银行增加了资金流转环节，间接提高了实体经济融资成本。2017 年以来，随着金融监管的加强，上述领域信贷收缩明显，融资压力较大，经济下行风险升高。

二、货币和监管环境影响信贷渠道传导效果

人民银行主要职能是宏观调控和保障金融安全，在平衡经济增长和物价稳定中，经济下滑就有货币超发、过度刺激的冲动。2018 年我国 M_2/GDP 已达世界最高的 2.02，扣除经济增长和货币化加深对货币的需求，就是物价上涨、杠杆率提升和资金空转。近两年，在实体经济投资回报率偏低的情况下，

金融机构资金空转使资金流向房地产，房价不断上涨。另外，货币超发为实体经济加杠杆提供条件，在内外环境改变、央行缩表情况下，债务链条可能断裂。货币超发大背景下，市场主体行为存在不同程度扭曲，难以准确评价信贷渠道的政策效果。

货币投放机制导致不同银行贷款能力差异大。基础货币主要投放渠道中，外汇占款、PSL、MLF 等，制度设计都明显有利于国有大行，而不利于中小银行。虽然中小银行更倾向于差异化定位和专业化、市场化服务。但由于资金多次"转批发"层层加价，导致中小银行获取流动性能力偏弱，资金价格偏高，实际服务经济短板的能力不足，效果也有限，一旦央行"缩表"，这些领域首当其冲。某种程度上，基础货币投放机制导致了货币政策信贷渠道无法在中小银行身上充分体现。

金融监管限制了金融创新和金融自由，影响信贷渠道发挥作用。加强金融监管或许能帮助减少金融风险，但监管本质上是限制金融机构自由开展业务，监管增加一项，金融自由度就降低一点。美国金融环境自由度相对较大，创新业务相对较多，比如，过去几年，摩根大通仅信用违约衍生品的头寸，就超过其贷款总额，如果加上利率衍生品、外汇衍生品等多空交易头寸，总量是贷款总额的数倍。这使得摩根大通行业地位增强，收入结构优化，为经济服务的广度、深度也较大。相比之下，中国主要商业银行不能交易信用违约衍生品，利率和外汇衍生品头寸总额一般只有贷款总额的 5% 或者更少。中国金融管制某种程度上影响了金融创新，首先是金融机构不足。美国 3 亿人口有 8000 多家银行，我国 13 亿人口只有不到 5000 家银行业金融机构，2018 年底全国仍有 3.7% 约 1400 个乡镇金融机构空白，小微企业大量贷款来自民间借贷等非正规渠道，主要因为民营银行准入门槛过高。其次是金融产品创新受限。住房按揭和企业贷款证券有利于提高银行贷款流动性；利率期货和期权等衍生证券，有利于管理银行利率风险；企业债 CDS、住房贷款包 CDS 等信用衍生品，有利于分散银行信用风险。这些金融衍生品客观上给中低收入家庭和高风险成长性企业提供次级贷款，满足其融资需求，但目前发展受限。

部分监管指标滞后影响信贷渠道效果。货币政策信贷渠道的有效性，很大程度上受银行资本水平及存款准备金率约束。资本充足并能满足存款准备金率约束的银行在贷款市场中的比例越高，货币政策的信贷渠道传导越有效。[①] 另外，信贷规模和贷存比等指标控制影响信贷渠道效果。过去，由于不满足贷款规模或贷存比指标，部分商业银行虽有足够的资金来源，却无法为

---

① 孙燕红，张红. 货币政策通过银行信贷渠道传导的有效性分析 [J]. 中国科学技术大学学报，2012（12）.

企业提供更多可贷资金，于是买卖规模、监管套利等现象不断。与此相对应，很多企业无法直接从银行获得贷款，只能通过影子银行（信托、基金、小贷公司等）获取资金，最终延长交易链条，推高企业融资成本。

银行所有制结构影响信贷渠道效果。我国经济运行中存在"三农"、小微企业、中低收入人群等很多短板，需要普惠金融支持。同时，部分行业僵尸企业需要压退，新兴科技企业需要支持，但后者往往财务状况欠佳、抵质押不足、风险偏高。只有资金价格低、回旋余地大、隐性担保多的国有银行，才能更多发挥补短板的社会功能，虽然也有非国有银行定位服务小微企业等，但其较高资金价格影响货币政策效果。

三、金融结构多元化进程影响信贷渠道效果

企业如果可以在银行贷款和发债、股票等融资方式中自由切换，货币政策通过信贷渠道传递的效果将会打折扣。现实中，我国企业融资渠道日益多元化，与此同时也存在不同的融资成本、适应企业不同等差异。

一是债券分流贷款。20世纪80年代初我国债券市场开始出现，1987年《企业债券管理暂行条例》的实施促进了债券市场加快发展。1987—2018年债券发行规模从33.8亿元增加到22.6万亿元（见图6-17），年均增长32.9%，债券融资占比从接近0提高到20%以上。更为重要的是，各类企业债券主要由基金、银行、特殊结算成员等持有（见表6-8）。一方面，中央银行货币政策的信贷渠道，可能被债券融资分流；另一方面，债券市场在多类型金融机构之间流通和抵押，货币政策更多体现在债券价格变化，以及同业之间的资金往来，货币政策难以通过信贷渠道完全传递。

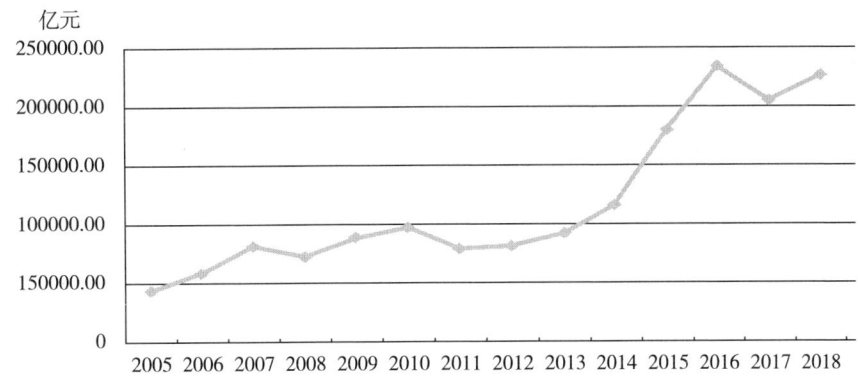

数据来源：中国债券信息网、上海清算所网站和Wind数据库。

图6-17 2005—2018年我国债券市场发行量趋势图①

---

① 中央国债登记结算有限责任公司.2016年债券市场统计分析报告［R/OL］.中国债券信息网.

表6-8　2018年末在中央登记结算公司登记托管的主要券种持有者结构

		政策性银行	商业银行	信用社	保险机构	证券公司	其他非银行金融机构	非法人产品	非金融机构	境外机构	其他	汇总
记账式国债	2018年	997.19	88617.13	821.43	3272.65	1438.35	340.60	8429.14	7.20	10972.64	21503.73	136400.07
	同比	-9.13%	8.66%	-7.08%	28.98%	160.62%	25.45%	20.16%	-50.68%	78.09%	-1.69%	11.84%
地方政府债	2018年	17734.58	153271.88	1173.22	351.86	799.01	20.35	3537.74	0.00	25.10	3785.80	180699.54
	同比	15.07%	20.16%	23.67%	575.87%	600.65%	1935.00%	371.81%	—	-73.94%	50.26%	22.55%
政府支持机构债	2018年	180.00	8434.20	180.79	2235.63	129.99	15.10	4555.95	0.21	46.80	366.34	16145.00
	同比	-7.98%	9.43%	-15.47%	-8.49%	31.43%	23.27%	14.11%	0.00%	-38.90%	573.80%	9.13%
政策性银行债	2018年	344.50	88392.28	4376.80	6077.04	1808.97	357.48	39282.60	1.30	3624.66	901.65	145167.28
	同比	-21.92%	7.21%	-13.78%	2.40%	107.89%	-8.17%	9.33%	0.00%	7.66%	96.58%	7.60%
商业银行债	2018年	468.05	14105.39	304.59	2881.51	179.53	40.10	20010.63	2.00	71.22	—	38063.02
	同比	95.10%	26.35%	73.83%	-2.86%	172.59%	28.94%	22.75%	0.00%	50.89%	—	22.81%
企业债	2018年	39.00	5194.58	240.26	886.85	1790.59	96.99	14618.20	3.67	143.59	8044.66	31058.39
	同比	2.36%	0.71%	-41.37%	-23.17%	8.88%	-20.66%	-15.12%	-53.66%	-5.64%	-17.87%	-13.01%
资产支持证券	2018年	36.64	7672.77	0.64	57.13	186.02	382.37	6333.09	—	119.33	8.67	14796.66
	同比	-28.61%	98.44%	-85.17%	5.74%	13.58%	9.24%	50.00%	—	1279.38%	—	69.67%

数据来源：中国债券信息网。

二是股票分流贷款。20世纪90年代以来,我国股票市场开始出现并持续发展,相继出现沪市、深市、中小企业股份转让系统等市场,以及主板、中小板、创业板、新三板等多层次资本市场架构。2018年底,我国上市企业3584家,当年①股票融资11378亿元,占社会融资规模的6%左右,扣除金融企业占1.9%(见表6-9)。股票市场作为我国企业重要筹资方式,特别是二级市场的股票的炒作吸引大量资金,一定程度上影响了货币政策通过信贷渠道的传导效果。

表6-9 2002—2018年各种融资方式在社会融资规模中的占比②

年份	人民币贷款	外币贷款（折合人民币）	委托贷款	信托贷款	未贴现的银行承兑汇票	企业债券	非金融企业境内股票融资
2002	91.9	3.6	0.9	—	-3.5	1.8	3.1
2003	81.1	6.7	1.8	—	5.9	1.5	1.6
2004	79.2	4.8	10.9	—	-1	1.6	2.4
2005	78.5	4.7	6.5	—	0.1	6.7	1.1
2006	73.8	3.4	6.3	1.9	3.5	5.4	3.6
2007	60.9	6.5	5.7	2.9	11.2	3.8	7.3
2008	70.3	2.8	6.1	4.5	1.5	7.9	4.8
2009	69.0	6.7	4.9	3.1	3.3	8.9	2.4
2010	56.7	3.5	6.2	2.8	16.7	7.9	4.1
2011	58.2	4.5	10.1	1.6	8	10.6	3.4
2012	52.0	5.8	8.1	8.1	6.7	14.3	1.6
2013	51.3	3.4	14.7	10.6	4.5	10.5	1.3
2014	59.6	2.2	15.3	3.2	-0.8	14.5	2.7
2015	73.1	-4.2	10.3	0.3	-6.9	19.1	4.9
2016	69.9	-3.2	12.3	4.8	-11.0	16.8	7.0
2017	71.2	0	4	11.6	2.8	2.3	4.5
2018	81.4	-2.2	-8.3	-3.6	-3.3	12.9	1.9

三是不同融资方式存在差异。银行贷款和债券都是债权融资,股票是股权融资。两相比较,前者更强调抵押物和良好的经营历史,后者更强调企业

---

① 数据来源:根据中国证监会年报和人民银行社会融资规模统计数据计算得来。其中,股票融资包括首发融资、定向增发融资、配股融资、优先股融资、再融资等。

② 数据来源:中国人民银行网站。

的发展前景;前者具有更强的顺周期属性,后者则更有利于投资者与企业共同发展。因此,一般而言,不同发展阶段企业倾向于选择不同融资方式:企业初创期,主要靠股东股本投入,以及天使基金提供的股权性质的融资。Google、facebook、twitter、腾讯、京东等知名企业,都是在天使基金支持下脱颖而出,投资者也获得了可观的回报。企业成长期,主要靠 VC 类基金(也是股权融资)和部分银行债权资金,有利于企业快速占领市场、发展壮大。企业成熟期,主要靠 PE 基金(股权资金)和银行贷款,也可以通过公开发行股票,成为公众公司。企业衰退期,并购基金可以发挥重要作用。[1] 可见,银行贷款虽然在社会融资结构中占有重要地位,但不同生命周期企业会选择不同的融资方式,从而会影响信贷渠道的货币政策效果。

四、实体经济发展不均衡影响信贷渠道效果

传统产业投资收益率下降。经济进入新常态以来,增速回落、结构调整、发展方式转变等压力较大。很多传统产业的投资收益率明显下降。1998—2011 年,工业企业总资产回报率(ROA)从 1.2% 上升到 8.6%、资本回报率(ROE)从 3.3% 上升到 20.3%,制造业投资增速因此在 2011 年达到 40% 左右的小高峰。但 2012 年以后,投资回报率持续下行,2015 年 ROA 和 ROE 分别为 7.2% 和 16.1%,2016 年进一步降到 7% 和 16% 左右,投资回报率下降导致制造业投资趋势性放缓。[2] 特别是,煤炭等能源、钢铁等冶金、水泥等建材面临严重产能过剩,过去集中的大量信贷资产被锁定,银行面临进退两难的局面。

新兴产业还处在酝酿探索阶段。互联网、云计算、大数据等现代科技不断突破,并相继融入传统产业转型升级,七大战略性新兴产业发展较快,但是总体尚未达到成熟阶段,传统重抵押、重经营成绩、重财务报表的银行贷款方式,难以满足新兴产业需求,大量科技型、创新型企业通过非银行方式满足融资需求,货币政策的信贷渠道,在新兴产业受到影响。

房地产金融化吸引了大量资金。我国金融欠发达的一个重要表现是,居民保值手段和企业抵押品不足,房地产等少数资产承担财富保值增值、空间配置资源、抵押品等过多功能。加上资本管制背景下,储蓄投资可选资产有限,资金纷纷流入房地产市场,催生房价快速上涨。日本 20 世纪 80 年代资金过度流向房地产,经济过早去工业化和人口老龄化、经济危机叠加,导致

---

[1] 杨凯生. 不同生命周期的企业提供不同的融资服务 [EB/OL]. 财经网,2015-06-20.
[2] 制造业投资增速下滑有多严重? 投资回报率下行 短期看不到反转,凤凰资讯网.

第六章 信贷渠道：现状、问题和对策

资产泡沫和经济危机。① 我国房改特别是 2003 年以来，房价总体呈现上涨态势，多数年份涨幅高于工业品价格，房地产业和实体经济的发展不均衡格局，导致信贷资源会过分流向政府隐性担保部门（如房地产）以及与其相关的影子银行领域，而更有效率的实体企业得不到融资，不仅影响信贷渠道的传导效果，还会损害经济长期增长的潜力（见图 6 - 18）。②

地方政府过度隐性负债抵消货币政策效果。过去多年我国地方政府不允许借债，城投公司等地方融资平台成了地方政府融资手段。经济下行期，银行资金难以找到低风险高收益的理想投资标的，有地方政府隐性担保的地方融资平台成为次优选择。因隐性债务既没有体现为地方政府的直接债务，又没有被纳入银行的资产负债表，风险敞口不够透明。可能导致地方政府过度融资，加大地方财政风险，甚至可能集聚风险，酿成危及金融稳定的"灰犀牛"。③ 因此，2014 年国务院发布了《关于加强地方政府性债务管理的意见》（国发〔2014〕43 号）对地方政府债务进行了规范，后来又逐步推出地方政府债务置换计划，总的方向就是堵住地方政府借债的偏门，同时给地方政府打开规范透明融资的正门。

债务链条断裂需要重新评估信贷渠道效果。2016 年下半年以来，债务违约事件不断增加，特别是辉山乳业、山东天信集团、齐星集团等债务规模较大的企业集中出现债务链条断裂，债委会纷纷进驻企业。背后是很多企业资产负债率长期居高不下，国际清算银行数据显示，2015 年底中国非金融企业部门债务率高达 170.8%，分别比发达国家和新兴经济体平均水平高 80 个和 66 个百分点，位列世界第一。④ 李扬等人计算，2015 年中国非金融企业部门债务率 156%⑤。2016 年上市公司年报显示，A 股上市的 2403 家上市公司中，有 253 家资产负债率超过 70% 的警戒线，86 家上市房地产企业负债率 74.3%，比上年提高 0.9 个百分点。国有企业债务增长更快，2016 年底国有企业负债总额 87 万亿元，此后一年月均增长 15% ~ 16%，到 2017 年底国企

---

① 1985 年以前，日本和德国的发展道路几乎是完全相同的：发达的制造业、出口导向的发展战略和银行主导的金融体系；但在 1985 年及之后，两国走上了不同的发展道路。1985 年，日本政府放松了金融管制，允许原来通过邮政储蓄系统只能流向实业发展的资金可以流向房地产领域，结果在短短的五年时间内，日本的泡沫经济发展到了巅峰，终于在 1990 年泡沫破裂，日本经济从此陷入了迄今尚未走出的长期萧条；而德国一直通过房租管制等手段对房地产部门进行严格的规制，限制了房地产市场的泡沫，实体经济持续保持强劲的增长。参见王永钦. 流动性、影子银行与全球经济失衡财经网，2017 - 04 - 10.

② 王永钦. 流动性、影子银行与全球经济失衡 [EB/OL]. 财经网，2017 - 04 - 10.

③ 曾刚. 金融如何回归本源 [N]. 金融时报，2017 - 08 - 31.

④ 国际清算银行网站.

⑤ 周潇枭. 中国企业债务率高达 156%，其中 65% 来自国企 [N]. 21 世纪经济报道，2016 - 06 - 16.

负债总额接近 100 万亿元，准负债率达到 65.7% 的高点，此后略有下降。在经济下行、需求减少、货币政策稳健中性的背景下，一旦资金链条出现问题，债务违约在所难免。因此，货币政策信贷渠道效果需要重新评估。

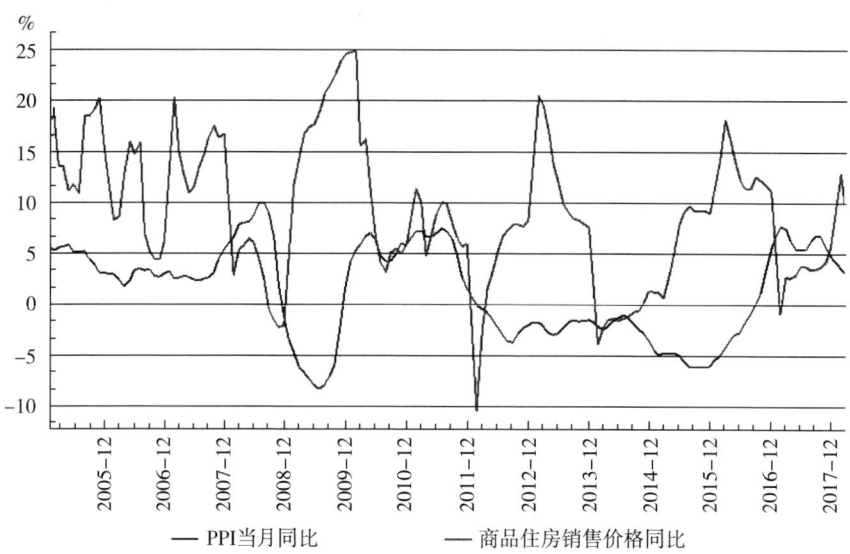

数据来源：Wind，民生银行。

图 6-18　近年来房价和工业品价格（PPI）增速变化对比

当然，在钱荒—放水—空转—资产荒—缩表—钱荒的周期变化中，某种程度上，也体现出央行和银监会职能不同、目标不完全一致有时甚至存在矛盾。人民银行主要职能是搞好宏观调控、保障金融安全，银监会则是化解银行体系风险、维护金融稳定、促进金融机构发展。前者的目标是经济稳定，后者的目标是金融机构稳中扩大。反映在操作手段上，央行要平衡经济增长和物价稳定，结果货币数量在不断调整中增加，银监会则要平衡金融创新和合规安全，结果套利和空转不断。在货币数量减少，也就是央行和商业银行缩表之际，往往伴随着债务链条收紧甚至断裂，以及商业银行更谨慎地运用信贷资源。2016 年底以来的天信、齐星、辉山等企业债务危机，是传统制造企业在经济上行期靠举债发展、在经济下行期遇到困难的缩影。

此外，金融机构在农村等地覆盖率偏低，影响了货币政策信贷渠道在农村地区的效果。根据《中国农村金融服务报告 2014》，近些年虽然金融机构在农村地区覆盖力度加大，但是与需求相比仍显不足。2014 年底，全国金融机构空白乡镇仍有 1570 个；县域村镇银行覆盖率 54.57%；实现乡镇金融机构和乡镇基础金融服务双覆盖的省份（含计划单列市）仅有 25 个。此后几年，虽有改善，但覆盖水平总体仍较偏低。相比之下，人均 GDP 是中国 1/7

的孟加拉国，是中国 1/4 的印度，农村金融均比中国发达。①

银行数量偏少也是影响信贷渠道的重要原因。据估计，中国小企业大量贷款来自地下钱庄和民间借贷。在发达国家里，每 1000 人约有 45～50 家小企业，而中国仅有 12 家。从各国实际看，多数就业来自小企业，中国因为民间金融不发达，导致人均小企业数少，进而导致就业难、创业难。

银行业金融衍生品不足影响信贷渠道作用。住房按揭贷款证券、各类企业贷款证券、利率期货、期权等利率衍生证券、企业债 CDS、住房贷款包 CDS 等信用衍生品，帮助银行化解流动性风险、利率风险和信用风险。贷款证券化衍生品、利率衍生品和信用违约衍生证券，最终是为社会特别是中低收入阶层和高风险成长性企业提供了发展和成长机会。因为高收入家庭和经营成熟、利润稳健的企业，不需要贷款或者从传统银行可以满足贷款需求。没有上述各类金融衍生品，给中低收入家庭和高风险成长性企业提供次级贷款，不仅金融供给少，而且利率溢价高。

第五节 疏通我国货币政策信贷传导渠道

随着信息技术、直接融资、互联网金融等的发展，虽然以数量控制为主要途径的信贷渠道，在我国货币政策传导机制中的重要性有所下降，但是构建新的货币政策传导框架也不能忽视这一渠道。而且，在企业债务链条断裂事件增加、金融监管全面从严的情况下，信贷渠道传导效果需要重新评估，也需要实体经济和金融领域同时改革畅通这一渠道。

一、改革货币发行和金融业监管体制

建立实施货币发行和央行杠杆率的严格论证管理机制，据此确定货币发行的总量、节奏。改革基础货币投放机制，确保各类银行平等获取央行流动性。完善多层次银行机构体系，进一步降低民营银行准入门槛，加快推进国有银行引入非国有投资者、员工持股等混合所有制改革，发展地方性中小金融机构，加快农信社改革。完善监管指标体系，清理存款准备金等监管指标，设置表外业务风险资产占比、经济资本占比等弹性指标，更好平衡金融创新和金融安全。

二、强化银行表外业务管理

表外业务是银行业务创新和规避监管的重要方法，规范表外业务管理，

---

① 陈志武. 金融的逻辑 2 [M]. 西安：西北大学出版社，2015.

平衡银行收益和银行监管、金融创新和金融安全，需要监管和银行两个层面同时发力。

一是建议监管部门细化《商业银行表外业务风险管理指引》，做好表外业务风险评估，明确资本要求、拨备计提等政策，重视表外业务风险交叉传染，高度关注表外业务理财以及银证、银基、银保等交叉业务领域风险，构筑有效识别与防控系统性风险的监管机制。

二是建议分类监管表外业务。对风险较低的，适度简化监管手续或改审批制为备案制；对高杠杆、风险高的，制定合理的转换系数与较高的风险权重，严格审查商业银行拟开办高风险表外业务的风险防范措施、成本和收益预测、人员配备、内控机制等。改革金融监管体制，实现银行、证券、保险、基金、信托等监管无缝对接，防范系统性金融风险。

三是商业银行要完善表外业务管理。商业银行董事会应将表外业务纳入战略管理范畴，制定表外业务发展规划，确定表外业务风险资产比重及经济资本占用额度，完善风险管理政策和重大表外业务风险事项的审批流程。管理层应制定客户准入、授信审批、风险缓释、风险评估等制度和流程，具有信用风险的或有资产业务，应纳入统一授信管理。成立专门委员会，监督检查表外业务内部制度执行情况。

四是实施差别化的风险管理政策。商业银行应将表外业务纳入统一的风险偏好，建立与表内业务风险准入标准、风险收益平衡取向、经济资本回报要求等一致的风险政策。同时，将统一风险偏好细化为具体风险政策，融入不同表外业务管理的各环节。按照巴塞尔协议Ⅲ和监管要求的风险调节系数与风险权重，将表外业务转换成表内业务风险资产。建立表外业务分品种风险计量模型，设定适当的风险限额、敞口限额、止损限额；按杠杆率监管要求，控制表外业务扩展规模。定期审计表外业务，及时收集信息、分析相关因素及趋势、制定风险处置预案，按巴塞尔协议Ⅲ的要求和监管规定，及时披露表外业务发展及风险状况。

五是完善风险管理系统和评估技术。商业银行应建立表外业务客户或交易对手、交易数据以及外部有关信息等数据库，构建表外业务风险识别体系。在对客户和业务风险监测、市场分析基础上决策，合理控制表外业务资本消耗、止损限额、风险敞口等。商业银行要逐步开发应用内部评级法、风险价值法和风险调整的资本收益率法等风险管理和评估技术。科学计量表外业务信用风险、市场风险、操作风险、流动性风险，综合评判法律风险、声誉风险，确定表外业务的风险敞口、拨备计提以及经济资本占用。[1]

---

[1] 樊志刚. 引导表外业务规范发展 [J]. 中国金融，2017（7）.

三、建立通过价格引导贷款投向的新机制

如果说资金是水,股票、债券、贷款等不同融资方式就是连通器的不同容器,资金价格应该大体相当,才有助于各类融资方式均衡发展。

一是使贷款利率更好反映资金需求和风险状况。利率市场化后,高效率、高信用、低风险的企业将成为商业银行争夺焦点,大量初创期、有前景的企业无法获得贷款。政府和央行要完善社会信用体系,商业银行要构建和执行更加精准的风险定价机制,特别是要引入市场化定价机制,从额度和价格上区别对待债务率高低不同的企业。

二是发展企业债券市场,理顺股权和债权融资成本关系。债券市场直接连接资金需求方和资金供给方,发行和监管等的成本都较低。建议加快理顺股权融资和债权融资的成本,促进更多企业通过发债来满足资金需求。

三是积极稳妥地推进金融创新。积极扩大市场化、法治化债转股试点,扩大企业股权融资比重,减轻银行资产质量压力。探索发展投贷联动业务,为中小型科创企业提供股权融资服务,适度降低银行债务风险。积极推进资产证券化,盘活存量资产,提高资产效率,丰富银行不良资产处置手段。规范合理发展银行理财,利用这些金融创新的积极因素,打通各类金融市场之间的价格,形成企业在金融市场融资的整体效应。

四、完善贷款定价基础

一是借鉴美国建立"中央数据银行"[①]、英国"我的数据"计划等经验,运用大数据技术,集中、链接行政部门、金融机构、网络交易等方面的企业和居民的经济行为数据,整合现有分散的信用信息机构数据,构建完善的社会信用和信息链接体系(见图6-19)。为实施精准的市场化风险定价机制、差异化服务企业奠定基础。二是规范管理并扩大企业债券发行规模,丰富企业融资渠道,为金融市场之间的联动提供媒介,也提供更多投资选项,防止社会资金过度集中。三是积极稳妥推进金融创新。利用资产证券化、银行理财等创新,打通各类金融市场价格,形成企业在金融市场融资的整体效应。

五、改革实体经济关键领域

一是打破行政性垄断和国有企业的政府隐性担保,成立国有资本运营公司或者国民权益基金,注入全部国有企业股权,并按一定规则分配给全体公民,实现国有股权可交易且落实到人。完善国有企业公司治理,强化国企财务约束

---

① 涂子沛. 大数据 [M]. 桂林:广西师范大学出版社,2015:159-164.

和破产清算机制。二是推进产权改革,丰富抵质押资产。落实《农村承包土地的经营权抵押贷款试点暂行办法》和《农民住房财产权抵押贷款试点暂行办法》,完善农村土地确权登记、抵押物价值评估、农村产权交易平台、抵押物处置、风险补偿和缓释等配套制度,加快农地"两权"抵押,盘活土地资本。三是构建房地产市场健康发展的长效机制。实施住房普查,将房产分为保障性住房、一般商品住房、投资型商品住房、办公楼、商业用房等,分类实施供地、规划、拆迁、开发、建设、流转、价格、贷款、税费等政策。既保障居民基本居住需求,也丰富投资渠道,防止房地产业吸收过多的投资,集聚金融风险。

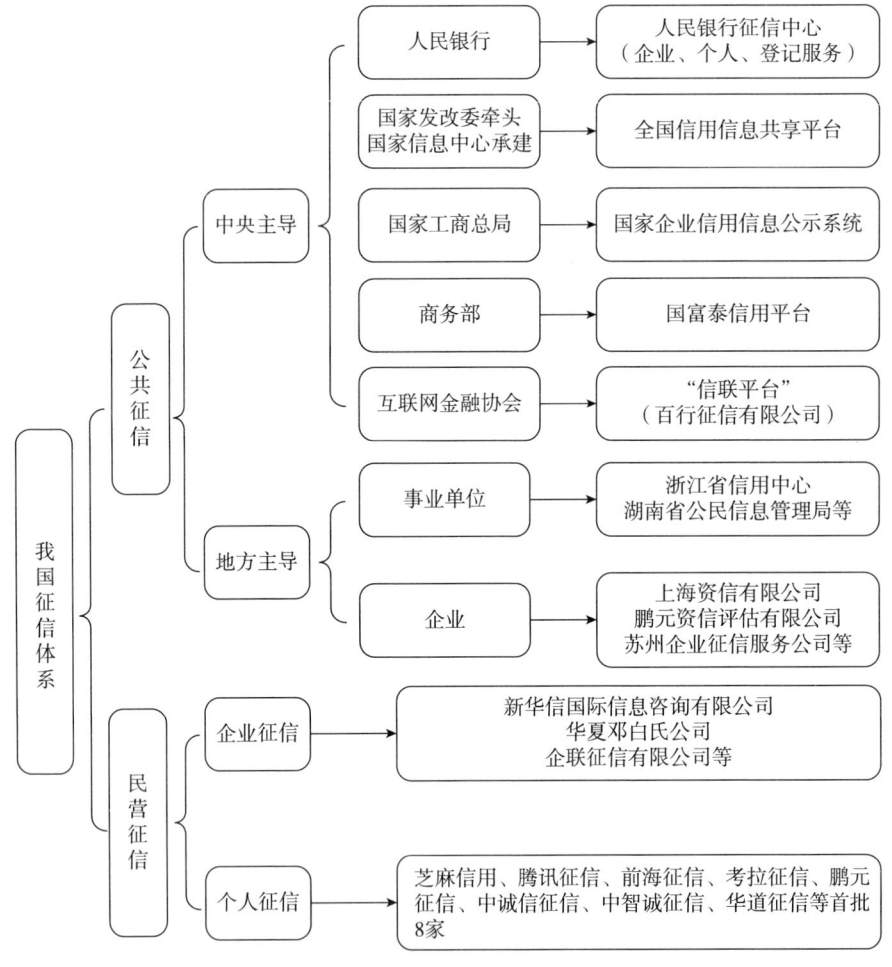

图 6-19　目前我国各类信用信息分布情况

第七章 货币政策创新及其效果

货币政策创新主要是工具创新。创新的原则是将过去央行调控终端利率前置到央行投放基础货币的初始阶段，通过影响上游的短期利率，经过各个货币政策渠道，引导中长期利率走势，并向中下游传导，直至影响经济运行。货币政策创新后，央行仍然控制货币数量，但整个货币政策传导主要靠价格机制，因此也称为货币政策数量型向价格型转变。因为近年来的货币政策创新背景特殊、意义重大，本章单独对其进行分析研究。

第一节 货币政策工具创新的情况

国际金融危机以后，世界和中国经济都进入了新常态，增长速度总体放缓，结构性改革成为普遍选择，金融领域的市场波动、政策创新和改革举措不断，新的矛盾和问题不断出现。为稳定经济增长，摆脱危机影响，美欧日等发达经济体进行了很多货币政策工具创新，比如量化宽松政策（Quantitative Easing，QE）[1]、长期再融资计划（Operation Twist，OT）[2]、美联储的扭转操作（TWIST）、欧央行的定向长期再融资（TLTRO）、日本央行刺激银行信贷工具（SBLF）和英国央行融资换贷款计划（FLS）等，这些货币政策工具都带有宏观审慎政策的逆周期特征，通过引入激励相容机制引导银行在经济下行期提供信贷支持，特别是引导信贷资金进入实体经济，这些做法值得借鉴。[3]

---

[1] 指货币当局在零利率情况下，为刺激贷款和投资增加，购买国债等中长期债券，增加基础货币供给，向市场注入大量流动性资金，目的是锁定长期的低利率。

[2] QE 的实质是央行通过购买国债向市场投放流动性，初期取得了积极的效果，但是对美联储资产负债表的资产规模与资产结构都造成了巨大冲击，QE 乏力之际，美联储推出了国债扭曲操作的货币政策。即卖出短期国债，买入长期国债，延长所持国债资产的整体期限，压低长期国债收益率。2011年9月21日美联储麾下联邦公开市场委员会（FOMC）宣布，2012年6月底之前购买4000亿美元的6~30年期国债，而同期出售规模相同的3年期或更短期国债。2012年6月21日，美联储决定将已经到期的 OT 延期至年底，额度再增加约2670亿美元，主要诱因应该是就业状况欠佳。2012年12月，美联储宣布"扭曲操作"终止，并将用第三轮更加积极的量化宽松政策（QE3）代替，用于购买长期国债和抵押贷款证券（MBS）。

[3] 孙国峰. 货币政策工具的创新 [J]. 中国金融，2017（4）.

就中国而言，实体经济方面，内外环境也发生较大变化，经济新常态，稳增长、调结构、转方式、防风险的压力上升，传统的财政、金融政策不足以促进经济平稳增长和转型升级。货币方面，外汇占款导致货币被动超发的模式发生逆转，资本快速外流，主动投放基础货币的大局形成，但相应机制尚未建立。改革方面，利率、汇率市场化改革，金融结构优化、金融脱媒、互联网金融发展等挑战传统政策，资本项目逐步开放，货币需求变得不稳定和难以预测，继续盯住 M_2，以存款准备金率和存贷款基准利率为中介目标的数量型货币政策，已无法较好发挥调控宏观经济的作用，且会导致过度利率波动。后利率市场化时代需要建立健全政府调控利率的新机制，央行需要更加倚重市场化的货币政策工具和传导机制：通过央行利率政策指导体系引导和调控市场利率①；各类金融市场以市场基准利率和收益率曲线为基准进行利率定价②；进一步理顺"央行政策利率—各类市场基准利率""货币市场—债券市场—信贷市场—其他市场利率—实体经济"的利率传导机制。③ 在这一系列因素作用下，中国央行开始探索更趋审慎的、操作连续的、价格型货币政策创新。

表 7-1 中外货币政策工具创新情况一览

	QE	LTRO	PSL	MLF	SLF	SLO
中文	量化宽松	长期再融资操作	抵押补充贷款	中期借贷便利	常备借贷便利	短期流动性调节工具
英文	Quantitative Easing	Long Term Refinancing	Pledged Supplementary Lending	Medium-term Lending Faclity	Standing Lending Faclity	Short-term Liquidity Operations

---

① 短期利率，人民银行主要运用短期回购利率和常备借贷便利（SLF）利率，培育和引导短期市场利率的形成。主要发挥再贷款、中期借贷便利（MLF）、抵押补充贷款（PSL）等工具对中长期流动性的调节作用以及中期政策利率的功能，引导和稳定中长期市场利率。

② 货币市场、债券市场等市场利率主要以上海银行间同业拆借利率（SHIBOR）、短期回购利率、国债收益率等来确定，并形成市场收益率曲线。信贷市场可以参考的定价基准包括贷款基础利率（LPR）、SHIBOR、国债收益率曲线等，在过渡期内央行公布的贷款基准利率也仍可发挥一定的基准作用。

③ 参见《央行有关负责人就降息降准以及放开存款利率上限答记者问》，中国人民银行网站，2015 年 10 月 23 日。

第七章 货币政策创新及其效果

续表

	QE	LTRO	PSL	MLF	SLF	SLO
操作方式	美联储通过纽约联储的交易机构,从银行、券商、保险公司等金融机构手上,购买抵押贷款支持证券和国债等中长期债券,增加基础货币供给	银行向央行提供合格抵押物,如贷款、国债等,以此换取欧央行的廉价贷款	央行以抵押方式向商业银行发放贷款,合格抵押品可能包括高信用评级的债券类资产,以及优质信贷资产等	允许使用商业银行债,政策性银行以国债、央行票据、政策金融债、高等级信用债等优质债券和优质信贷资产,作为合格抵押品,获得央行贷款	以抵押方式发放,合格抵押品包括高信用评级的债券类资产及优质信贷资产等	与央行回购和逆回购配合,作为公开市场操作的一项补充性工具创新,本质上是超短期的逆回购
期限	根据需求确定	3年、4年	3~5年	3个月	1~3个月	7天以内逆回购
资金投放渠道	直接通过金融机构等市场参与者	商业银行	政策性银行,主要是国开行和进出口银行	政策性银行,全国性商业银行	政策性银行,全国性商业银行	部分商业银行、证券公司等一级交易商
资金去向	股市、债市、大宗商品等领域	国债、贷款等较为广泛的领域	政策性项目			
工具性质	数量引导型	可引导利率、属于价格引导型	数量、价格引导复合型	数量、价格引导复合型	数量、价格引导复合型	数量、价格引导复合型
资金规模	2008—2012年美国开展三年累计3.5万亿美元	1.1万亿欧元	2014年创设之初,一年规模为1万亿元人民币,后有所减少,2018年底余额为33795亿元	截至2018年底,MLF余额49315亿元,当年全年共开展49510亿元MLF操作,均为1年期	截至2018年底,SLF余额928亿元,2018年全年共开展SLF操作4385亿元	2016年前11个月,共计125次公开市场操作中,SLO两次,共计投放流动性2050亿元

一、SLO

2013年1月，立足现有货币政策操作框架并借鉴国际经验，中国人民银行创设了"短期流动性调节工具（Short-term Liquidity Operations，SLO）"，作为公开市场常规操作的必要补充，在银行体系流动性出现临时波动时相机使用。该工具既有利于央行调节市场短期资金供给，熨平突发性、临时性因素导致的市场资金供求大幅波动，促进金融市场平稳运行，也有助于稳定市场预期和有效防范金融风险。[①]

回购是公开市场操作的主要方式。过去是每周二、周四，央行进行以回购为主的公开市场操作，2016年将每周二、周四操作改为每个工作日均开展操作。[②] 回购操作又分成两种，正回购和逆回购。正回购即中国人民银行向一级交易商卖出有价证券，并约定在未来特定日期买回有价证券的交易行为。正回购为央行从市场收回流动性的操作，正回购到期则为央行向市场投放流动性的操作。而逆回购即中国人民银行向一级交易商购买有价证券，并约定在未来特定日期将有价证券卖给一级交易商的交易行为，逆回购为央行向市场上投放流动性的操作，逆回购到期则为央行从市场收回流动性的操作。简而言之，逆回购是央行主动借钱给银行；正回购则是央行把钱从银行抽走。

SLO是超短期的逆回购。SLO以7天期以内短期逆回购为主，遇节假日可适当延长操作期限，采用市场化利率招标方式开展操作。人民银行根据货币调控需要，综合考虑银行体系流动性供求状况、货币市场利率水平等多种因素，灵活决定该工具的操作时机、操作规模及期限品种等。原则上，该工具在公开市场常规操作的间歇期使用。

与SLO类似的还有临时流动性便利（Temporary Liquidity Facility，TLF），不同的是TLF主要针对现金投放占比较高的5大行提供临时流动性支持，一般在春节前用于缓解短期流动性需求，操作期限28天，利率与同期限的公开市场操作相同，不需要抵押券，对银行的流动性覆盖率（Liquidity Coverage Ratio，LCR）考核没有压力。

二、SLF

借鉴国际经验，中国人民银行于2013年初创设了常备借贷便利（Standing Lending Facility，SLF）。它是人民银行正常的定向宽松流动性调节工具和供给渠道，主要功能是满足金融机构期限略长（一般为1~3个月）的大额流动性需求。对象主要为政策性银行和全国性商业银行。利率水平根据货币政

[①] 参见《央行开展SLO操作 投放1400亿元资金》，财新网，2015年8月26日。
[②] 张晓慧. 货币政策回顾与展望[J]. 中国金融，2017 (3).

策调控、引导市场利率的需要等综合确定。SLF 以抵押方式发放，合格抵押品包括高信用评级的债券类资产及优质信贷资产等。2013 年底以来，央行通过 SLF 已经构建了短期利率的利率走廊上限。

SLF 主要特点：一是由金融机构主动发起，金融机构可根据自身流动性需求申请 SLF；二是 SLF 是中央银行与金融机构"一对一"交易，针对性强；三是 SLF 的交易对手覆盖面广，通常覆盖存款类金融机构。

三、MLF

与 SLF 类似，中期借贷便利（MLF）也是央行让商业银行提交一部分金融资产作为抵押（一般是质押利率债和信用债），给其发放贷款。最大的区别是 MLF 借款的期限要比短期的稍微长一些，主要是 3 个月，而且临近到期时可能会重新约定一个利率继续执行，即获得 MLF 的商业银行可从央行获得一笔 3 个月期限的借款，利率由央行规定。获得这个借款后，商业银行即用以发放贷款。3 个月到期后，商业银行还可以根据新的利率获得同样额度的贷款。

MLF 的目的是，刺激商业银行向特定行业和产业放贷。通常情况下，商业银行是借短放长。为了维持一笔期限比较长的贷款，商业银行需要频繁借用短期的资金，这样做存在一定的短期利率风险和成本。MLF 期限相对较长，能够克服商业银行借短放长的不足，增加长期贷款发放动力。央行 MLF 的操作目标是，鼓励商业银行继续发放贷款，特别是要贷给"三农"企业、小微企业等特定领域。SLF 向 MLF 转变，标志着央行货币政策正从数量型为主向价格型为主转变。2019 年贷款报价利率（LPR）机制改革后，MLF 进一步发挥了政策利率基准的作用。

四、PSL

2012 年下半年以来，我国外汇占款增速放缓且波动加剧，基础货币投放格局受到影响，央行流动性管理逐渐从被动对冲外汇流入转向主动管理，再贷款正成为基础货币补充的重要工具。同时，经济下行，利率市场化推动利率高企，资金流向少数行业，实体经济融资成本走高。货币政策调控框架从数量型向价格型转变显得日益迫切。中国人民银行因此创设抵押补充贷款（Pledged Supplementary Lending，PSL）。

人民银行公布的金融机构信贷收支表中的"同业往来（来源方）"项目大致表明，PSL 或以同业存款的形式发放，并且分批提取使用。如果说再贷款是央行给商业银行的无抵押信用贷款，PSL 则是政策性银行要提供抵押的再贷款。作为一种新的储备政策工具，PSL 有两层含义，量的层面，是基础货币投放的新渠道；价的层面，通过政策性银行抵押资产从央行获得融资的利率，引导中长期政策利率，以实现央行在短期利率控制之外，对中长期利率水平的引导和掌控，"弹性利率走廊+中长期政策利率"正成为新时期货币政策框架。①

前者的实现，主要背景是，外汇占款总体呈下滑态势，在国内基础货币存量较多、存款准备金率不宜大幅下调的情况下，央行通过 PSL 从央行获得再贷款，主动调控市场基础货币供应量。后者的实现，主要通过投放"三农"等抵押担保少、经营周期长、获利能力低的领域，引导市场利率特别是中长期利率，降低融资成本。

PSL 某种程度上与美国定期贷款拍卖（TAF）和英国的融资换贷款计划（FLS）具有类似特征。美国的 TAF 通过贷款拍卖直接向同业市场注入流动性，而引导市场利率作用有限；英国的 FLS 确实有效增加了信贷投放，但小微企业和非金融私人企业的贷款利率仍难以下降。因此，我国的 PSL 能否在降低企业融资成本特别是特定行业的融资成本方面，效果仍待观察。有研究测算，PSL 带来的融资成本下降，如果传导至金融机构平均贷款利率下降 50% ~ 80%，则企业利息成本节约 9.4% ~ 17.7%。② 抛开政策效果的细节，有研究认为货币政策应关注最核心的目标，即通胀、就业、金融稳定等，不应将结构调整作为长期目标。③

五、信贷资产质押再贷款

信贷资产质押再贷款是指商业银行可以用现有的信贷资产，也就是已经放出去的贷款，到央行去质押，获得新的资金。此举将央行抵押品从主权债、国债、政策金融债、高等级信用债和央票，扩展到信贷资产。在 2014 年山东、广东试点基础上，2015 年 10 月央行在上海、天津、辽宁、江苏、湖北、四川、陕西、北京、重庆等 9 省（市）推广信贷资产质押再贷款试点。试点地区人民银行分支机构，对辖内地方法人金融机构的部分贷款企业进行内部评级，将评级结果符合标准的信贷资产纳入人民银行发放再贷款可接受的合格抵押品范围。试点是完善央行抵押品管理框架的重要举措，有利于提高货币政策操作的有效性和灵活性，弥补外汇占款减少带来的基础货币渠道不足影响，解决地方法人金融机构合格抵押品相对不足问题，缓释了再贷款的信用风险，盘活了存量资产，通过设定不同信贷资产折扣率，引导金融机构扩大"三农"、小微企业信贷投放，降低社会融资成本，支持实体经济。信贷资

---

① 参见《抵押补充贷款 PSL 概念和含义》，中国金融网，2014 年 6 月 19 日。
② 财经观察. 解密央行新工具 PSL [EB/OL]. 腾讯财经，2014 - 07 - 25.
③ 徐以升. 央行将设基础货币投放工具 PSL 维持准备金率高位 [N]. 第一财经日报，2014 - 06 - 18.

产质押再贷款本质上与抵押补充贷款（PSL）相同，不同的是前者要求合格信贷资产，后者要求优质信贷资产和高信用评级的债券类资产。

六、宏观审慎政策

（一）宏观审慎政策框架的背景和内涵

传统央行政策框架以货币政策为核心，主要关注的是经济周期和货币政策。货币政策的主要目标是通过逆周期调节来平抑经济周期波动，维护物价稳定，这对应对高通胀起到了良好作用。但以 CPI 为锚的货币政策框架也存在缺陷，即使 CPI 较为稳定，资产价格和金融市场的波动也可能很大。金融危机后，各国开始深入反思：一是货币稳定不等于金融稳定。二是 CPI 单一目标可能导致政策异化。三是过去的微观审慎货币政策可能导致合成谬误，难以防范顺周期波动和跨市场风险传播。不同市场和经济主体之间差异很大，在部分市场较冷的同时有的市场却已经偏热，作为总量调节工具的货币政策难以完全兼顾不同市场和主体。四是房地产等资产市场天然容易加杠杆，具有"买涨不买跌"的特征，在信用货币扩张政策中，容易出现顺周期波动和超调，超宽松的货币政策环境下，利率等传统货币政策工具往往面临稳定实体经济和刺破资产价格泡沫的"两难"，需要宏观审慎政策对杠杆水平进行逆周期调节。

经过理论反思和政策实践，对上述问题的应对思路主要包括：一是完善 CPI 目标，比如增加房地产等资产价格，关注整体价格稳定。二是更多关注金融周期，利用信贷行为和资产价格等金融周期信息估算潜在产出和经济状况，而不是只利用通货膨胀趋势估算。三是维护金融稳定的职责重回央行，完善宏观审慎政策框架，弥补防范系统性金融风险的制度和政策空白。

回顾国内外历次金融风险事件，系统性金融风险原因主要有两个：一是金融体系的顺周期波动，主要表现就是金融杠杆的过度扩张或收缩。二是风险跨市场的扩散和传染。宏观审慎政策的主要目的是，从宏观的、逆周期的、跨市场的角度入手，防范金融体系顺周期波动和跨市场风险传播导致的系统性金融风险。宏观审慎政策包括政策目标、治理架构、评估、工具、实施与传导等的组合，与货币政策并列。监管只是宏观审慎政策执行中的一个具体环节。[①]

[①] 宏观审慎政策与监管的异同：相同点在于都对银行资本充足率、拨备、杠杆率等指标提出要求。不同之处在于，监管的任务是监管单个金融机构经营是否稳健、行为是否规范、透明，宏观审慎管理以防范系统性风险为主要目标，着力平滑金融体系的顺周期波动，常通过逆风向调节防控总量风险，本质上属于宏观经济管理和维护金融稳定的范畴。宏观审慎政策与货币政策的异同：两者都可以进行逆周期调节，都具有宏观管理属性。不同点在于，前者直接和集中作用于金融体系，侧重维护金融稳定，后者则针对整个经济和总量问题，侧重维护经济和物价稳定。

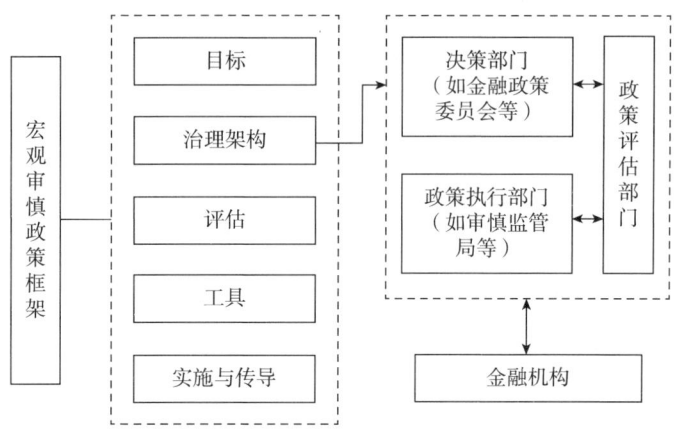

图 7-1 宏观审慎政策框架

健全宏观审慎政策框架并与货币政策相配合，能更好地将币值稳定和金融稳定结合起来。货币政策与宏观审慎政策都可以进行逆周期调节，都具有宏观管理的属性。货币政策主要针对整体经济和总量问题，侧重于物价水平的稳定，以及经济和就业增长；而宏观审慎政策则直接和集中作用于金融体系本身，能够"对症下药"，侧重于维护金融稳定和防范系统性金融风险，两者恰好可以相互补充和强化。① 因此，党的十九大提出，健全货币政策和宏观审慎政策双支柱调控框架，深化利率和汇率市场化改革。

(二) 我国宏观审慎政策实践

定向降准，是差别存款准备金率制度的一种，是为满足特定行业融资需求，加快结构调整步伐，鼓励部分金融机构加大投入，而采取的差异化的存款准备金率下调政策。这一制度在国际上有成熟的经验，2004 年 3 月 24 日，中国人民银行就宣布将实行差别准备金率，当时主要是针对资本充足率不足的金融机构提高存款准备金率，是一种以稳定为目的的金融监管手段。当年 4 月 25 日起上调部分资本充足率偏低的金融机构存款准备金率 0.5 个百分点，从 7% 调高至 7.5%，其他金融机构仍执行 7% 的存款准备金率。

2010 年以来，央行多次定向降准，目的在于坚持"总量稳定、结构优化"，即在稳定融资总量的同时，加强信贷政策引导，优化融资结构，支持"三农"、小微企业、战略性新兴产业、棚户区改造、保障性住房建设等重点领域、行业和薄弱环节。2014 年 5 月 30 日国务院常务会议指出，要保持货币信贷和社会融资规模合理增长，并加大"定向降准"措施力度，对符合结构

---

① 参见《央行货币政策执行报告详解"双支柱"调控框架》，中国经济网，2017 年 11 月 19 日。

第七章 货币政策创新及其效果

调整、满足市场需求的实体经济贷款达到一定比例的银行适当降低准备金率,同时扩大支持小微企业的再贷款和专项金融债规模。在落实好已有政策的同时,深化金融改革,用调结构的办法,适时适度预调微调,疏通金融服务实体经济的"血脉"。要降低社会融资成本,规范同业、信托、理财、委托贷款等业务,清理不必要的资金"通道""过桥"环节,缩短融资链条。还要优化融资结构,坚持有扶有控,加大对国家重点建设、企业改造、服务业等的支持。①

截至2015年底,央行共实施七次定向降准。一是2014年4月25日起,下调县域农村商业银行人民币存款准备金率2个百分点,下调县域农村合作银行人民币存款准备金率0.5个百分点。二是2014年6月16日起,对符合审慎经营要求且"三农"和小微企业贷款达到一定比例的商业银行(不含2014年4月25日已下调过准备金率的机构)下调人民币存款准备金率0.5个百分点。② 三是2015年2月5日起,下调金融机构人民币存款准备金率0.5个百分点。同时,对小微企业贷款占比达到定向降准标准的城市商业银行、非县域农村商业银行额外降低人民币存款准备金率0.5个百分点,对中国农业发展银行额外降低人民币存款准备金率4个百分点,以加大对小微企业、"三农"以及重大水利工程建设的支持力度。四是2015年4月20日起,下调各类存款类金融机构人民币存款准备金率1个百分点。同时对农信社、村镇银行等农村金融机构额外降低人民币存款准备金率1个百分点,并统一下调农村合作银行存款准备金率至农信社水平;对中国农业发展银行额外降低人民币存款准备金率2个百分点;对符合审慎经营要求且"三农"或小微企业贷款达到一定比例的国有银行和股份制商业银行可执行较同类机构法定水平低0.5个百分点的存款准备金率。五是2015年6月28日起,对"三农"贷款占比达到定向降准标准的城市商业银行、非县域农村商业银行降低存款准备金率0.5个百分点。对"三农"或小微企业贷款达到定向降准标准的国有大型商业银行、股份制商业银行、外资银行降低存款准备金率0.5个百分点。降低财务公司存款准备金率3个百分点,进一步鼓励其发挥好提高企业资金运用效率的作用。六是2015年9月6日起,下调金融机构人民币存款准备金率0.5个百分点,同时,额外降低县域农村商业银行、农村合作银行、农村信用社和村镇银行等农村金融机构准备金率0.5个百分点。额外下调金融租赁公

---

① 国务院. 保持货币信贷和社会融资规模合理增长 [EB/OL]. 中国政府网, 2014-05-30.
② "三农"和小微企业贷款达到一定比例是指:上年新增涉农贷款占全部新增贷款比例超过50%,且上年末涉农贷款余额占全部贷款余额比例超过30%;或者,上年新增小微贷款占全部新增贷款比例超过50%,且上年末小微贷款余额占全部贷款余额比例超过30%。按此标准,此次定向降准覆盖大约2/3的城商行、80%的非县域农商行和90%的非县域农合行。

司和汽车金融公司准备金率 3 个百分点，鼓励其发挥好扩大消费的作用。七是 2015 年 10 月 24 日起，下调金融机构人民币存款准备金率 0.5 个百分点，对符合标准的金融机构额外降低存款准备金率 0.5 个百分点。此外，下调财务公司、金融租赁公司和汽车金融公司人民币存款准备金率 0.5 个百分点。①

定向降准取得了定向支持部分领域的积极效果。与此同时，在金融风险进入"集中爆发期"的背景下，相关金融机构是否完全健康也日益提上日程。为强化宏观审慎监管，在货币存量总体偏多的情况下更好支持部分领域和部分机构的金融活动，央行决定 2016 年起将差别准备金动态调整和合意贷款管理机制升级为"宏观审慎评估体系"（Macro Prudential Assessment，MPA）。

MPA 体系保持了宏观审慎政策框架的连续性、稳定性，同时做如下改进：一是 MPA 包括资本和杠杆、资产负债、流动性等七大方面，资本充足率等 17 个指标，通过对各家银行打分、分档和奖罚，实现综合评估、监管，加强逆周期调节和系统性风险防范。新的框架兼顾量和价、间接融资和直接融资。二是资本充足率是 MPA 的核心，资本水平是金融机构增强损失吸收能力的重要途径，资产扩张必须受资本约束，因此 MPA 是对合意贷款管理模式的继承。三是从关注狭义贷款转向广义信贷，将债券投资、股权及其他投资、买入返售资产等纳入其中，有利于引导金融机构减少腾挪资产、规避信贷调控。2017 年第一季度 MPA 评估时将表外理财纳入广义信贷指标范围。四是通过考核利率定价，促进金融机构提高自主定价能力和风险管理水平，约束非理性定价行为，避免恶性竞争，有利于营造良好市场环境和降低融资成本。五是 MPA 根据季度数据进行事后评估，按月进行事中事后监测和引导，操作上更多地发挥了金融机构自身和自律机制的自我约束作用。六是加强同业负债管理。2017 年 8 月限制同业存单发行期限。② 2018 年一季度开始，将资产规模 5000 亿元以上的银行发行的 1 年期以内同业存单纳入 MPA 同业负债指标考核中，要求同业负债占比不能超过 1/3。③

---

① 中国人民银行网站。
② 2017 年 8 月 31 日，央行 12 号公告提出：为引导同业存单市场规范有序发展，"同业存单期限不超过 1 年，为 1 个月、3 个月、6 个月、9 个月和 1 年，可按固定利率或浮动利率计息，并参考同期限上海银行间同业拆借利率定价""自 2017 年 9 月 1 日起，金融机构不得新发行期限超过 1 年（不含）的同业存单，此前已发行的 1 年期（不含）以上同业存单可继续存续至到期。"
③ 截至 2017 年 8 月底，共有 36 家商业银行同业负债占比超过 1/3，此政策对银行业影响不大。参见天风证券.同业存单纳入 MPA 同业负债占比考核影响有限［N］.上海证券报，2017 - 08 - 26.

表 7-2　　宏观审慎政策（MPA）指标和权重①

主指标	子指标	子指标分值	得分下限标准
资本和杠杆情况（一票否决）	资本充足率	80 分	≥C*（宏观审慎资本充足率）-4%
	杠杆率	20 分	≥4%
	总损失吸收能力（暂不纳入）		
资产负债情况	广义信贷增速	60 分	<目标 M_2 增速 +20%
	委托贷款增速	15 分	<目标 M_2 增速 +20%
	同业负债占比	25 分	<33%
流动性	流动性覆盖率	40 分	复合期间监管指标（2017 年末不低于 90%）
	净稳定资金比例	40 分	≥100%
	遵守准备金制度情况	20 分	
定价行为（一票否决）	利率定价	100 分	
资产质量	不良贷款率	50 分	不高于同类型机构不良贷款率 2 个百分点且不高于 5%（含）
	拨备覆盖率	50 分	贷款减值准备/逾期 90 天以上贷款余额≥100%
跨境融资风险（一票否决）	跨境融资风险加权余额	25 分	跨境融资风险加权余额不超过上限
	跨境人民币风险	25 分	
	外汇自律行为评估	25 分	
	外汇管理情况考核	25 分	
信贷政策执行	信贷执行情况	70 分	
	央行资金运用情况	30 分	

应该说，连续定向降准和 MPA 的实施，对支持特定领域的融资和更好规范金融机构行为，保持金融创新和金融安全处在合理均衡水平，发挥了非常重要的作用。

---

① 根据内部研究报告整理得来。

第二节　货币政策创新的效果

一、货币政策创新的主线

纵观上述各项货币政策创新，基本围绕以下主线开展：

一是新工具基本都是再贷款功能的扩充，提供新时期的基础货币投放渠道。货币政策工具创新基本都仅涉及央行和金融机构之间的市场，影响的主要是货币市场和债券市场，不直接涉及信贷市场。操作工具也基本都是通过央行主动、小幅调整商业银行流动性，力争通过"流动性管理+公开市场操作+利率走廊上下限"，实现短期货币市场利率的连续小幅变动，进而向信贷市场和中长期利率传导。比如，抵押补充贷款（PSL），是央行以高信用级别的债券和优质信贷资产为抵押，向金融机构发放的贷款。相比而言，抵押补充贷款的期限更长，便于金融机构开展相对更长期限的资产活动。再如，2014—2015年先后在11个省市试点的信贷资产质押再贷款，是盘活信贷资产的新渠道，以金融机构非标准化的信贷资产作为从央行获得再贷款的合格抵押品，将扩展中小金融机构再贷款的合格抵押品范围，提高了其信贷资产的流动性。

二是再贷款的抵押物品种逐步增加，中小型金融机构获得央行再贷款和服务实体经济的能力增强。过去再贷款的抵押物普遍要求较高，主要是国债、中央银行债券和政策性金融债券等高信用级别债券。现在货币政策创新适度丰富了抵押品内容，甚至包括了商业银行持有的信贷资产。比如信贷资产质押贷款要求的合格信贷资产的品质，会远低于抵押补充贷款的要求。此外，还将地方债纳入了央行 SLF、MLF 和 PSL 的抵押品范围内，以及中国国库和地方国库现金管理抵押品范围。这些举措大大增加了金融机构把握自身流动性的能力，特别是地方中小金融机构的再贷款能力，是影响货币政策传导的关键因素之一。当然，抵押物放松要求的极端就是过去的纯信用方式的再贷款投放。可见，放松抵押要求，缓解部分金融机构流动性压力的同时，不利于央行强化货币纪律，可能影响央行的市场信用。[①]

三是利率走廊机制雏形基本形成，中期政策利率不断探索。其中，创设于2014年1月的常备借贷便利（SLF），旨在向符合审慎要求的地方法人机构提供短期流动性支持。开展该操作的主要目的是，发挥常备借贷便利的利率作为市场利率上限的作用。这表明，央行2014年货币政策操作中已形成利率走廊雏形。另外，中期借贷便利（MLF）创设于2014年9月，主要是向符

---

① 管涛. 判断经济滞胀要慎重［R］. 中国经济50人论坛2017年年会，2017.

合宏观审慎管理要求的商业银行、政策性银行提供中期基础货币。2019年9月后，MLF正日益发挥中期政策利率作用，引导金融机构加大对小微和"三农"的信贷支持力度，促进降低贷款利率和社会融资成本。

四是定向支持"三农"、小微、科技创新等薄弱环节。比如支农再贷款，即央行向一些符合条件的中小金融机构发放并由后者用于"三农"的再贷款。由于小微企业和"三农"贷款面临更严重的信息不对称，又不具有规模经济效应，以利润最大化为目标的金融机构往往不愿意向小微企业和"三农"提供金融支持。央行向金融机构发放的专门用于小微信贷的再贷款，是为缓解小微企业融资难而采取的定向再贷款。央行创设支农再贷款与支小再贷款，则可以在一定程度上弥补市场缺陷。

近几年，随着再贷款相关货币政策工具的创新，抵押品范围的扩大和功能的扩展，中国货币政策传导机制也在发生一些重要变化：货币政策传导渠道被缩短，不仅会改变流动性的总量，也会改变市场的流动性结构，从而影响市场利率结构，使央行货币政策更好发挥定向调控功能，减少对总量货币调控的依赖。

二、货币政策创新的效果衡量

综合货币政策目标和新政策框架脉络，判断货币创新政策效果的标准应包括：（1）经济增长和物价稳定是否有所改善，或者现实经济增长率和潜在增长率之差是否缩小，如果没能实现这一目标，要么是具体增长目标设置问题，要么是银行转表外、委外、资金脱实向虚等提高了资金成本，资金未流到实体经济中去。（2）利率走廊初步构建后，短期利率波动是否趋于平稳，金融机构流动性冲击是否减少；短期利率在多大程度上影响货币市场以外的中长期利率。（3）"三农"、小微、高科技等短板领域融资成本是否降低，融资规模占比是否有所提升。

从以上角度看，新的货币政策框架有一定效果，但还不够理想。经济增长趋于稳定的同时，前期货币政策的负面效应正在显现，通胀开始抬头，银行等金融机构表外业务、委外、资金脱实向虚等提高了资金成本。利率走廊初步构建，市场主体自主决定利率的程度不高，利率波动幅度尚未出现明显收敛迹象，"三农"、小微、高科技等短板领域融资成本降幅有限。正如马骏等人研究所表明的，美国，政策利率对银行贷款利率的传导效率在0.8左右，而我国只有美国的50%左右。主要原因有：

一是金融产品结构待改善，制约货币市场利率向其他市场传导。发达的金融市场有足够套利工具，能实现不同期限之间迅速套利，进而将政策利率迅速传至中长期债券收益率。但我国债券市场发展相对滞后，2年以内及10年以上的国债发行偏少，前者年度发行次数仅为美国的1/10，而且银行参与国债期货市场受限。类似地,银行根据政策利率调整债券配置,影响自身可贷资金和居民储蓄,进而影响存贷款市场。

二是企业预算软约束,制约货币市场利率向信贷市场传导。地方融资平台和国企等融资主体存在软预算约束,融资行为对利率不敏感,利率水平对融资规模影响小;融资成本难以反映流动性和风险状况的变化,政策利率的传导效果被弱化,货币政策难以达到调控效果。同时,由于存在过度融资需求,预算软约束部门不仅自身实际运行效率低下,还往往对其他硬约束的微观主体产生挤出效应。

三是信用体系不健全,制约政策利率向实体经济传导。借贷双方之间信息不对称,是许多中小企业面临融资难、融资贵的重要原因。我国征信体系已经对提高企业的融资可获得性和降低风险溢价起了积极的作用,但是还面临着信用数据条块分割与垄断、私营征信机构刚刚起步、大数据处理技术的运用较为有限等问题,一定程度上制约着银行为中小企业提供融资的意愿。此外,部分商业银行为监管套利开展很多信托贷款等影子银行活动,一定程度上也弱化政策利率通过正规银行和债券市场等金融体系的传导效率。

四是部分监管不合时宜。针对信贷规模控制和75%贷存比等指标,一些商业银行可以满足贷存比指标,但已经用完信贷规模;另一些商业银行尚未用足信贷规模,但却无法满足贷存比指标。尽管这些商业银行有足够的资金来源,却无法为企业提供更多可贷资金。为了实现利润最大化,商业银行就必然想出各种规避办法,如利用各种通道"表内转表外",从事影子银行活动。其他的中国式"创新"还包括:非发达地区向发达地区、信贷富余金融机构向信贷紧张金融机构"购买贷款",以保住信贷规模额度;尽管不需要资金,企业并不拒绝送上门的贷款,而是将贷款投入房地产和其他高盈利的非主营业务。总之,资金供给方规避管制的活动导致可贷资金的供给链条不断延长。与此相对应,部分地方融资平台(层级低的平台)、房地产开发企业、中小微企业受到监管、资质和抵押担保等的限制,无法直接从银行获得贷款,只能通过影子银行(信托、基金、小贷公司等)获取资金。这样,在供、需双方逃避监管的共同作用下,交易链条延长、"金融密度"加大。交易成本上升必然最终推高企业的融资成本。[①]

第三节 货币政策创新的建议

货币政策创新总体方向是,要适应经济金融形势和金融改革的大趋势,

---

① 余永定. 解决融资难融资贵不能单靠货币政策 [N]. 上海证券报, 2014-08-14.

不断提高金融机构、金融市场、金融行为、价格机制的市场化程度,不断提高货币当局的市场化调控能力。

一、推进经济改革,打造价格敏感型市场主体

一是加快市场化改革,完善诚信环境,强化规则引导。加快国有企业改革,在确保国有资本保值增值基础上,推进混合所有制改革,强化价格和成本约束,将其建设成为按市场规则运行、自主经营、规范管理、公平竞争、优胜劣汰的市场主体。严格执行预算法,约束地方政府借债行为,明确地方政府的职责边界,公布地方政府权力正面清单,接受社会监督,改革地方政府考核,防止地方政府为政绩等不顾要素价格,减少地方政府直接投资项目,改革土地出让制度,约束地方政府短视行为,遏制资金成本超过企业资本的边际效率仍大量借款的现象。[①] 统筹规划、土地、建设、税收、交易等环节,构建完整稳定的全国住房制度,严格控制个别城市房价上涨过快,防止金融风险集中在房地产领域,影响货币政策效果。复制并推广自贸试验区成功经验,打破国内各地区之间的市场壁垒,真正实现国内各地区各类企业自由竞争,商品要素自由流动,激发市场主体创新创业活力。运用大数据、云计算等现代技术,结合政府、银行、网络等多方面数据,完善社会诚信体系,为银行融资提供可靠资信和风险评估依据,探索丰富银行的信用贷款业务。

二是发展资本市场,优化金融结构。发达国家经济发展史表明,科技创新和产业升级离不开市场化的资本市场发展。以互联网、新能源、新材料等为主要内容的新一轮科技创新,呈现轻资产、长周期、高风险特点,现有条件下,很难满足银行传统抵押贷款模式的需要。应加快完善股票、债券、基金、期货等资本市场体系,规范发展互联网金融、众筹等现代融资模式和工具,发展投资银行等现代中介服务,确保建立与经济发展需要基本吻合的金融体系。

三是协调推进金融领域关键改革。货币政策传导离不开资金价格。价格的传导需要敏感的市场主体和健全的金融市场。目前我国银行、企业还存在很多预算约束不强、政府隐性担保、对利率不敏感等问题,利率和汇率的市场化程度尚待提升,确定利率、汇率的市场化机制尚待完善,金融体系内部监管套利空间仍然很大。未来应强化国有企业和国有银行改革,继续降低银行业的准入门槛,发展民营银行和互联网金融机构。加快推进利率市场化改革和利率形成机制的配套改革,稳步推进汇率市场化改革,建设在岸人民币远期市场,掌握人民币定价权。结合金融结构改革,平衡金融监管和金融创新关系,减少金融脱实向虚。

---

① 余永定. 解决融资难融资贵不能单靠货币政策 [N]. 上海证券报,2014-08-14.

二、加快构建完善的利率走廊机制

发达国家有成熟的利率走廊经验。20世纪90年代开始,加拿大、新西兰和澳大利亚先后取消了法定准备金制度,并通过明确设定利率走廊来调节市场隔夜拆借利率。其中,中央银行向市场提供流动性的贷款利率作为利率走廊的上限,商业银行超额准备金存款利率作为下限。中央银行承诺在市场利率偏离政策目标利率时进行干预。类似地,欧洲中央银行把向商业银行提供抵押贷款的融资利率作为利率走廊的上限,将商业银行在央行的准备金存款利率作为下限,形成利率走廊,控制市场拆借利率的波动。2003年1月,美联储正式实施修改后的A条例(Regulation A,贴现窗口制度),重新调整了目标联邦基金利率与贴现利率的关系,并实行了利率走廊调控(Furfine,2003)。已明确采用利率走廊调控模式的还有德国、法国、意大利、瑞典、瑞士、芬兰、匈牙利、斯洛文尼亚、印度、斯里兰卡等国。多数经验是走廊设置之初幅度较宽且基本对称,随着经济形势的变化波动幅度也有所调整,对称性有所下降。我国应借鉴发达国家经验,尽快明确利率走廊的上限、下限、宽度以及市场基准利率等。建议以隔夜、7天的SLF利率为上限,以隔夜和7天SHIBOR利率作为市场基准利率,以超额存款准备金利率作为利率走廊的下限。当市场利率低于"利率走廊"的下限时,央行可以按照利率走廊下限利率抽走金融机构的富余流动性,当高于上限时,金融机构完全从央行获取流动性,以避免金融市场利率大幅上升及其带来的风险。

三、打通短期利率向中长期利率传导的机制

继续稳步推进现有数量型政策工具向价格型政策工具转型,通过实体经济和金融领域的一系列改革,逐步打通短期利率向中长期传导的通道。将M_2增速目标改为M_2监测区间,增加货币供应的波动率,降低利率波幅。要弱化过高的存款准备金率、贷款数量限制等数量型管理工具,减少对利率传导机制的人为约束。进一步发展债券市场,增加2年以内和10年以上债券发行数量,提高流动性,发展国债衍生品市场,提高商业银行产品定价的市场化水平,强化政策利率的传导效率。[①]

发展资产证券化,使之成为公开市场操作工具和长短端利率传导媒介。我国SHIBOR是银行间隔夜拆借的市场化利率,可作为利率走廊下限,但其收益率曲线还不完善,流动性有局限,定价机制有待提高,波动率也相对较大,还无法较好向中长期利率传导。美国公开市场操作工具主要是短期国债,

---

① 马骏,纪敏等. 新货币政策框架下的利率传导机制[M]. 北京:中国金融出版社,2016.

中国国债市场流动性较低，主要以央票为操作工具。但这两者规模都有限，特别是金融危机后两国货币规模陡增，国债和央票的公开市场操作都相对太小，对基准利率影响不大。因此美联储 2015 年底首次升息以来，FOMC 还公布逆回购利率和超额储备利率，分别作为联邦基金利率的下界和上界，和公开市场操作一起影响联邦基金利率。建议，我国积极发展可以回购的资产证券化产品，用以替代国债、央票成为央行进行公开市场操作的工具，满足更多、更大规模的公开市场操作工具要求，同时稳定金融市场。① 央行对短期利率的操作能否顺利传导到长期利率和其他资产价格，是货币政策传导的关键一步。但中国利率曲线不完整，多数情况下，无论央行怎样操作，都只有短端利率在大幅波动，而中长端利率反应较小。解决货币政策向中长期利率传导问题，长远的、市场化的解决方案之一仍然是资产证券化。理论上，资产证券化每单产品都可以完美地涵盖短、中、长期限的债券，产品定价存在内部关联（基于同样的资产），短期利率改变引起的短期资产证券化债券定价的改变，可在中长期债券定价中得到反映，否则基础资产定价和债券定价的差异会导致套利空间的存在。②

四、改革监管，引导商业银行依据价格调整行为

为规避信贷规模、75% 贷存比等监管限制，部分商业银行等资金供给方从事影子银行活动，或在地区、机构之间"买卖贷款指标"。部分地方融资平台等资金需求方受到监管、资质和抵押担保等的限制，只能通过信托、基金、小贷公司等影子银行获取资金。因此，要有序淡出对银行贷款的数量限制。改革合意贷款规模管理办法，未来的宏观审慎管理框架不应以管理贷款总量为主要目的，而应该更多地考虑如何激励银行在资本充足率、流动性和资产质量等方面的审慎行为。要落实好新的宏观审慎评估体系（MPA），逐步降低存款准备金率，提高货币乘数，改善利率传导，降低商业银行的负债成本，从而降低企业的融资成本。

---

① 在最近的金融危机中，美联储的 TSLF、PDCF、TAF、TALF 等一系列政策都试图利用 ABS 来缓解实体经济对资金的需求，也就是说，资产证券化在美国也被当成了公开市场操作和稳定金融体系的工具。

② 周皓等. 资产证券化与货币政策的操作传导机制［EB/OL］. 财新网，2017 - 04 - 25.

第八章 结 论

"金融活,经济活;金融稳,经济稳。经济兴,金融兴;经济强,金融强。经济是肌体,金融是血脉,两者共生共荣"。金融和经济的关系如此,那么,什么样的实体经济,就大体决定了什么样的金融服务水平。我国经济经过40多年改革开放和高速增长,已经进入到高质量发展的新阶段。这一阶段对改革创新、结构优化、生态文明、内外开放、包容共享等提出更多要求。而实际情况是,经济发展中的科技创新能力偏弱,经济结构不均衡突出,绿色发展模式不够成熟,对内对外开放有待提升等问题突出。这既是影响金融发展的关键因素,也是金融未来努力突破的方向。从这个意义上讲,金融改革固然重要,但如果没有经济社会各领域的全面配套改革跟进,金融改革不仅效果不明显,甚至改革进程也受影响。

金融的本质是资金的跨时空交换。有投融资需求的市场主体的信用和发展前景决定其获取资金的数量、期限和价格。我国经济运行中,还没有完善的覆盖所有市场主体的诚信体系,国有企业背后政府或类政府信用背书远强于民营企业,大数据等现代科技在金融领域的应用还比较有限,金融机构服务效率和风险控制水平还有待提升。经济在时空上的分布不均衡,决定了金融发展的不均衡。即信用水平、抵质押物、融资结构、单笔盈利能力、规模效益水平、传统金融对实体经济支持能力有限等,成为制约科技金融、绿色金融、普惠金融的发展的限制[1]。因此,随着经济进入高质量发展阶段,金融领域的主要矛盾也相应转变为经济高质量发展对金融服务的需求与金融有效供给不足、供给结构失衡的矛盾,具体可细化为,资金面整体宽裕但有效承担风险的资本金少、短期投资多长期投资少、社会融资规模不小但有效引导资金流向的机制欠缺[2]。

货币政策传导渠道是观察和研究金融行为的重要链条,囊括了资金从央行

---

[1] 以普惠金融为例,其中的重要服务对象小微企业都属于民营企业。在我国,民营企业和国有企业的融资环境往往有着天壤之别。2018年1~6月,全国累计新增小微企业债345亿元,远低于上年同期的527.9亿元,同比下降39.78%,对小微企业来说,现在"融资难"是比"融资贵"更为严重的问题。参见盛松成. 表外融资不能赶尽杀绝[J]. 财新周刊, 2018 (32).

[2] 徐忠. 新时代背景下现代金融体系与国家治理体系现代化[J]. 经济研究, 2018 (7).

流经金融机构，最终流向实体经济的全部过程。这个过程涉及货币当局、监管机构、商业银行、非银行金融机构、实体企业和居民等主体，涵盖货币市场、债券市场、票据市场、股票市场、保险市场、外汇市场、黄金市场、贷款市场、商品市场等市场，范围极其广泛。疏通货币政策传导渠道，就是要在资金流动的全过程最大程度、最大范围建立市场化机制，让各个市场中价格的"齿轮"相互咬合，将最初的央行货币政策"外力"完整、快速传导到实体经济中。在此基础上，要发挥政府在资源配置中的互补性、基础性作用，即政府为货币政策传导过程涉及的各市场、各主体提供基本准入、基本制度、基本秩序、基础设施，确保市场机制的决定性作用，适时、适度弥度市场失灵。

当前，我国处在市场化程度不断提高，全面改革特别是金融改革不断深化，货币政策环境发生重大变化的关键时期，要实现数量型货币政策向价格型货币政策转型，就需要金融改革和实体经济改革同时发力。具体而言，就是货币政策和监管政策要公开、规范、科学、及时，政策工具要适应形势变化不断丰富完善，通过利率等价格信号准确反映政策意图；金融机构能够公平获取资金、投放资产、筹集资本，在价格机制引导下公平竞争、差异化竞争；各类金融市场要实现制度健全、产品丰富、相互连通，投资收益和融资成本呈现动态趋于一致的态势；商品市场上各类市场主体公平竞争、秩序良好、信用健全，均呈现预算硬约束。

综合理论和实践，货币政策传导包括利率、汇率、资产价格、信贷四个渠道，每个渠道都涉及货币当局和监管机构、银行和非银行金融机构、各类金融市场、企业和居民等市场主体。因此，疏通货币政策传导渠道，主要是对应货币政策传导过程关键环节组成的矩阵（见表8-1），结合实际存在的各种突出问题，提出针对性政策建议。总结其中的重点环节，主要建议包括：

一是完善货币发行、货币政策和金融监管的体制机制。完善货币政策决策机制，形成稳定的货币政策框架，避免政策力度过大，或者节奏不合理，产生过多负面影响。健全MPA和微观监管，综合实体经济金融需求、金融机构发展需要和现实能力，为各类金融机构提供差异化发展环境，引导金融机构差异化竞争。协调监管机构，加快实现从机构监管转向功能监管和行为监管，确保金融发展水平与实体经济大体需求相匹配，确保从事金融行为的各类机构公平竞争，确保金融回归服务实体经济的本源，并在此基础上保持金融创新活力。

二是要形成明确的政策利率、市场利率。货币当局通过公开市场操作、SLF等政策工具直接影响银行间拆借等短期利率，形成以SLF利率为上限、超额存款准备金率为下限的利率走廊，以SHIBOR和DR007为市场利率的利率体系，确保短期利率变动通过金融市场传导到中长期利率，进而影响金融机构行为和金融市场运行。

三是要通过改革提高国有金融机构的市场化程度。顺应"金融发展应从关注'规模'转向关注'质量',金融功能应由传统的'动员储蓄、便利交易、资源配置'拓展为'公司治理、信息揭示、风险管理'"①的变化,健全金融机构公司治理结构,明晰界定金融领域政府和市场关系,营造各类金融机构在价格机制引导下公平竞争的制度环境;健全社会诚信体系,降低金融机构支持实体经济的信息不对称成本和高风险成本;规范监管,防止部分金融机构打着金融创新的旗号过度"脱实向虚",打通金融机构传导货币政策过程中的限制。

四是不断完善各类金融市场。完善货币市场产品,界定各类利率功能,打通货币市场、债券市场、资本市场、保险市场等连接通道。丰富各期限债券,特别是增加2年以内短期债券和10年以上长期债券发行,确保货币政策利率顺畅传导;增加各类金融衍生品供给,为金融市场和交易行为提供避险手段;健全多层次资本市场体系,增加机构投资者,推出注册制,完善退市机制,促进股票市场健康发展,实现各类金融市场在价格机制引导下有序联动。

五是强化各项政策协调配合。财政政策和货币政策要协调配合,货币政策应侧重短期总需求调节,保持价格稳定和经济总量平衡;财政政策应更侧重于经济结构调整,发挥对定向调控的支持作用,服务于中长期经济发展战略。防止出现"财政政策缺位、货币政策被迫补位"。② 宏观审慎政策和微观监管政策要协调配合,动态调整 MPA,发挥逆周期调节作用,确保银行体系流动性合理、资金价格总体平稳;监管政策要调节金融机构业务结构,维护市场竞争秩序,防止资金脱实向虚。中长期调控方向和短期政策节奏要协调,金融危机后"三期叠加"形势决定,当前和今后一段时间,金融领域主要调控方向是"稳货币、紧信用";但操作中要考虑机构和市场的承受能力,在保持国民经济列车平稳运行中拆除"炸弹",防止出现"处置风险的风险"。③

六是统筹推进经济和金融改革。改革深水区,单项改革边际效果越来越小,需要相关配套改革协调推进。对国有企业实施混合所有制改革+国有资本投资经营(运营)公司改革,界定国家安全领域属于国有,其他实行同股同权的混合所有制,国有资本运营公司不直接参与企业经营,只负责国有资产保值增值。提高国有企业的价格敏感度,根本解决国有企业的隐性担保、刚性兑付、预算软约束、"投资饥渴症"、"债务依赖症"等问题,让民营企

---

① 徐忠. 新时代背景下中国金融体系与国家治理体系现代化 [J]. 经济研究, 2018 (7).

② 我国实践中,由于政府职能转变滞后,财政在"三农"、教育、医疗、社会保障、自主创新、节能减排、生态保护等领域的投入严重不足,历史欠账问题没有完全解决,资金缺口仍然较大,倒逼货币政策不得不承担部分结构调整的职能,影响了宏观调控的总体效果。参见徐忠. 新时代背景下中国金融体系与国家治理体系现代化 [J]. 经济研究, 2018 (7).

③ 郭树清. 防范化解金融风险,奋力跨越重大关口 [J]. 中国银行业, 2018 (7).

第八章 结 论

业进入更广泛的市场领域，平等获得资本市场和金融机构投融资机会，更好参与科技创新和市场竞争。监测评估改革进程，考核改革进展和改革效果。完善覆盖所有个人、企业、社会组织和政府机构的社会诚信体系，为市场经济运行提供基本保障，为发展普惠金融、绿色金融、科技金融提供基本信用环境。进一步界定政府、市场关系和各级政府关系，在此基础上推进政府机构改革和营商环境改革，为实体经济发展提供良好环境。协调推进利率市场化、汇率市场化、资本项目自由兑换、人民币国际化、金融机构公司治理、健全完善金融市场等改革举措，构建与我国经济发展实际相吻合的现代金融体系。

表 8-1　　　　　　货币政策传导关键环节及其改革方向

渠道	工具和目标	商业银行	非银机构	金融市场	企业和居民
利率	以 SLF 为下限，超额存款准备金率为上限，构建利率走廊。以 SHIBOR 利率为中介目标，以物价和经济稳定为最终目标。适时下调存款准备金率	改革国有银行，完善银行内部治理，塑造市场化银行主体；增强银行对利率的敏感度；提高利率定价能力，健全利率风险管理；均衡各类商业银行获取流动性能力	将非银机构纳入大金融框架，统一规范非银金融机构监管，更好发挥利率的传导作用	完善货币市场，尤其是3个月以上中长期 SHIBOR 报价机制，发展 NCD 市场；丰富利率产品，强化利率联动，发挥利率引导金融市场运行的信号作用	推进国有企业改革，国企经营行业实行正面清单制，通过国有资本运营公司确保国有资本保值增值；民营企业经营领域实行负面清单制；打破行政性垄断，加快对内对外开放
汇率	强化利率对汇率的影响	塑造市场化银行业金融机构	稳健扩大资本市场对外开放，通过 QFII 和 RQFII 等渠道促进汇率市场均衡发展	完善外汇市场，丰富汇率避险机制和避险产品	改善企业营商环境，提升科技创新实力和经济国际竞争力
资产价格	货币市场利率需要能较好传导到股票市场和债券市场	完善机制，促进利率等货币政策和商业银行持有资产价格以及房地产贷款等价格互动	规范券商、基金、信托、保险等金融机构，将其纳入大金融链条，完善制度，促进货币政策和非银金融机构互动	统一国债回购市场，增加2年以下、10年以上国债发行，完善利率期限结构；提高二级市场流动性；增加5年以下和30年国债期货；完善票据、股票、保险、外汇、黄金等市场	探索将房价纳入货币政策目标，构架房地产市场健康发展的长效机制；完善社会诚信体系，减少房地产增信功能

续表

渠道	工具和目标	商业银行	非银机构	金融市场	企业和居民
信贷	以利率为主要货币政策工具，辅之以货币供应量和信贷投放量作为中介目标	规范和协调银行监管，变机构监管为行为监管和功能监管，合力控制表外业务等金融创新	规范金融创新，适度发展表外业务，促进资金通过公开规范市场进入实体经济；加强互联网金融监管，为各类金融行为和机构创造公平竞争环境	完善信贷市场，减少非价格因素影响，促进货币市场利率向信贷市场传导；发展避险金融产品	加快投贷联动、债转股、资产证券化等手段，支持科技创新；集中、连接各类企业和居民经济行为信息，建设"大数据仓库"，在此基础上发展消费金融、普惠金融、绿色金融

改革开放 40 多年历程告诉我们，改革最终是在政治家决策逻辑下权衡推进的结果，学术界的"条件论""顺序论"①虽然有自己的逻辑，但都存在这样那样的不足，往往和实际改革进程有区别。但是，作为研究，本书仍根据经济逻辑提出建议，疏通货币政策传导机制过程中，要处理好各项改革的节奏、步骤和顺序。货币金融和实体经济的改革，归根到底要有一个健全的市场经济，以及良好的市场经济秩序。当前需要注意的是，我国改革开放取得巨大成就的同时，也积累了不少问题，诸如政府对市场不当干预仍然存在、利益集团固化、垄断和贪腐等影响市场作用发挥等。在货币政策传导领域，政府不恰当干预的影子也很常见，有时甚至表现为"大政府"带来的不足。单就经济效率损失看，"大政府"后果非常严重，而金融的不发达又逼着政府只能更大。可见，很多社会弊病也和金融市场不发达密切相关。1997—1998 年，亚洲金融危机期间，有人把印度尼西亚、马来西亚、泰国、韩国遭遇的困境归结为高度依赖外债。但根本原因是他们普遍缺乏对权力的制度化约束，暗箱操作滋生腐败，政府财政和外债被当权者私用。

有鉴于此，疏通我国货币政策传导渠道，涉及利率、汇率、资本项目开放和实体经济改革。这些改革的次序应该是，首先推进国内实体经济的市场化改革，最关键的是国有企业改革，打破行政性垄断，健全社会诚信体系和知识产权保护体系，用实体经济"本源"的均衡发展，最大限度引导金融资

---

① "条件论"强调，要完成某项改革必须满足一定条件，条件不够的情况下勉强推动改革，会出问题。"顺序论"认为，多项改革举措之间有个最优的先后顺序，否则改革难以达到预期效果。经济学家往往可以从经济逻辑出发，找出政策变革的最优顺序；而实践中，改革是大政治，政治家往往要从政治逻辑考虑最优排序，问题往往过于复杂、多元，最终得不出最优解。参见周小川. 谈人民币入篮 SDR：对外开放进程的历史性进展［J］. 财经杂志，2017。

第八章 结 论

源均衡合理投向和金融业健康发展，为疏通货币政策传导渠道奠定基础。其次是进一步推进利率市场化改革，包括金融机构、金融市场和金融产品的市场化，确保金融资源在价格机制和金融市场引导下不断提升配置效率。再次是人民币汇率形成机制市场化，在金融市场完善、金融机构竞争力提升基础上，通过汇率改革连通国内外金融运行，实现跨国金融资源配置。最后是条件具备后逐步开放资本项目，在市场化改革基本完成、竞争能力明显提升基础上，进一步放开资本项目，但相当长时期内我国仍需保留资本适度管制的最后安全屏障。因为我国经济金融国际地位还不够高，短期资本项目过快放开还面临着多种风险，需保持必要的手段作为调节市场预期和市场行为的"杀手锏"。其中，需要说明的是，利率改革要先于汇率制度改革的根本原因在于：汇率必须正确反映出本外币资产的价格，即本外币的利率；如果国内利率体系存在扭曲，汇率也就难以真正体现出本币资产相对于外币资产的价值。

参考文献

[1] 巴曙松：利率走廊调控模式演进、实践及启示，现代经济探讨，2015年第5期。

[2] 表外理财今年起正式纳入MPA银行受影响程度差异明显，金融时报，2017年1月16日。

[3] 伯南克：行动的勇气：金融危机及其余波回忆录，中信出版社2016年版。

[4] 陈德胜、李洪侠：2015年~2020年国际国内经济形势研判，宏观经济管理，2015年第3期。

[5] 代军勋、海米提：货币政策传导的风险承担渠道研究综述，武汉大学学报（哲学社会科学版）2014年第4期。

[6] 单畅：金融中介和金融摩擦对货币政策传导的影响最新研究进展综述，上海金融，2014年第11期。

[7] 邓海清：中国"利率走廊模式"迈向第三阶段，财经网，2016年2月18日。

[8] 丁伯平、吕栋：商业银行薪酬激励机制对货币政策传导的影响，中国金融，2008年第23期。

[9] 樊志刚：引导表外业务规范发展，中国金融，2017年第7期。

[10] 方显仓：人民币国际化对货币政策传导的影响，华东师范大学学报，2013年第6期。

[11] 冯柏、温彬、李洪侠：现代化经济体系的内涵、依据及路径，改革，2018年第6期。

[12] 盖特纳：压力测试：对金融危机的反思，中信出版社2015年版。

[13] 管清友、李奇霖：SDR与变革中的债券市场——民生证券公司债研究系列报告之一。

[14] 管涛：汇率的本质，中信出版集团，2016年版。

[15] 郭树清：防范化解金融风险，奋力跨越重大关口，中国银行业，2018年第7期。

[16] 何帆、朱鹤：僵尸企业的处置策略，中国金融，2016年第13期。

[17] 何帆、朱鹤：僵尸企业的识别与应对，中国金融，2016年第5期。

［18］何建雄等：欧盟金融制度，中国金融出版社，2015年12月版。

［19］何茵、田云华、徐忠、沈明高：金融危机时期宏观政策对企业出口、销售和盈利的影响，金融研究，2014年02期。

［20］何志成：资产价格：货币政策之痛，环球财经，2009年第9期。

［21］胡凯、唐文进、屠卫：货币政策传导的"成本渠道"理论研究新进展，经济学动态，2010年第7期。

［22］华泰证券李超团队：从资产负债表角度去看中美央行缩表操作，华泰证券研报2017年8月7日。

［23］黄胤英、王锦华：从货币政策传导机制看美联储量化宽松对美国经济的复苏效应，经济学动态，2012年第11期。

［24］黄志凌：金融改革何以受关注，中国金融，2015年第19期。

［25］霍颖励主编，人民币走向国际化，中国金融出版社，2018年版。

［26］基础货币供给新渠道 如何影响货币政策走向，21世纪经济报道，2015年6月30日。

［27］纪志宏主编，金融市场创新与发展，中国金融出版社，2018年版。

［28］蒋菊平、李洪侠：探索中完善专项债制度，中国财政，2015年第5期。

［29］蒋伟、李洪侠、杨力行、郝志新：中国非公有制企业诚信缺失问题研究——基于产业组织理论视角，经济与管理，2006年第5期。

［30］金中夏：国债收益率曲线与货币政策传导，中国金融2014年第14期。

［31］李斌：经济发展、结构变化与"货币消失"——兼对"中国之谜"的再解释，经济研究，2004年第6期。

［32］李波主编，构建货币政策和宏观审慎政策双支柱调控框架，中国金融出版社2018年版。

［33］李洪侠、黄靖翔：理解财政政策微调，中国财政，2014年第13期。

［34］李洪侠、刘晶：经济难言"新周期"动力升级仍是首要任务，中国证券报，2017年8月16日。

［35］李扬，殷剑峰：中国的利率体系：现状及其改革，中国金融，2005年第6期。

［36］历年人民银行货币政策执行报告、人民银行年报、证监会年报、银监会年报、保监会年报。

［37］连平：资产价格应成为货币政策的重要参考因素，新金融，2009年第10期。

［38］廖慧、马泽昊、郑子龙：商业银行资产负债表结构与货币政策传导渠道，经济与管理研究，2013年第10期。

[39] 刘克崮、李洪侠：全面构建我国城镇住房制度体系，金融时报，2014年2月17日。

[40] 刘明彦：上市银行年报 MPA 视角解读，银行家，2017年第5期。

[41] 刘伟等：我国货币政策体系与传导机制研究，经济科学出版社，2015年版。

[42] 鲁政委：人民币国际化：历史潮流与政策选择，中国金融，2009年第10期。

[43] 鲁政委：人民币汇率高估：中国经济百症之结，首席经济学家论坛，2016年1月9日。

[44] 陆磊主编，金融机构改革道路选择，中国金融出版社，2018年版。

[45] 吕炜、高帅雄、周潮：投资建设性支出还是保障性支出——去杠杆背景下的财政政策实施研究，中国工业经济，2016年第8期。

[46] 马方方、唐薇：金融脱媒对我国货币政策传导的影响，经济纵横，2014年第1期。

[47] 马骏、纪敏：新货币政策框架下的利率传导机制，中国金融出版社，2016年版。

[48] 明明：货币政策理论与分析，中国金融出版社，2017年版。

[49] 牛娟娟：外储外汇占款呈现新态 基础货币投放渠道悄然改变，金融时报，2015年10月26日。

[50] 欧阳晓红：中国基础货币投放方式悄然生变，经济观察报，2014年9月20日。

[51] 裴平、熊鹏、方先明：论我国货币政策传导过程中的"梗阻"——基于1998－2003年实证数据的分析，南京社会科学，2009年第5期。

[52] 裴平、熊鹏、朱永利：经济开放度对中国货币政策有效性的影响：基于1985－2004年交叉数据的分析，世界经济，2006年第5期。

[53] 裴平、熊鹏等：中国货币政策传导研究，中国金融出版社，2009年版。

[54] 綦好东、曹伟、赵璨：货币政策、地方政府质量与企业融资约束，财贸经济，2015年第4期。

[55] 阮健弘主编，金融统计创新与发展，中国金融出版社，2018年版。

[56] 沈炳熙、曹媛媛：中国债券市场30年改革与发展，北京大学出版社，2014年版。

[57] 沈艳、边文龙、徐忠、沈明高：利率管制与隐含利率的估算——兼论利率市场化对银行业利差之影响，经济学（季刊），2015年第4期。

[58] 盛松成：社会融资规模与货币政策传导，金融研究，2012年第

10 期。

［59］孙国峰：货币政策工具的创新，中国金融，2017 年第 4 期。

［60］孙国峰：结构性流动性短缺的货币政策操作框架，比较，2017 年第 4 辑。

［61］孙欧、刘志新、庞欣：上市银行政府持股比例与货币政策传导效率，管理评论，2015 年第 5 期。

［62］孙天琦主编，外汇管理体制改革与创新，中国金融出版社，2018 年版。

［63］谭语嫣、谭之博、黄益平、胡永泰：僵尸企业的投资挤出效应：基于中国工业企业的证据，经济研究，2017 年第 5 期。

［64］唐雷、赵卫东：金融结构决定与货币政策传导机制——国际比较与中国经济转型时期的理论与实证，学术论坛，2008 年第 10 期。

［65］万存知主编，征信业的探索与发展，中国金融出版社，2018 年版。

［66］王国刚：公司债券回归直接金融破解融资难题，经济参考报，2015 年 10 月 8 日。

［67］王祥兵、严广乐、何建佳：货币政策传导系统复杂性研究，学术界，2010 年第 7 期。

［68］王永钦：流动性、影子银行与全球经济失衡，财经网，2017 年 4 月 10 日。

［69］危慧惠：货币政策传导微观机理研究：基于商品期货交易价格的实证，宏观经济研究，2015 年第 4 期。

［70］温彬、李洪侠：尽快突破金融领域重点改革，中国证券报，2017 年 7 月 19 日。

［71］肖立晟：回顾与展望：人民币汇率形成机制改革，中国证券报，2017 年 1 月 16 日。

［72］谢平、纪志宏、徐忠、邹传伟：银行信贷出表及其对信用债券市场的影响，新金融评论，2016 年第 3 期。

［73］谢众主编，支付体系创新与发展，中国金融出版社，2018 年版。

［74］徐以升：央行将设基础货币投放工具 PSL 维持准备金率高位，第一财经日报，2014 年 6 月 18 日。

［75］徐忠、汤莹玮：市政债券支持城镇化融资，新金融评论，2013 年 06 期。

［76］杨凯生：不同生命周期的企业提供不同的融资服务，财经网，2015 年 6 月 20 日。

［77］杨荣：最全解读：银行资金四大空转模式解析，票据网，2017 年 3 月 6 日。

[78] 易纲：货币政策回顾与展望，中国金融，2018年第3期。

[79] 余永定：解决融资难融资贵不能单靠货币政策，上海证券报，2014年8月14日。

[80] 俞挺：非保本理财业务的风险防范，中国金融，2017年第7期。

[81] 张成思：货币政策传导机制研究新前沿——全球新型金融危机视角下的理论述评，国际经济评论，2010年第5期。

[82] 张强、李远航、廖宜彬：商业银行行为对货币政策传导效果的影响，金融论坛2011年第3期。

[83] 张强、张宝：货币政策传导的风险承担渠道研究进展，经济学动态，2011年第11期。

[84] 张晓慧：关于货币政策与资产价格，财经，2009年第15期。

[85] 钟震，孙莎：表外理财业务风险与监管，中国金融，2017年第7期。

[86] 周皓等：资产证券化与货币政策的操作传导机制，财新网，2017年4月25日。

[87] 周小川：分析物价趋势的指标选择，金融研究，2013年第5期。

[88] 周振海：提高货币政策传导能力，中国金融，2015年第7期。

[89] 周子章：我国统一完整的利率体系初露端倪，中国证券网，2014年6月19日。

[90] 朱隽主编，金融业开放和参与全球治理，中国金融出版社，2018年版。

[91] 朱玲玲，胡日东：金融脱媒对我国货币政策传导机制的影响分析，宏观经济研究，2014年第12期。

后　记

　　本书是在我的博士后出站报告基础上修改完成的。当初选择这个题目的原因主要是"疏通货币政策传导机制的话题"备受关注，十分重要。题目选定后，进行了大量的研究性学习，目前这本书更多的是我学习过程中的读书笔记。付梓之际，掩卷而思，感慨良多。

　　感谢我们所处的时代。我们国家经济社会经历多年快速发展后，进入全面改革、加速转型的关键阶段。任何一个领域的研究，既有良好的研究基础和研究条件，同时也提出了富有挑战性、前瞻性的研究课题，金融领域尤其如此。利率市场化、金融脱媒、金融科技、人民币国际化等交互推进，货币政策传导效果成为观察金融运行的一个关键节点。

　　感谢师长和亲朋好友，在一直以来的学习、生活和工作中，他们在学习中、工作上、生活里给我提供无私的帮助、关心和支持，使我有兴趣、有条件、有能力从事研究工作。防止挂一漏万，不再一一致谢。谨以此书献给所有关心支持我的人！

　　由于时间和能力所限，难免不足甚至错讹，恳请读者批评指正。我将持续跟踪学习这一话题，结合工作实际不断加深理解，努力提升研究的深度、广度和成熟度。

2019 年 10 月
李洪侠